XIANGCUN ZHENXING BEIJING XIA
SHANQU PINKUN YOUXIAO ZHILI DE
SHIQUAN YANGBEN YANJIU

乡村振兴背景下山区贫困
有效治理的石泉样本研究

何得桂 等 / 著

知识产权出版社

全国百佳图书出版单位

——北京——

图书在版编目（CIP）数据

乡村振兴背景下山区贫困有效治理的石泉样本研究 / 何得桂等著 . —北京：知识产权出版社，2020.3

ISBN 978-7-5130-6786-7

Ⅰ . ①乡… Ⅱ . ①何… Ⅲ . ①贫困山区—扶贫—研究—石泉县 Ⅳ . ① F127.414

中国版本图书馆 CIP 数据核字（2020）第 032069 号

责任编辑：兰　涛	责任校对：谷　洋
封面设计：郑　重	责任印制：刘译文

内容提要

脱贫攻坚是乡村振兴的基础，乡村振兴是脱贫攻坚的升级版。本书由理论研究篇、专题调查篇、社会反响篇构成，基于对实践的深度把握，运用减贫与治理相关理论资源，主要从"基层做法，时代高度""基层经验，理论深度""基层特点，全国广度"三个维度对乡村振兴背景下西部贫困地区打赢脱贫攻坚战的主要思路、创新做法、有效机制以及贫困治理助推乡村振兴的路径展开深入分析，彰显了脱贫攻坚的地方经验和中国道路，对于推进相对贫困治理也具有较大的启发价值和借鉴作用。

乡村振兴背景下山区贫困有效治理的石泉样本研究

何得桂　等　著

出版发行：知识产权出版社 有限责任公司		网　　　址：http：//www.ipph.cn	
社　　址：北京市海淀区气象路 50 号院		邮　　　编：100081	
责编电话：010-82000860 转 8325		责 编 邮 箱：lantao@cnipr.com	
发行电话：010-82000860 转 8101/8102		发 行 传 真：010-82000893/82005070/82000270	
印　　刷：天津嘉恒印务有限公司		经　　　销：各大网上书店、新华书店及相关专业书店	
开　　本：720mm×1000mm　1/16		印　　　张：22.5	
版　　次：2020 年 3 月第 1 版		印　　　次：2020 年 3 月第 1 次印刷	
字　　数：280 千字		定　　　价：88.00 元	

ISBN 978-7-5130-6786-7

序

中国乡村振兴实现的起点和前提是解决农村绝对贫困问题。农村贫困治理的效率和质量深刻影响着乡村振兴战略的有效实现。中国的脱贫攻坚是前所未有的伟大实践，并且创造了诸多经验。2019年中央一号文件明确提出，"总结脱贫攻坚的实践创造和伟大精神。"基层与地方的探索是先行一步的实践，需要加以总结、加工、提炼，乃至推介，使更多的人得以分享、共同进步；与此同时，基层与地方的探索是率先起跑的实践，它也需要予以讨论、评价、修正，乃至激励，从而使这种探索能够可持续进行。在全面建成小康社会之际以及脱贫攻坚与乡村振兴交汇期，认真总结研究基层与地方的脱贫攻坚经验，讲好"减贫故事"，无疑是一项很有时代意义和理论价值的研究课题。

西北农林科技大学公共管理系负责人何得桂团队多年来跟踪调查、持续研究山区减贫与发展领域的重要问题，并在移民搬迁、产业扶贫、健康扶贫等方面取得了多项有影响的研究成果，为推进反贫困治理提供了智力支持。摆在读者面前的《乡村振兴背景下山区贫困有效治理的石泉样本研究》这本书便是何得桂团队的一项最新成果。

本书以处于秦巴山区的集中连片的特困地区陕西省安康市石泉县为主要研究对象，由理论研究篇、专题调查篇、社会反响篇三个部分组成,主要从"基层做法,时代高度""基层经验,理论深度""基层特点,全国广度"三个维度对乡村振兴背景下贫困地区打赢脱贫攻坚战的主要思路、基本做法、有效机制以及贫困治理助力乡村振兴的路径展开深入分析,使读者对于以贫困治理助力社会建设的石泉县实践及其经验有更加全面、全新的认识,并带来许多有益启示和借鉴价值。本书是对脱贫攻坚重大实践经验展开研究的一部学术力作,也是减贫与发展研究领域不可多得的理论读物。它有助于深化脱贫攻坚理论创新和实践创新,彰显脱贫攻坚的地方经验和中国道路,也有助于深化反贫困治理与乡村发展研究,为乡村振兴提供一定智力支持。不论对理论工作者还是减贫系统的工作者,或者其他对乡村发展感兴趣的读者,这本书都值得一读。

本书的研究主题具有先进性或者说是时代感。山区贫困有效治理的石泉样本(以下简称为"石泉样本")是一个地方性的案例,那么它到底有没有普遍价值呢?我认为是有的。

一是"石泉样本"解决的问题具有普遍性。解决农村贫困问题不是从书本、原理出发,而是从事实出发,不是从原则出发,而是从解决问题出发。"石泉样本"反映了时代发展的趋势,它内生于实践,内生于社会,它是有根的;它不是想象出来的,这个根可以说具有普遍性,而不是一个地方仅有的。

二是"石泉样本"的核心价值具有普遍性。反贫困的石泉实践不是就扶贫论扶贫,而是以脱贫攻坚统揽经济社会发展全局,贯彻落实了以人民为中心的发展思想,有效解决了基层反贫困治理的诸多难题,例如,如何实现对群众有效动员,如何处理好不同层级、不同机构之间的关系,如何完善精准扶贫实施机制,如何构建减贫长效机制。这些问题的积极探索和有效破解,是对我国反贫困治理体系与反贫困治理能力现代化的一种推进。

三是石泉实践创造具有普遍价值。"石泉样本"是对脱贫攻坚和乡村振兴有效实现形式的积极探索，这种探索是基于内生的需要，是高质量脱贫的表现，同时也包含着普遍价值。其他地方的形式可以与石泉不同，但是"石泉样本"内涵的因素具有普遍性，如党建引领、高位推动、部门联动、组织群众、发动群众、扶志为先、产业为本、精准为要、关口前移、预防为主。

在推进贫困治理过程中，"石泉样本"始终坚持顶层设计与基层探索相结合，注重激活基层经验，特别是注重给基层探索实践留出足够空间，充分激发基层积极性和创造性，支持其探索更多原创性、差异化改革，让实践经验不断升华，为打赢脱贫攻坚战和推进乡村振兴战略实施贡献更多智慧，形成推动改革落地的强大合力。这种"坚持眼睛向下、脚步向下"的改革创新思路与路径，有助于基层的好经验、好做法不断涌现出来，受到社会各界的广泛关注和一致好评。

基于高质量发展的要求，下一步要建立健全防止返贫的动态监测机制，巩固脱贫攻坚成果防止返贫；要将扶贫工作与乡村振兴战略深度融合、一体推进，以机制创新激发乡村建设内在动力，特别是要构建出解决相对贫困长效机制的"石泉模式"，从工作层面、政策层面再到法律或制度层面，使之从地方经验升华为国家经验。

中国社会科学院农村发展研究所二级研究员　党国英

2019 年 11 月 6 日

目　录

理论研究篇

社会反响篇

理论研究篇

第一章

乡村振兴下统揽经济社会全局的贫困治理

《中共中央国务院关于实施乡村振兴战略的意见》明确提出，到 2020 年，乡村振兴取得重要进展，制度框架和政策体系基本形成。脱贫攻坚的关键决胜期也是乡村振兴的关键探索期。党的十九大报告将精准脱贫攻坚战列为三大攻坚战之一，同时将实施乡村振兴战略确定为实现"两个一百年"奋斗目标的重大战略举措。乡村振兴与脱贫攻坚具有密切联系，相辅相成。一方面乡村振兴需要高质量的脱贫攻坚来强基筑石，另一方面脱贫攻坚需要乡村振兴的顶层制度设计来统揽贫困地区经济社会的发展全局。基于上述政策思考，在乡村背景下如何实现有效统揽经济社会全局的贫困治理，对于着力推进脱贫攻坚的地方政府来讲是个巨大的考验和挑战。

在乡村振兴背景下推进脱贫攻坚进程中，陕西省安康市石泉县将它当作补齐经济社会短板，推进农业农村发展，有效提升脱贫质量，统揽经济社会发展并提升治理能力水平的重要机遇。在"十二五"阶段石泉县"三个五"扶贫工程实践成果和经验的基础上，石泉县根据中央精神和要求，着力实现"三个五"工程再升级，坚持落实"四个原则"，聚焦"四个着力点"，构建了以突出"六个精准"要求、实施"六个一批"脱贫工程、健全"六个一"工作机制为主体的"三个六"脱贫攻坚规划，找到了有效推进贫困治理的"石泉路径"。

第一节　推进贫困治理的"石泉需求"

推进贫困治理事关县域经济发展的全局。推进贫困有效治理对于整县脱贫，为乡村振兴筑石强基，推进县域整体的经济社会发展具有重大意义。

（一）补齐经济社会短板，全面建成小康社会

消除贫困、改善民生、逐步实现共同富裕，是社会主义的本质要求，是中国共产党的重要使命。❶ 全面建成小康社会，在社会事业发展、生态环境保护、民生保障等方面，存在着一些明显的短板和薄弱环节。能不能补齐短板，决定着在全面建成小康社会的时间节点上能不能收好官。❷ 习近平总书记指出："没有贫困地区的小康，没有贫困人口的脱贫，就没有全面建成小康社会。我们不能一边宣布实现了全面建成小康社会目标，另一边还有几千万人口生活在扶贫标准线以下。如果是那样，既影响了人民群众对全面建成小康社会的满意度，也影响国际社会对全面建成小康社会的认可度。"❸ 时任国务院扶贫办主任刘永富也指出："打赢脱贫攻坚战，不仅是实

---

❶ 中共中央文献研究室.习近平关于全面建成小康社会论述摘编[M].北京：中央文献出版社，2016：155.

❷ 杨伟智."用绣花的功夫实施精准扶贫"——学习习近平关于精准扶贫精准脱贫的重要论述[J].党的文献，2017（06）：47-53.

❸ 中共中央文献研究室.习近平关于协调推进"四个全面"战略布局论述摘编[M].北京：中央文献出版社，2015：47.

现全面建成小康社会目标的现实需要，更是社会主义共同富裕目标的基础和前提。"❶ 小康不小康，关键看老乡，核心是仍处于贫困中的老乡能不能脱贫。要如期实现全面建成小康社会的目标，就必须有效地解决贫困问题，用高质量的贫困治理激发贫困人口追求美好生活的志气，提升贫困人口追求美好生活的能力，帮助贫困人口稳定地摆脱贫困，补齐经济社会发展的最短板，切实提升社会的公平正义，切实提升群众的获得感与幸福感。

（二）对接乡村振兴战略，推进农业农村发展

2017 年 12 月召开的中央农村工作会议，是对实施乡村振兴战略布局的一次历史性会议。习近平总书记在会上发表了重要讲话，系统总结了党的十八大以来我国"三农"事业的历史性成就和变革，深刻阐述了实施乡村振兴战略、走中国特色社会主义乡村振兴道路的一系列重大理论问题和实践问题，向全党全国发出了实施乡村振兴战略的总动员令。❷ 党的十九大报告将打赢脱贫攻坚战列为三大攻坚战之一，同时将实施乡村振兴战略确定为实现"两个一百年"奋斗目标的重大战略举措。精准脱贫和推进乡村振兴之间有着密切联系。其一，脱贫攻坚是实施乡村振兴战略的前提和基础。走中国特色社会主义乡村振兴道路，必须打好精准脱贫攻坚战，走中国特色减贫之路。只有如期实现现行标准下的农村贫困人口全部脱贫，才能实现全面建成小康社会的目标，才能为实施乡村振兴战略打下坚实基础。其二，脱贫攻坚是实现乡村振兴的重要组成部分。脱贫攻坚和乡村振兴在时间上存在交汇，《中共中央国务院关于实

❶ 刘永富. 全力补齐全面建成小康社会的突出短板 [J]. 求是，2016（6）：15-17.

❷ 韩俊. 实施乡村振兴战略 奋力开创新时代"三农"工作新局面[J].时事报告（党委中心组学习），2018（02）：98-112.

施乡村振兴战略的意见》明确，到 2020 年，乡村振兴取得重要进展，制度框架和政策体系基本形成。脱贫攻坚的关键决胜期也是乡村振兴的关键探索区。有学者指出，实现乡村振兴的战略目标，需要分三步走：精准扶贫、乡村重建和社会创新。精准扶贫对于乡村振兴而言，既是前提条件也是重要构成，只有全面消除农村贫困才能全面建成小康社会。❶实现乡村振兴的重要任务之一，就是现行标准下农村贫困人口实现脱贫，贫困县全部摘帽，解决区域性整体贫困。其三，脱贫攻坚成效如何，直接影响着后续乡村振兴的实施和推进。脱贫成效是否稳固，内生动力是否形成，不仅决定了脱贫攻坚的质量和实效，而且影响着乡村振兴战略的实施和未来农村的发展局面。❷在脱贫攻坚过程中，要始终重视建立健全扶贫长效机制，保持对已脱贫的县、乡、村和农户的后续支持政策跟进，确保脱贫成果稳定、真实，形成支持乡村振兴的内在发展动力、自我发展能力以及长效发展的推动力。以高质量的脱贫攻坚推进农业农村的全面提升，为乡村振兴强基筑石。

（三）完善贫困治理路径，有效提升脱贫质量

推进贫困治理要践行中央打赢脱贫攻坚战的指示精神与具体要求，完善贫困治理的有效路径，切实提升脱贫质量。这也是我们党和政府在长期的贫困治理中所持续追求的。20 世纪 90 年代，党中央根据情况变化及时提出了"真扶贫、扶真贫"思想，强调扶贫攻坚"要以贫困村为重点，以贫困户为对象，把扶贫任务分解到村，把扶贫措施落实到户，做到真扶贫、扶真贫"。❸2014 年初，中共

---

❶ 陆益龙.乡村振兴中精准扶贫的长效机制 [J]. 甘肃社会科学，2018（04）:28-35.

❷ 姜列友.正确理解和把握支持脱贫攻坚与服务乡村振兴战略的关系[J].农业发展与金融，2018（06）：107-108.

❸ 中共中央文献编辑委员会.江泽民文选 [M].北京：人民出版社，2006：561.

中央办公厅、国务院办公厅印发《关于创新机制扎实推进农村扶贫开发工作的意见》，明确提出建立精准扶贫工作机制。党的十八届五中全会将"扶贫攻坚"改成"脱贫攻坚"，体现了中央打赢脱贫攻坚战的决心，对扶贫工作提出了新的要求❶。《中共中央国务院关于打赢脱贫攻坚战的决定》指出，脱贫攻坚工作要实现的"四个创新、四个转变"：即创新扶贫开发路径，由"大水漫灌"向"精准滴灌"转变；创新扶贫资源使用方式，由多头分散向统筹集中转变；创新扶贫开发模式，由偏重"输血"向注重"造血"转变；创新扶贫考评体系，由侧重考核地区生产总值向主要考核脱贫成效转变。习近平总书记在参加十二届全国人大五次会议四川代表团审议时强调，脱贫攻坚"扶持谁、谁来扶、怎么扶、如何退，全过程都要精准，有的需要下一番'绣花'功夫"❷。

脱贫攻坚工作既要继续消除现有的贫困问题，又要防止返贫和新的贫困的产生，确保现有成果的可持续性，完成这一任务就必须在精准脱贫过程中遵从持续性和内源性的发展理念，探索新的模式与路径，❸牢固树立创新、协调、绿色、开放、共享的理念。完善贫困治理的有效方法，就要完善贫困治理各个环节。在贫困识别方面，提高精准扶贫的准确度，要把"两不愁、三保障"分解成若干看得见的现象，在建档立卡工作中，进行多维度的操作化判断。❹在贫困治理策略方面，"要真真实实把情况摸清楚""帮助困难乡亲脱贫致富要有针对性，要一家一户摸情况，张家长、李家短都要做到心

❶ 刘永富.全力补齐全面建成小康社会的突出短板[J].求是，2016（6）：15-17.
❷ 盛玉雷.脱贫攻坚要下一番"绣花"功夫[N].人民日报，2017-03-09（4）.
❸ 左停.打好"三大攻坚战"/"精准脱贫机制创新"系列笔谈之四 乡土资源、知识体系与精准脱贫的内源扶贫机制[J].改革，2017（10）：61-64.
❹ 韩俊.关于打赢脱贫攻坚战的若干问题的分析思考[J].行政管理改革，2016（08）：4-11.

中有数"。对各种不同类型的贫困人口采取有针对性的帮扶措施。逐村逐户分析致贫原因，真正做到"一村一策，一户一法"，对症下药、开准"药方"。探索多渠道、多样化的精准扶贫、精准脱贫路径。在贫困治理的路径方面，由于我国很多地方的贫困属于条件性贫困，即由生产生活条件困难造成的贫困。从根本上改变区域性普遍贫困，重要的是改变造成贫困的生产生活条件。❶ 由于扶贫具有很大程度的财政和物资无偿转移的特质，所以很容易造成"虚假性需求膨胀"的状况，并继而诱发道德陷阱，❷ 要把提高扶贫对象的自我发展能力放在优先位置，探索如何将贫困户纳入现代产业链中，解决贫困户经常面临的技术、资金、市场方面的困难，❸ 坚持"内源扶贫思想"。❹ 同时脱贫攻坚是全社会的共同义务，要进一步解放思想、开拓思路、创新机制，发挥好市场和政府两方面作用，构建政府、市场、社会协同推进的大扶贫开发格局，努力形成全社会广泛参与的扶贫开发合力。❺ 构建专项扶贫、行业扶贫、社会扶贫互为补充的大扶贫格局。在贫困退出方面，不能搞"数字脱贫"，要按照中央文件的要求，要对建档立卡贫困村、贫困户和贫困人口定期进行全面核查，建立精准扶贫台账，建立贫困户脱贫认定机制，实行有进有出的动态管理。要做到每年脱贫的都是哪些人、分布在哪里，一清二楚。各地要建立精准脱贫可监测、可复查的机制。石泉县在精准扶贫工作开展之前，在"十二五"期间已经提出并实施了"三

❶ 徐勇. 激发脱贫攻坚的内生动力 [N]. 人民日报，2016-01-11（7）.

❷ 李小云. 冲破"贫困陷阱"：深度贫困地区的脱贫攻坚 [J]. 人民论坛·学术前沿，2018（14）：6-13.

❸ 韩俊. 关于打赢脱贫攻坚战的若干问题的分析思考 [J]. 行政管理改革，2016（08）：4-11.

❹ 黄承伟. 习近平扶贫思想体系及其丰富内涵[J].中南民族大学学报（人文社会科学版），2016（6）：129-133.

❺ 刘永富. 全力补齐全面建成小康社会的突出短板 [J]. 求是，2016（6）：15-17.

个五"扶贫工程,在贫困治理方面已经取得一定的成绩。但是石泉县仍然面临着整县脱贫较难的压力,在贫困治理过程中还有一些亟待改善的问题,因此需要在推进精准扶贫与精准脱贫过程中,进一步完善贫困治理的有效路径,提升脱贫质量。

(四)统揽经济社会发展,提升治理能力水平

长期以来,我国扶贫的主要特点是区域瞄准,以贫困地区的区域开发为主要手段。[1]但需要明白,贫困治理不仅仅是解决贫困问题的重要手段,解决贫困问题的过程也是推动经济社会整体向前发展的过程,推动脱贫攻坚是要为贫困地区的经济社会发展注入动力,提升贫困地区的自我发展能力。有学者指出,当前脱贫攻坚所面临的主要问题是深度贫困的脱贫攻坚问题,"内生动力不足"下的"贫困陷阱"是深度贫困致贫机制中的内生要素。[2]因此要有效地激发贫困地区的自我发展能力。《中国农村扶贫开发纲要(2011—2020年)》提出要"增强贫困地区发展内生动力",《关于创新机制扎实推进农村扶贫开发工作的意见》提出"以改革创新为动力,着力消除体制机制障碍,增强内生动力和发展活力"。因此要以贫困治理统揽经济社会发展全局,推动经济社会的全面发展。一是如前文所述,推动县域经济发展,特别是推动农村产业的发展升级;二是要培育和提升乡土文化,打造乡村文明。有学者指出我国贫困地区在长期的日常生产生活中积累了丰富的乡土知识,而且每个地方的乡土知识通常都有鲜明的特色与明显的差异,这些特色与差异蕴含了当地的地域文化与风土人情,成为塑造地方知识与文化的有效载体,

---

[1] 韩俊.关于打赢脱贫攻坚战的若干问题的分析思考[J].行政管理改革,2016(08):4-11.

[2] 李小云.冲破"贫困陷阱":深度贫困地区的脱贫攻坚[J].人民论坛·学术前沿,2018(14):6-13.

并且使地方在发展过程中积累了一定的文化基础。乡土资源和知识体系的提升也应是贫困地区反贫困的重要选项；❶三是要实现生态环境的改善。近年来有学者倡导绿色减贫，"绿色减贫思想"是指通过与自然生态环境体系和自然生产力紧密相融，将自然资源、经济资源和社会资源寓于绿色发展体系中，并以此提升资源配置效率，进而获得经济效益、社会效益和生态效益的全面提升。❷绿色减贫思想是精准扶贫的重要内容，是实现习近平精准扶贫精准脱贫核心要义的有效方式。❸

在贫困治理中同样重要的一方面是要改善基层治理状况，以贫困治理推进社会治理，改善社会关系。"帮钱帮物，不如建个好支部"。物质资金帮扶总有穷尽的一天，以基层党支部为抓手的基层治理的改善才能给贫困治理提供源源不断的动力。而且，精准扶贫、精准脱贫是一项比较复杂的工作，涉及诸多环节和多方主体，只有切实提高基层治理水平，才能做好扶贫，进而激发贫困地区的内在活力，❹要在脱贫攻坚中探索提升基层治理能力的有效路径，推进基层治理水平与治理能力现代化，寻求最佳治理支点，完善基层治理体系。❺特别是要在脱贫攻坚中加强对干部的锻炼。脱贫攻坚是对干部的精神状态、干事能力和工作作风的考验与锻炼。干部要做到把脱贫职责扛在肩上，把脱贫任务抓在手上，拿出"敢叫日月换新天"的气

❶ 左停．打好"三大攻坚战"/"精准脱贫机制创新"系列笔谈之四 乡土资源、知识体系与精准脱贫的内源扶贫机制 [J].改革，2017（10）：61-64.
❷ 张琦．习近平绿色减贫思想具有长远的战略性指导价值 [J].人民论坛，2018（03）：55.
❸ 张琦．习近平绿色减贫思想具有长远的战略性指导价值 [J].人民论坛，2018（03）：55.
❹ 徐勇．激发脱贫攻坚的内生动力 [N].人民日报，2016-01-11（7）.
❺ 徐勇．激发脱贫攻坚的内生动力 [N].人民日报，2016-01-11（7）.

概，攻坚克难、乘势前进。❶ 石泉县以往的扶贫工作中，已经关注到要以扶贫工作推动县域整体经济社会发展。但在这方面仍然需要加强，需要进一步完善脱贫攻坚体制架构，进一步以脱贫攻坚统揽经济社会发展全局，并且让贫困治理更好地嵌入社会治理之中，提升县域社会治理能力与水平。

第二节 推进贫困治理的"石泉实力"

贫困治理是一项长期的系统性工程，让贫困治理得到扎实的推进需要地方经验的持续有效积累，探索适合地方实际条件、契合地方实际问题的有效脱贫路径。长期以来，石泉县一致坚持用好方法、花大力气开展扶贫工作，帮助贫困人口摆脱贫困，取得了显著的成果。特别是"十二五"期间，石泉县的"三个五"扶贫工程，坚持多元、扎实、系统的扶贫方法，注重扶贫工作制度体系建构和制度建设，注重探索积累新的工作方法，在有效解决贫困问题的同时，为进一步开展的脱贫攻坚工作打好了基础，特别是积累了思路与方法上的有效经验。

（一）"十二五"期间，石泉县"三个五"扶贫工程

"十一五"以来，石泉县认真贯彻落实科学发展观，坚持开发式扶贫方针和"一体两翼"扶贫战略，按照"政府主导、群众主体、整合资源、社会参与"的思路，以扶贫重点村为主战场，以增加群众收入为中心，以整合涉农资源为抓手，以基础设施建设为突破，大力实施整村推进、移民扶贫、产业扶贫、社会扶贫和科技扶贫，取得了显著的成绩："十一五"期间，全县贫困人口已由 2005 年年

❶ 邓卓明，王刚 . 牢牢把握脱贫攻坚的三个关键 [J]. 红旗文稿，2019（09）：38-39.

底的 5.77 万人减少到 1.65 万人，减少了 4.12 万人（按照国家 2010 年 1196 元的贫困标准），阶段性扶贫开发目标圆满完成。

在"十一五"扶贫工作的基础上，"十二五"期间，石泉县坚持以脱贫攻坚统揽农村工作全局，以统筹城乡发展为根本方法，以增加贫困人口收入为中心任务，以区域发展和连片开发为重点，构建以围绕"五类群体"，健全"五大机制"，实施"五大工程"为主体的"三个五"扶贫工程，加快贫困区域和贫困人口脱贫致富步伐。

1. 围绕五类群体，实施五大工程

石泉县围绕"需要搬迁的、需要综合扶持的、需要救助和集中供养的、需要从教育入手治本谋长远的、需要从医疗保障入手减轻医疗负担和提高劳动能力的"五种类型，实施了"移民搬迁工程、'造血'扶贫工程、'输血'扶贫工程、教育扶贫工程、贫困人口健康保障工程"五大工程。

实施移民搬迁工程，从根本上改变群众生存环境。对居住在海拔 800m 以上的高寒偏远山区，受地质灾害、洪涝灾害或其他自然灾害影响严重，基础设施、服务设施落后的 0.32 万户 1.1 万贫困人口，按照"搬得出、稳得住、能致富"的总体要求，坚持"政府主导、农民自愿，分类指导、相对集中，规划引领、产业支撑，基础先行、服务配套，有业安置、持续发展"的工作思路，结合保障性住房建设、产业园区建设、重点村镇建设、社会主义新农村建设和鼓励农民进城，通过进城、入镇、进社区、进园区等安置方式全部搬迁到基础较好，交通便利的地方居住。同时落实建房补助、户籍管理、规费减免、权益保障、产业扶持等优惠政策，切实解决贫困人口搬迁后的发展问题，努力实现住房有保障、增收有渠道、产业有发展、环境有改善的目标。

实施"造血"扶贫工程，加快贫困人口脱贫致富步伐。对发展单一、缺乏后劲，处于温饱线上下波动的约 0.65 万户 2.5 万贫困人口和 8 个特困连片区域，以提升自我发展能力为重点，着力增强"造血"功能：一是加大产业扶持力度，助推贫困人口脱贫致富步伐。坚持"因地制宜、分类指导、夯实基础、扩大规模、突出重点、扶优扶强、加强管理、促进增收"和"项目支撑、信贷支持、龙头带动、配套服务"的原则，分类指导，因户施策，建立相对稳定的可持续发展的产业增收渠道。二是以基础设施配套和公共设施配套，着力改善贫困地区生产生活条件，提升社会服务水平。整合项目资金投入，加强农田水利、产业路等基础设施配套建设，提高贫困地区抗御自然灾害的能力和农业综合生产水平，坚持以人为本，以构建和谐社会为重点，大力发展农村卫生医疗设施、村级活动场所、村级学校、技术学校等公共事业。三是加强创业就业培训，提高贫困人口综合能力。建立技能培训和创业就业服务机制，让有劳动能力的贫困人口能得到高质量、有针对性的免费劳务技术培训。同时结合地方主导产业，有针对性地开展农业先进实用技术培训。四是制订金融优惠政策，保障产业发展资金投入。通过降低贷款门槛，简化贷款程序，适当提高贷款额度，创新贷款方式，放宽贷款期限，实行优惠利率等措施，解决贫困人口发展产业资金短缺问题。

实施"输血"扶贫工程，确保弱势群体生活质量。对无自我生存能力，又无依无靠的低保、五保和特殊困难群体全部纳入社会救助和政府集中供养，确保这些群体共享改革发展成果，活得有尊严。加强集中供养能力建设，全县新建农村集中供养服务中心 10 所、改扩建农村集中供养服务中心 2 所。拓展社会救助和集中供养覆盖面。将农村贫困人口依照不同条件分别纳入农村低保、农村五保、孤儿养育、残疾保障等救助范围，将录入国家"贫困户信息管理系统"的农村五保户、孤儿及无劳动能力残障人员逐步纳入集中供养范畴，切实做到应保尽保，实现农村特困人口救助供养体系全覆盖。

实施教育扶贫工程，彻底斩断农村贫困链条。坚持"扶贫先扶智"的思路，建立完善贫困学生信息库，对贫困学生就学情况全程跟踪，让贫困学生能走进大学或者职业技能培训院校。一是逐步推进免费教育。在实行职业高中、普通高中和学前一年免费教育的基础上，免除全县所有在公办幼儿园入园的学前两年、三年贫困家庭幼儿保教费，纳入特困幼儿生活补助范畴，并逐步推进学前免费教育。二是健全助学资助体系。启动农村义务教育阶段学生营养改善计划，将石泉县中学在校贫困生全部纳入国家高中特困生助学金和中央彩票公益助学金项目予以补助，建立职业高中优秀贫困学生奖学金制度。三是建立贫困学生包联体系。实施机关单位对口帮扶学校、千名干部"一联""两帮"，社会团体及爱心人士"一对一"帮扶贫困学生，确保贫困学生顺利完成学业。四是解决贫困学生就业问题。每年选择 10～20 名品学兼优的贫困学生采取定向委培方式，优先安置就业。

实施健康促进工程，提高贫困人口综合素质。在医保政策上向贫困人口倾斜，加强医疗卫生服务，最大限度减少贫困人口看病支出，解决因病致贫、因病返贫的问题。一是建立贫困人口健康档案。实施贫困人口免费体检，启动健康档案建设，实现扶贫、民政、定点医疗机构、县、镇合疗办网络共享，做到病患早发现、早预防、早治疗，从根源上减轻贫困人口经济负担。二是积极开展健康教育和义诊服务活动。定期开展医疗服务进村上门活动，定期对贫困人口进行义诊和健康教育咨询服务，定期开展老年病、慢性病系统管理更新，加强对贫困人口的健康教育，提升贫困人口自我保健意识。三是彻底解决没钱看病的问题。将县内二级医疗机构按总床位的10% 设置扶贫病床，减免挂号费、床位费、诊查费；各镇卫生院至少设置 2 张扶贫病床，免收床位费、诊查费、注射费。贫困人口在县内一级和二级医疗机构住院治疗的，除起付费自付外，按 100% 比例进行报销。在县外合作医疗定点医疗机构住院治疗的，按县上合作医疗政策报销后，自付费用 2 万元以上的，由合作医疗部门给予全额大病救助；自付费用 2 万元以下的，由民政部门给予全额医疗救助。四是建立重大及特殊疾病救助办法。制定自付费用过高的重大及特殊疾病医保政策，采取二次报销医疗费用、一次性补助或定期报销等措施，有效缓解贫困人口医治重特大疾病的经济负担。

2. 健全五大机制，保障工程实施

为保证五项扶贫工程的扎实落地，石泉县构建以"干部包抓机制、社会帮扶机制、投入保障机制、评估验收机制、考核奖惩机制"为主体的五大机制。

健全干部包抓机制。按照"领导联片、部门包村、干部包学生"的方式，由县级领导 11 个镇，为包抓镇及镇内特困连片区域协调和争取项目资金，解决扶贫开发工作中存在的困难和问题；县直部门分别包抓 111 个贫困村及 1000 户贫困户，帮助贫困村完善基础设施，发展主导产业；机关科级以上领导和党员干部采取"一对一"结对子的形式，包抓帮扶 1000 名农村特困学生，解决其生活、学习中的困难。

健全社会帮扶机制。加强宣传和舆论引导，营造良好的扶贫工作氛围，进一步调动全社会参与扶贫攻坚的积极性，弥补专业扶贫和行业扶贫的不足，形成全社会关心、支持扶贫开发工作的大扶贫格局。县红十字会、老促会（慈善协会）、工商联、工青妇等社会组织，建立应急救助、宣传引导、帮扶激励、考核评价和协调管理机制，牵头组织县内外慈善机构、群团组织、爱心企业及各界爱心人士，通过募集发放善款、协调结对帮扶等多种形式开展社会扶贫行动。

健全投入保障机制。建立与经济发展水平相适应的财政扶贫投入机制，将县级财政每年新增财力的 5% 作为扶贫专项资金，集中用于扶贫综合开发。加大扶贫资源整合力度，以扶贫开发整村推进、连片开发为平台，按照"渠道不乱，用途不变，各负其责，各记其功"的原则，整合各涉农部门项目资金，集中力量扶贫。积极争取上级扶贫开发及支农项目，积极引导金融信贷和社会资本投入，积极完善村级扶贫互助资金组织，形成多部门协作、多渠道投入的多元化投入机制。

健全评估验收机制。准确掌握贫困村发展和贫困人口脱贫情况，对全县贫困人口的人均收入、生活质量、医疗卫生、接受教育状况实行动态管理，严格按照《石泉县"十二五"扶贫开发工作评估验收办法》进行年度评估验收，科学评价各单位包抓贫困村和贫困户的工作成效，掌握工作动态，督促工作进展，确保扶贫工作取得实效。

健全考核奖惩机制。加强扶贫开发工作绩效考评，完善奖惩措施，确保组织领导到位、资金投入到位、工作措施到位、包抓帮扶到位。将扶贫工作纳入各镇、各部门年度目标责任制考核，纳入党政一把手工作实绩考核。对于考核处于优秀名次的镇、部门，由县政府授予荣誉称号并进行奖励；对未完成扶贫开发工作年度任务且得分在 85 分以下的，取消其参与全县综合目标责任考核评奖资格，并按有关规定进行行政问责；对未完成当年任务的各单位进行全县通报，并将结果抄送其上级主管部门。

（二）"三个五"扶贫工程中贫困治理的成效与价值

"十二五"期间，石泉县"三个五"的扶贫工作，取得了较为显著的成效，在一定程度上解决贫困问题的同时，也为脱贫攻坚的开展积累了丰富的经验。

1. 解决部分贫困人口的贫困问题，减轻整县脱贫压力

"三个五"扶贫工程的实施，有效地解决了部分贫困人口的贫困问题，让一些重点贫困村的贫困情况显著改善，降低了进一步开展脱贫攻坚，实现整县脱贫的压力。

2. 完善基础设施和公共服务设施，夯实县域发展基础

"三个五"扶贫工程，推进了农田水利、产业路等基础设施以及农村地区医疗卫生服务设施、村级活动场所、各类学校等公共服务设施的建设，为贫困地区人口的日常生活提供了便利，提升了贫困地区的社会服务水平，提高了贫困地区抵御各类自然灾害的能力，改善了发展农业生产的条件，为进一步推动贫困地区的公共事业发展和脱贫攻坚打下了坚实的基础，为缩小城乡发展差距，推进县域的整体均衡发展提供了支撑。

3. 完善各类社会保障制度的建设，有效抵御贫困风险

"三个五"扶贫工程，一定程度上完善了贫困人口的教育保障、医疗保障、残疾人保障等各类社会保障，推进了因学致贫、因病致贫、因残致贫等问题的解决，并推进了相关致贫风险的抵御，缩小了城乡社会保障上的差距。"三个五"的实践也有效地探索了如何才能完善贫困人口的社会保障，如何才能让社会保障在贫困人口脱贫和抵御致贫返贫风险上发挥更大作用的问题，为进一步完善贫困人口的生活保障提供了思路。

4. 探究脱贫攻坚的体系架构建设，推进工作协调开展

石泉县探索推出"三个五"扶贫工程，将需要帮扶的群体、可以选择的帮扶方法、需要建立的保障制度整合起来，完成整体脱贫攻坚的体系架构建设，从而能够较好地保证各类需要帮扶的群体不被落下，保证各项扶贫工作能够协调推进、各种帮扶能够综合运用，

保证扶贫工作能够得到有力的体系支撑。"三个五"的体系构建是石泉县探索如何协调全面开展扶贫工作的重要成果，对于全面打响脱贫攻坚战，推动整村整县脱贫具有很大的借鉴价值。

5. 探究扶贫对接整体发展的路径，发挥扶贫"基点"作用

"三个五"的脱贫规划提出"坚持以扶贫攻坚统揽农村工作全局""以统筹城乡发展为根本方法"，这体现了石泉县对于扶贫开发与县域整体发展之间关系的高度认识，石泉县将扶贫开发工作作为推动整体县域经济社会发展的重要基点，在推进脱贫工作中努力发挥扶贫的"基点"作用。这种认识和做法对于实现以脱贫攻坚统揽经济社会发展全局、推进乡村振兴具有重大的启示意义。

6. 探究做好扶贫开发的工作思路，提前应对各类问题

"三个五"扶贫开发实践中，石泉县探索了众多有效开展扶贫工作的思路，如"政府主导、农民自愿，分类指导、相对集中，规划引领、产业支撑，基础先行、服务配套，有业安置、持续发展"的易地搬迁工作思路和"项目支撑、信贷支持、龙头带动、配套服务"的产业发展中的工作思路，这些思路推动了扶贫工作的有序开展，并且较好地提前应对了可能出现的一些问题，为更好地脱贫提供了经验。

7. 探究提升帮扶质量的工作机制，保障扶贫长效开展

在"三个五"的扶贫开发实践中，石泉县探索建立了干部包抓、社会帮扶、投入保障、评估验收、考核奖惩等多个工作机制，这些工作机制的建设，为扶贫工作的扎实有序开展提供了支撑，提升了扶贫工作的长效性，在提升扶贫工作质量的同时，也为脱贫攻坚中的工作机制建构打下了坚实基础。

8. 探究有效开展帮扶的工作方法，助力扎实有序扶贫

有效地开展扶贫工作是对扶贫工作方法的考验，如何实现对贫

困人口的精准识别，如何实现与贫困群众的有效沟通，如何实现对贫困群众的有效动员，如何保障扶贫资金的安全使用，这些问题的解决都需要在实践中探索并运用合适的工作方法。石泉县在"三个五"扶贫工作中，探索了有效开展帮扶的工作方法，从而推动了工作的开展。对于工作方法的探索和积累，有助于更大规模、更大挑战的脱贫攻坚工作的扎实有序开展。

第三节　推进贫困治理的"石泉方法"

（一）立足中央要求和地方实践，实现"三个五"工程再升级

立足于中央和陕西省关于打赢脱贫攻坚战的精神与具体要求，石泉县在"十二五"期间"三个五"扶贫工程的实践成效和经验积累的基础上，着力实现扶贫工作的进一步升级。

1. 进一步实现精准贫困治理

在"三个五"的扶贫工作中，石泉县指出了扶贫工作需要瞄准的五类群体，指出要准确地找到需要帮扶的人，让真正的贫困人口在扶贫工作中获益。结合中央"精准扶贫"和"精准脱贫"的要求，石泉县进一步推进贫困治理的精准化。一是识别与分类进一步精准。石泉县进一步出台严格、规范、明确的标准，从而精准地评定困难群体，并且深入贫困户家庭，了解具体的致贫原因是什么，做到精准分类。二是过程进一步精准，采取哪些方法帮助贫困户脱贫，不同政策落实得怎么样，所发展的产业、开展的就业培训效果如何都要及时得到展现，从而清晰地展现贫困户的脱贫过程。三是如何脱贫进一步精准。贫困人口到底是怎么脱的贫，结果要实实在在、明明白白，实现脱贫成果的可视化。四是监督考核进一步精准，要进

一步找到实现有力监督考核的抓手，进一步建立监督考核的规范机制，从而保证扶贫工作的规范开展。

2.进一步激发农村发展内生动力

在"三个五"的扶贫工作中，石泉县已经强调激发农村发展的内生动力，在打赢脱贫攻坚战，推进农业农村全面发展的进程中，石泉县希望能够进一步培育农村的自我发展能力。一是加强农村基层组织建设。提升村党支部、村委会班子成员的责任感和工作能力，更好地发挥村党支部领导团结全村群众的能力和农村党员的作用。二是加强新民风建设。在进一步推进扶贫扶志的过程中，整理推广优秀的村规民约与家风家训，挖掘、宣传农村的道德模范，实现乡风文明的整体提升。三是全面改善农村发展环境与条件。一方面完善农村的基础设施与公共服务设施，改善农民生活，改善农村产业的发展基础；另一方面协调城乡关系，缩小城乡间的差距。四是进一步挖掘培养农村能人。努力解决农村人才流失的问题，挖掘、培养农村各方面的人才，并吸引外出能人回流，让农村能人在脱贫攻坚与农村发展中发挥更大的作用。五是进一步发展农村集体经济。培养专业的农村合作社，为农村集体经济注入发展资金，解决贫困村没有集体经济的问题。

3.进一步完善脱贫工作机制

在"三个五"扶贫工程中，石泉县已经建立起了五项扶贫工作机制，在此基础上为实现贫困治理的进一步规范、高效、有序地开展，石泉县希望进一步完善脱贫攻坚的工作机制。一是各级责任落实机制。让各级各部门党政一把手切实履行"第一责任人"职责，脱贫攻坚的牵头单位、责任单位按责任分工，把责任落到每个单位、每个帮扶干部头上。二是完善包抓帮扶机制。进一步完善政府部门驻村帮扶、干部到户包抓的制度，让帮扶干部深入贫困村、深入贫困户家中，切实发挥帮扶作用。三是完善管理监督机制。通过细化、量化具体指标，加强信息技术运用等方法，实现对脱贫攻坚工作的智能化、信息化管理，提升监督效果，减轻监督给基层工作人员带来的压力。四是完善社会参与机制。建立起社会参与帮扶工作的有效平台，更好地对接脱贫需求与社会资源，打造"人人皆可为、人人皆愿为、人人皆能为、人人皆有为"的社会扶贫氛围。

4. 进一步拓展脱贫方法

在"三个五"的扶贫工作中，石泉县丰富并实践了五项扶贫工作，通过多元的扶贫路径帮助贫困人口解决贫困问题。在此基础上，以中央"六个一批"和陕西省"八个一批"的脱贫规划为指导，石泉县进一步拓展扶贫路径。一是丰富并推进"产业、创业、就业"脱贫。通过产业扶持、支持创业、联营互助、金融扶持、电商扶贫、专业就业等方法，着力实现"村村有集体经济、户户有长效产业、人人有稳定就业"的目标。二是发展生态扶贫。通过发展乡村旅游、落实生态补偿、以公益岗推进保洁员队伍和护林员队伍建立等方式推进生态保护，并在生态保护中提升贫困人口收入，推进民生发展。三是完善教育、健康等专项扶贫工作。进一步完善行业扶贫政策，提升贫困人口教育医疗等方面的保障，解决上学难、看病难等问题。四是完善针对特殊困难群体的帮扶工作。进一步完善贫困残疾人群体等特殊困难群体的帮扶工作，通过采取契合特殊困难群体实际条件、实际需求的方法，解决特殊贫困群体的贫困问题。

5. 进一步加强长效制度建设

在"三个五"扶贫工程中，石泉县已经加强了对于长效机制的建设，为了进一步提升脱贫质量，实现脱贫成果的巩固和提升，石泉县希望进一步加强长效制度的建设。一是建立脱贫资金高效安全的使用制度。积极开辟脱贫攻坚新的资金渠道，加大行业资金整合力度，加大对资金的监督检查，严格追责挤占、套取、私分脱贫资金的行为，实现脱贫资金专款专用、安全高效。二是深化医药卫生体制改革。以健康扶贫对接医改和医共体建设，实现卫生健康行业的质的突破，推进健康治理。三是推进预防返贫的制度建设。建立预防新致贫和返贫各类风险的长效机制，从根源上减少贫困问题的发生。四是完善干群联系制度。在脱贫攻坚中探索建立干部群众联系的有效机制，密切干群关系，推进基层治理。

（二）坚持落实"四个原则"，聚焦"四个着力点"

为了进一步推进贫困治理，提升脱贫质量，打赢脱贫攻坚战，石泉县遵照中央脱贫攻坚指示精神，提炼"三个五"扶贫工程之中的有效经验，提出了在推进脱贫工作中所需要坚持的"四个原则"和推进脱贫攻坚的"五个着力点"。

1. 梳理贫困治理有效经验，落实"四个原则"

一是坚持党委领导、政府主导。石泉县充分发挥各级党委总揽全局、协调各方的领导核心作用和基层党组织战斗堡垒作用，强化党委政府扶贫开发的主体责任，推动行业部门履行扶贫开发职责，加强协同合作，合力开展脱贫攻坚。

二是坚持解放思想、创新机制。石泉县委县政府要求各基层党组织以改革创新为动力，进一步解放思想，从有利于贫困对象脱贫的实际出发，着力消除体制机制障碍，突破条条框框限制，敢于发挥超常工作思维，勇于采取超常规化的工作举措，通过增强内生动力和开发活力，推进精准扶贫、精准脱贫工作。

三是坚持因地制宜、整体推进。石泉县委县政府要求各基层党组织在扶贫工作中突出"六个精准"，按照"一村一策、一户一法"，科学制订贫困村、贫困户脱贫致富的具体规划和方案，定向施策，精准发力，积极探索多渠道、多元化精准扶贫新路径，不断提升全县整体精准扶贫、精准脱贫水平，确保如期实现全面脱贫。

四是坚持群众主体、社会参与。基层党组织必须充分尊重群众意愿，不断激发贫困人口自我脱贫的内生动力，广泛动员社会各界参与扶贫开发，着力构建专项扶贫、行业扶贫、社会扶贫互为补充的大扶贫格局。

2. 把握贫困治理关键问题，聚焦"四个着力点"

一是着力提升思想认识，打造脱贫攻坚精神。深入推进脱贫攻坚工作向纵深发展，要进一步提升对脱贫攻坚重要性的认识。推进脱贫攻坚是以人为本、执政为民的具体体现。消除贫困、改善民生、实现共同富裕是社会主义的本质要求，帮助贫困地区群众脱贫致富是党和政府义不容辞的政治责任。各级党组织要充分认识加快推进脱贫攻坚的重要性、紧迫性、长期性和艰巨性，打赢脱贫攻坚战是全面建成小康社会的必然要求，承担着增加收入、脱贫致富的重任，贫困人口不脱贫，全面建成小康社会的目标就无法实现，贫困人口改变落后面貌的愿望十分迫切，信心和决心十分坚定。推进脱贫攻坚必须要直面困难、坚定信心，牢固树立等不起的紧迫感、慢不得的危机感、坐不住的责任感，以更加饱满的热情、更加扎实的工作、更加过硬的作风，奋力实现脱贫攻坚工作的新跨越，培养、打造、形成脱贫攻坚精神。

二是着力践行精准工作法，全面提升脱贫质量。进一步推进脱贫攻坚工作，要践行精准扶贫、精准脱贫的精准工作法，精准识别需要帮扶的贫困人口，精准把握贫困人口的致贫原因和脱贫诉求，精准选择脱贫方法，精准找到贫困人口脱贫、贫困村脱贫的有效路径，精准选择合适干部进行包抓帮扶，精准对接所需资源，精准展现脱贫进展与脱贫成效。通过贫困治理全过程的精准化，实现真正的精准脱贫。以精准脱贫实现贫困治理工作的规范、高效、有序，全面提升脱贫质量，实现质量脱贫。

三是着力以脱贫攻坚统揽经济社会发展，发挥脱贫攻坚轴心作用。脱贫攻坚对于社会秩序的维持与社会发展具有巨大意义。推进脱贫攻坚是缩小城乡差距、促进和谐稳定的重大举措。贫穷是影响社会稳定的主要因素，贫富差距的扩大是人类自然关系失衡的根源，只有有效地解决贫困问题，丰衣足食、安居乐业，社会才能趋于稳定、和谐。推动脱贫攻坚也能推动基础设施与公共服务设施的完善，为推进公共服务的提升、社会文化的发展打好基础，提供动力。推进脱贫攻坚对于经济发展具有巨大作用。推动脱贫攻坚进程中能带动各类产业发展，为经济发展提供新的动力。推进脱贫攻坚也是扩大消费的必然选择。消费是促进经济发展的"三驾马车"之一，也是贫困地区经济发展的薄弱环节。只有广大贫困群众富裕起来，才能扩大需求、刺激消费，推动经济持续健康发展。必须要发挥脱贫攻坚的轴心作用，以脱贫攻坚统揽经济社会发展全局，补齐县域经济社会发展短板，推动县域整体经济社会的发展。

四是着力提升农业农村发展水平，有效对接乡村振兴。在脱贫攻坚进程中要着力提升农业农村的发展水平，以脱贫攻坚为乡村振兴强基筑石，坚决打破"脱贫是脱贫，发展是发展""先脱贫攻坚，后乡村振兴"的思维，在推进脱贫攻坚进程中推进现代农业发展，探究实现三产融合有效路径，提升农村经济发展水平；推进农村基础设施、公共服务设施、各类公共服务社会保障的完善，提升农村乡风文明与生态环境，实现农村整体风貌的改善，实现农业农村的整体发展，有效解决农业安全、城乡差距过大、农村人才流失等亟待进一步解决的农业农村问题。

第四节　推进贫困治理的"石泉路径"

坚持以党的十八大和十八届三中、四中、五中全会精神为指导，认真贯彻落实习近平总书记关于脱贫工作的重要讲话及中省市脱贫攻坚会议精神，在"三个五"扶贫工程实践的基础上，结合县域发展客观实际、贫困人口真实需求，石泉县进一步聚焦全面小康目标，以脱贫攻坚统领经济社会发展全局，于 2016 年 1 月出台《石泉县2016—2019 年精准脱贫攻坚实施方案》，提出了以"三个六"为主体的系统、精准的脱贫攻坚路径。

按照"三个六"总体思路，石泉县突出"六个精准"（对象精准、分类精准、措施精准、项目资金使用精准、派人包抓精准、脱贫精准）的要求；实施"六个一批"❶脱贫工程；健全"六个一"（一村一个扶贫工作队、一村捆绑一批资金项目、一户一名干部包抓、一户一验收销号、一套信息系统监测管理、一套严格的督考奖惩）工作机制，加强领导，夯实责任，严格考核，坚决打赢脱贫攻坚战。确保到 2019 年实现"镇出列、村脱贫、户销号"脱贫目标，到 2020年全县脱贫摘帽，与全国同步迈入小康社会。

（一）突出"六个精准"要求

结合中央脱贫攻坚精神与政策文件要求，梳理地方实践的经验教训，石泉县提出了脱贫攻坚的"六个精准"要求。

突出对象精准。按照国家制定的统一的扶贫对象识别办法，采取自上而下和自下而上相结合的办法，逐村逐户开展拉网式摸底排

---

❶　扶持"三业"（产业、就业、创业）脱贫一批、移民搬迁脱贫一批、教育脱贫一批、医疗脱贫一批、生态政策补偿脱贫一批、兜底脱贫一批。

查和精确复核，确保符合标准的一户不漏，不符合标准的一户不进，为精准脱贫提供可靠依据。

突出分类精准。在摸清底数的基础上，根据致贫原因和发展需求，把全县贫困人口科学划分为"产业扶持户、移民搬迁户、教育资助户、医疗救助户、政策补偿户、社保兜底户"六种贫困户类型，做到分类指导、因户施策。

突出措施精准。充分利用精准扶贫建档立卡成果，针对其贫困情况确定帮扶责任人、制定帮扶规划、落实帮扶措施，集中力量予以扶持，做到"一户一本台账、一户一个脱贫计划、一户一套帮扶措施"，切实提高帮扶措施的精准度。

突出项目资金使用精准。坚持"基础先行、规划到村、项目到户、责任到人"，深入基层了解村情民意，因地制宜确定项目，严格按照精准扶贫的标准、程序实施项目，建好精准扶贫项目台账，实施全程监管。把扶贫资金安排与脱贫成效挂钩，加大资金整合力度，提高资金使用效益，强化资金监督管理，确保一分一厘都用在脱贫攻坚上。

突出派人包抓精准。认真总结干部联系和服务群众"包联驻代"工作中的好经验、好做法，根据贫困程度、脱贫难度调配包抓力量，选派优秀干部驻村包户，实行定户定人定时定责帮扶、不脱贫不脱钩的"四定两不"帮扶包抓机制，扎实推进精准扶贫、精准脱贫工作。

突出脱贫精准。采取超常规举措，坚决打赢脱贫攻坚战，确保精准脱贫到村、到户、到人。对精准扶贫、精准脱贫进行量化考核，作到成熟一个摘帽一个，脱贫一户销号一户。重点考核精准扶贫工作成效，把精准扶贫工作实绩作为评价各级党政领导班子和领导干部工作的重要内容，确保精准脱贫各项措施落到实处。

（二）实施"六个一批"脱贫工程

按照中央"六个一批"和陕西省"八个一批"的规划安排，结合石泉县"十二五"期间的五项扶贫工程，石泉县统筹提出了"六个一批"脱贫工程规划。

实施扶持"三业"脱贫一批工程。对"十三五"建档立卡中有劳动能力但无经营能力、缺乏资金的2.02万贫困人口，通过实施产业扶贫、旅游扶贫、电商扶贫、金融扶贫等途径推进"三业"发展，帮助其脱贫。在产业扶持方面每年安排专项扶贫资金对贫困户发展产业进行补助。通过实施产业奖补、低收入农户产业扶持、合作社补助等项目，大力动员贫困户发展畜牧、蚕桑、黄花菜、中药材种植、茶园等产业建设，通过培育市场主体，实行订单生产、保底价收购，增加贫困户收入。围绕产业发展，加快产业路、产业水、产业电、产业讯等基础设施配套建设，不断改善贫困地区的基础设施条件。利用石泉秦巴山区生态旅游资源丰富的优势，大力发展乡村旅游，建设扶贫生态观光示范园，发展休闲观光农业，积极引导贫困户开办特色产品加工、小商店、农家乐等第二、第三产业，有效增加贫困户经营性收入。在创业扶持方面，引导鼓励贫困家庭在特色产业、休闲农业、乡村旅游、农林产品加工、商贸服务等第一、第二、第三产业融合发展，通过创业实现脱贫。依托各类园区等存量资源，发展一批创业创新示范基地、创业孵化基地，吸纳贫困人员入驻创业，免费为他们提供政策咨询、场地供给、创业规划、创业培训、风险评估、一次性开业补贴等"一条龙"便利化服务。对贫困家庭创办的新型农业经营主体，符合农业补贴政策条件的，按规定优先享受相应的政策支持。在联营互助方面，对有经营意愿但经营能力弱的贫困人口，充分发挥现有的农业产业园区、龙头企业、农民专业合作社和种植养殖大户辐射带动作用，吸收、帮助有劳动能力、愿意继续经营承包地但缺少经营方法的贫困人口，以合作、联营、入股等多种方式，实现搭帮互助，增加贫困户经营性收入。对吸收贫困户加入其经营组织体系的企业、合作社等，优先向上推荐申报扶持项目资金。在金融扶持方面，对有经营能力但缺少发展资金的贫困人口，按照石泉县金融扶贫实施方案，协调金融机构提供5万元以下、3年以内免担保免抵押小额贷款以及通过发放扶贫小额贴息贷款、扶贫互助资金和创业无息贷款等项目，帮助贫困人口发展养殖、家庭农场、旅游等特色产业。同时，县财政设立脱贫攻坚贷款担保基金，对需要创业和扩大经营规模的贫困人口，由各金融机构发放适度规模贷款，为贫困人口创业提供融资担保。在电商扶贫方面，着力构建县、镇、村三级扶贫开发信息服务网络，建设信息化扶贫示范村，优先发展镇级网店，在集镇开设电商服务点，为贫困户线上创业提供条件，鼓励贫困户和企业注册成立电商扶贫店，增加农产品销售渠道，带动贫困户增收。在转移就业方面，引导农村贫困家庭劳动力向中心城镇以及产业园区集聚，鼓励产业园区和境内建筑、纺织、商贸等企业吸纳农村贫困家庭劳动力就近就地就业，帮助更多的贫困户实现就近就地就业以稳定增收。加强农民工转移就业的跟踪服务和管理，对有劳动能力但无技术的贫困人口，整合各类培训资源，引导企业扶贫与职业教育相结合，保证每个贫困户至少有一人掌握一门致富技能，实现就业技能脱贫。对在县内外自费参加培训的贫困家庭成员按政策规定直接给予个人培训费用补贴，对有创业意愿的贫困户，实施免费创业培训。鼓励企业开发爱心工作岗位，吸纳和安置符合条件的贫困人口上岗工作，通过岗位就业、增加工资性收入的路径和方法摆脱贫困。

实施移民搬迁脱贫一批工程。对"十三五"建档立卡信息系统内因自然条件恶劣，居住地域偏僻，交通不便的5758户1.82万贫困人口，通过"挪穷窝"的方式，采取陕南避灾扶贫移民搬迁的路径和方法摆脱贫困。根据村民意愿，按照与城镇、园区、中心村"三靠近"原则，建设集中安置点，统规统建，实施"交钥匙工程"，按照城市社区标准，同步配套基础设施，紧扣"三精"主题，完善社区公共设施，抓好安置社区垃圾污水处理，努力创建山水园林、生态宜居、文明和谐的移民搬迁新型社区，以此改善贫困户住房及生产生活条件。坚持把增收致富作为重中之重，采取企业带动、产业支撑、景区辐射、技能提升、资金互助等有效模式，深入抓好"一区一策、一户一法"试点，确保增收致富。积极探索用资产性收益扶持贫困搬迁户增收，开展旧宅基地资产二次利用试点；推进土地腾退、两证办理试点工作，坚持两灾户即搬即拆除，根除危险源，并配套土地复耕，进一步缩短贫困户搬迁土地腾退时间。加大农村环境整治力度，保护传统村落，扎实推进美丽乡村建设。

实施教育脱贫一批工程。对"十三五"建档立卡中因家庭困难致子女难以完成学业的0.55万贫困人口，从学前教育开始扶持，从根本上斩断穷根，防止贫困代际传递。继续大力实行学前三年到高中阶段的十五年免费教育，对学前教育阶段贫困家庭学前一年在园幼儿每人每年给予750元生活补贴，对义务教育阶段贫困家庭寄宿生按照小学每生每年1000元、初中每生每年1250元的标准给予生活补贴。通过政府、社会、个人资助等形式，帮助其完成学前、高中、中高职和大学阶段学业；对贫困家庭高中生，除免学费外，每人每年补助2000元生活费；对贫困家庭高职在校生，除享受国家职业教育资助和"雨露计划"培训等政策外，每人一次性再给予3000元扶贫助学补助；对贫困家庭在校大学生，通过实施农村贫困家庭大学生助学项目、发放"圆梦"助学金、生源地助学贷款等，帮助其完成学业。加大"人人技能培训"力度，对有劳动能力但缺少劳动技能、无稳定收入的贫困人口以及未继续升学的初高中毕业生等新增劳动力"一个不少"地开展免费职业技能培训，提高贫困人口创业就业能力和致富增收本领。

实施医疗脱贫一批工程。完善医疗救助机制，扩大救助范围，将 0.81 万贫困人口全部纳入重特大疾病救助范围，加大农村贫困残疾人康复服务和医疗救助力度，扩大纳入基本医疗范围的残疾人医疗康复项目。实行县、镇医疗机构医务人员一对一帮扶因病致贫户。县卫计局负责指导各镇卫生院建立完善贫困人口健康档案，每年开展一次免费健康体检，加大因病致贫人群的个体化健康教育，开展医疗团队进村上门服务；县级医疗机构成立医疗专家服务队，定期巡回各镇开展贫困人口健康咨询和义诊服务；县扶贫局、县合疗办、县民政局要共同完善特困人口健康保障证制度，对持证人员实行住院合疗费用全报销。全县各级各类医疗机构均要设置扶贫床位，免收床位费、诊查费、注射费等费用，切实减轻贫困人口医疗负担。全力实施贫困地区儿童营养改善工程、新生儿疾病筛查、育龄妇女孕前优生免费健康检查和母亲健康工程等卫生计生服务项目。

实施生态政策补偿脱贫一批工程。对"十三五"期间住在高山林区的 0.5 万贫困人口实施生态脱贫工程，在贫困地区深入实施新一轮退耕还林、天然林保护、防护林建设、坡耕地综合治理等重点生态工程，对 25 度以上的坡耕地要全面退耕，25 度以上的基本农田也要纳入退耕还林范围，给予项目和资金倾斜，提高贫困人口参与度和受益水平。要加大主体功能区生态补偿转移支付争取力度，使脱贫攻坚与秦岭保护、汉丹江治理有机结合起来，建立贫困地区生态保护修复制度，扩大政策实施范围，充分利用生态效益补偿资金和天然林管护专项资金，让有劳动能力的贫困人口就地转为护林员等生态保护人员。完善生态补偿转移支付机制，从生态补偿转移支付资金中安排一定比例用于脱贫攻坚，增加贫困户政策性收入。同时大力引导支持贫困群众发展特色经济林产业，加快发展林下经济，积极推广林果、林菌、林药、林菜、林禽、林畜、林蜂等复合经营模式，增加贫困群众收入。

实施兜底脱贫一批工程。对"十三五"期间孤寡老人、无劳动能力人员、丧失劳动能力残疾人共 2.39 万贫困人口实行社保兜底。对符合农村低保、五保条件的贫困家庭人口全部纳入保障范围，按照应保尽保、应退必退的要求，统筹协调农村扶贫与农村低保逐步实现"两线合一"的标准。对当年经济收入超过农村低保标准而不稳定的农村家庭，可适当给予过渡期。加大临时救助力度，健全农村留守儿童、留守妇女和留守老人"三留守"人员和残疾人关爱服务体系。将建档立卡信息系统内因病、因残无劳动能力的贫困人口全部纳入重特大疾病救助范围，政府全额出资参加新型合作医疗。

（三）建立"六个一"工作机制

为了实现六个精准的目标，扎实、有效、协调地推进六项脱贫攻坚工程，石泉县进一步在入村入户帮扶、扶贫资源使用、脱贫工作的过程监督与结果验收等各个方面、各个环节加强了工作机制的建设，从而提升脱贫过程的规范、高效、有序。

建立"一村一个扶贫工作队"机制。对全县 11 个镇 87 个贫困村、65 个非贫困村、10 个农村社区分别派驻一个脱贫工作队，由一名部门或镇科级领导任队长，村支部书记、村主任、驻村干部任副队长，包户部门、镇、村组干部、党员为成员。驻村脱贫工作队要迅速到村开展工作，了解分析致贫原因，厘清帮扶思路，制订帮扶计划，切实做到帮扶思路、帮扶责任、帮扶措施、帮扶项目、脱贫路径、脱贫时间"六到户",并集中力量组织开展帮扶,协调落实捆绑项目和资金,研究解决工作中的实际问题,提高帮扶实效,做到不脱贫、不脱钩。

建立"一村捆绑一批资金项目"机制。县财政局将每年省市下达的扶贫专项资金和本级新增财力的5%资金以及各级机构压缩的"三公"经费归集,设立精准扶贫专户,以后每年县财政投入扶贫的资金增长不低于20%。县脱贫攻坚项目资金整合部根据贫困村的贫困程度、贫困人口数量以及实际需求,制订年度项目资金到村到户分配方案,由驻村脱贫工作队安排使用,集中用于解决突出问题和贫困户的"三业"发展。非贫困村和农村社区项目资金,由各镇结合村(社区)每年急需解决的主要问题,列出项目清单,经项目资金整合部审定后,由帮扶单位自筹资金落实或协调相关部门落实。

建立"一户一名干部包抓"机制。结合贫困人口分类情况,将县级领导、县直部门、驻石单位、镇、村所有干部全部确定为包抓责任人,确定1～5名包抓对象,除需社保兜底扶贫的贫困人口外,其余贫困人口要做到帮扶不漏户、人人见干部的全覆盖要求。具体由镇村与包抓单位对接,以镇为单位,将干部包抓贫困户名单上报县脱贫攻坚指挥部审定后下发。各包抓干部要与帮扶对象常联系、常走访,多沟通、多教育,重扶智、转观念,每月联系不少于一次,并有针对性地开展服务,确保在规定时限内帮其顺利脱贫。

建立"一户一验收销号"机制。按照省上提出的"两不愁、四保障"标准,细化量化具体指标,从收入、住房、设施、教育、医疗、养老六大方面制定数据科学、核查方便、群众信服的到户脱贫标准。具体由贫困户提出脱贫书面申请(也可由驻村工作队或村委会提名),先召开村民代表大会进行民主评议,对初步确定的脱贫户名单在村委会进行第一次公示;第一次公示无异议后,报镇政府审核；镇审核后，形成拟脱贫名单，在各村进行第二次公示；经公示无异议后报县扶贫局，县扶贫局邀请第三方评估机构进行评估审定，审定后在全县公告，退出贫困人口系统，实现户销号。

建立"一套信息系统监测管理"机制。建立全县精准扶贫信息管理系统，充分利用建档立卡成果，精确录入贫困人口信息，对其进行智能化、信息化管理。健全"县有中心、镇有办公室、村有服务站"的信息监测体系，及时更新贫困户信息，实行动态精准管理，形成覆盖县、镇、村三级的网格化管理模式。

建立"一套严格的督考奖惩"机制。县上成立由县级领导任组长，2～3名科级干部为成员的11个督考组，实行一月一督查，一月一通报，督促各镇各部门按时完成精准脱贫各项目标任务。将各镇各部门精准脱贫工作绩效纳入县委、县政府年度目标责任考核，实行单项考核。突出精准扶贫、精准脱贫考核导向，把改善贫困村面貌、提高贫困人口生活水平和减少贫困人口数量作为主要考核指标，提高考核指标分值权重。把精准脱贫工作实绩作为评价党政领导班子和领导干部工作的重要内容，作为干部选拔任用、年度考核等次确定和奖惩的重要依据。对全面完成脱贫任务的先进单位和先进个人，县委、县政府将进行表彰奖励；对在脱贫攻坚工作中成绩突出的个人优先提拔重用；对未按期完成减贫脱贫目标任务的实行"一票否决"，严格问责。

第二章

以主动创新为手段探索脱贫实现路径

　　歌德说："不断变革创新，就会充满青春活力；否则，就可能会变得僵化。"创新是一切工作的最重要手段，在当前的扶贫开发中，道理亦如此。实施精准扶贫是扶贫开发机制创新的重要内容，脱贫攻坚进入关键阶段，要深化精准扶贫、精准脱贫，不断推进改革创新，激发贫困地区和贫困群众发展的内生动力，坚定不移地将扶贫开发推向深入，切实提高扶贫成效。要根据不同资源环境、不同贫困类型、不同市场条件，用科学的理念、动态的方法，不断调整完善扶贫思路，提高工作针对性，做到扶贫思路更加精准。

　　石泉县精准对接中央精神，提出"三个六"精准脱贫战略，即做到"扶贫对象、帮扶分类、到户措施、项目资金使用、派人包抓、脱贫成效"六个精准，"实施易地搬迁，挪穷窝脱贫一批""扭住三业关键，助发展脱贫一批""强化政策集成，兜底线保障一批""完善医疗救助,促健康脱贫一批""斩断代际传递,强教育脱贫一批""保住青山绿水，护生态转移一批"六个一批工程，落实"一村派驻一个工作队、一村捆绑一批项目资金、一户一名干部包抓、一户一验收销号、一套信息系统监测管理、一套严格督考制度奖惩"六个一责任机制，力争早日完成"镇出列、村脱贫、户销号"脱贫目标，确保提前实现全面小康。

第一节 "六个精准"要求实现脱贫扎实开展

精准识别，是精准脱贫的基础。石泉县本着不落一户一人、不错一户一人的目标，坚持扶贫对象精准、帮扶分类精准、到户措施精准、项目资金使用精准、派人包抓精准、脱贫成效精准的"六个精准"要求，对帮扶对象进行了多轮次、多层面的评议、筛选、识别与公示，并实行动态管理，确保扶贫对象精准识别、各种数据翔实准确。

（一）扶贫对象精准

石泉县按照中央要求和石泉县《扶贫规划》安排，严格对照贫困县标准，多次组织镇、村干部进村入户对贫困人口进行摸排核对，并按程序公示建档，进一步弄清了要扶谁的问题，使扶贫工作实现了由大水漫灌向精准滴灌的根本转变。

建档立卡保基本。各镇和各驻村工作队对建档立卡的贫困户、贫困人口逐一核实认定，下硬茬、拉网式抓紧进行精准识别的核查和衔接，切实搞好了建档立卡回头看，切实做到了乡不漏村、村不漏户、户不漏人。按照一户一张表、一张合影照、一本台账、一个脱贫计划、一套帮扶措施的要求，把第一手资料核准核实核全核细。

坚持标准不放松。标准不能轻易改。石泉县始终坚持高标准，严格执行八不准的规定，严守九条红线，对漏登、返贫、该纳入系统的抓紧时间进行纳入工作，对已脱贫、错录入、假贫困的该退出的坚决退出，很好地做到了一个不多、一个不少、一个不错。

规范程序受监督。规范的识别程序和广泛的社会监督是实现对象精准的必要保障。石泉县严格遵守了初选对象乡镇审核、县级复审三级层层递进的扶贫对象精准识别程序，始终坚持两公示一公告，并通过微信平台和热线电话等途径公示结果，接受社会监督，实行责任倒查。

（二）帮扶分类精准

贫困户致贫原因多样，家庭状况有别，脱贫路径、进度和所需的帮扶措施也会有所差异。为了实现扶贫措施的有效精准，只有先实现分类精准这一重要的环节，才能精准对象、找准贫根、对准症结、开准处方。

"高视角"科学划分贫困户类型。石泉县在摸清底数的基础上，根据致贫原因和发展需求，对全县贫困人口进行了科学划分，分别为"产业扶持户、移民搬迁户、教育资助户、医疗救助户、政策补偿户、社保兜底户"六种贫困户类型，即随后将提到的"六个一批"工程，做到分类指导、因户施策。

"细微处"精细分析贫困户属性。在以上六种类型的贫困户当中，每一类型所包含的贫困户具体情况各有很大差异。石泉县明确了贫困户类型之后，各驻村工作队和包联干部对每个贫困户的人口构成、居住环境、就业渠道、收入来源等基本情况和贫困状况、贫困程度、致贫原因又进行了精细分类，以便指导实施精准措施工作。

（三）到户措施精准

石泉县按照"一村一策""一组一方案""一户一方法"的要求，通过逐村逐户量身订做，精准制定了具有针对性、有效性、持续性的个性化、差异化帮扶措施，实现了到村到户措施精准。

个性化帮扶，强调"针对性"。石泉县充分利用了精准扶贫建档立卡成果，针对贫困户、贫困群众贫困情况确定了帮扶责任人、制定了帮扶规划、落实了帮扶措施，集中力量予以扶持，做到了"一户一本台账、一户一个脱贫计划、一户一套帮扶措施"，对每一户贫困户都量身订做了个性化的脱贫政策，较好地落实了因人施策、一户一策，切实提高了帮扶措施的精准度。

差异化帮扶，保证扶贫措施"有效性"。石泉县科学制定了带领引导贫困村、贫困户、贫困群众脱贫致富的具体规划和方案，定向施策，精准发力，通过开展差异化的帮扶工作，积极探索了多渠道、多元化精准扶贫新路径，不断提升全县整体精准扶贫、精准脱贫水平，基本可以确保如期实现全面脱贫。

（四）项目资金使用精准

石泉县县镇两级财政按省市要求安排落实了与打赢脱贫攻坚战相匹配的投入，每年将新增财力的 5% 作为扶贫专项资金，集中了一切可以集中的财力，争取一切可以争取的项目用于脱贫攻坚。

1. 留余专项资金，专项兜底平衡各方力量

项目的顺利进行有赖于资金的及时到位，根据不同的贫困户类型，对应采取针对性的扶贫措施，在此过程中成立专项资金尤为必要。石泉县在统筹全局的前提下分门别类地成立了产业培植资金、基础设施建设资金、易地搬迁资金、教育投资资金、医疗投入资金、直补农户资金等专项，做到资金专项专用，避免了犯"顾此失彼"的错误，有效地平衡了工作中各方力量。

2. 规划整合项目，行业统筹打造扶贫格局

在基本保证专项资金不缺乏的情况下，石泉县通过行业扶贫规划有效地整合了农业、交通、水利等项目，切实地把账算清，把钱

集中起来，分年度对照贫困村合理分配，各级各类资金精准安排到村到户。关键性解决了钱和政策用在谁身上、怎么用、用得怎么样的问题，确保了"钢用在刀刃上"，形成了资金跟着贫困户走、贫困户跟着项目走的扶贫格局。

3. 强化监督管理，全程监管保提升使用效益

石泉县坚持"基础先行、规划到村、项目到户、责任到人"的基本思路，深入基层了解村情民意，因地制宜确定项目，严格按照精准扶贫的标准、程序实施项目，建好精准扶贫项目台账，实施全程监管。把扶贫资金安排与脱贫成效挂钩，加大资金整合力度，提高资金使用效益，强化资金监督管理，确保一分一厘都用在脱贫攻坚上。

（五）派人包抓精准

在实现了对象精准、措施精准、项目资金精准等基础上，谁来有效安排工作是关键。石泉县充分发挥了行业部门、包联干部自身优势，结合贫困村、贫困户发展实际和包联需求，科学安排了结对帮扶。

1. 充分发挥行业优势，精准对接

需要发展产业的对应安排了农业、林业、水产等方面的干部包联；需要创业就业的安排了人社、金融等方面的干部包联；因病致贫的安排了医护人员帮扶；贫困学生家庭可安排教师帮扶；班子弱的贫困村安排了优秀年轻后备干部到村担任第一书记，长期驻村开展工作。

2. 认真总结经验，不断改进

既要把工作干好，还要把工作总结好。实践证明，"总结好"属于"工作好"的重要范畴，是一种重要的工作方法。石泉县认真总结了在具体扶贫工作过程中干部联系和服务群众"包联驻代"的好经验好做法，并通过实地观摩、网络平台、亲身教授等诸多方法来在更大范围内推广，以此来不断改进工作。

3.建立健全体制机制，健康持续

根据贫困程度、脱贫难度合理调配了包抓力量，选派优秀干部驻村包户，实行了定户定人定时定责帮扶、不脱贫不脱钩的"四定两不"帮扶包抓机制，有效地做到了对包抓干部的监督管理，避免了一些"走过场""谋虚职"的不良态度和行为，扎实地推进了精准扶贫、精准脱贫工作。

（六）脱贫成效精准

精准扶贫是为了精准脱贫，脱贫成效精准是评价扶贫工作的最终指标。要设定时间表，实现有序退出，既要防止拖延病，又要防止急躁症。为此，坚持方案先行、操作落实、政策持续的原则，能够有效实现脱贫精准。

1.工作方案先行，明导向

在实际工作中，以发展短、平、快项目为重点，围绕到村到户建立了纵向到底的工作方案，明确了拟实施工作具体的扶贫对象、政策、措施、步骤，实行每个子项目编制一套方案，落实了扶贫对象名册、制定了相应政策、明确了实施计划，科学有序地推进扶贫脱贫工作。

2.实际操作落实，见实效

以到村到户到人为核心，形成条块结合、无缝对接的网格化精准扶贫、精准脱贫操作方案。按照操作方案，分层分头组织实施，实行扶贫对象和脱贫项目全程动态监管，严格脱贫标准和程序，建立了项目进展情况报告、监督管理、考核验收、群众测评、精准退贫等机制，力求在精准施策上出实招，在精准推进上下实功，在精准落地上求实效。

3.扶贫政策持续，得民心

为巩固成果防返贫风险，石泉县按照"脱贫不脱钩、脱贫不脱政策、脱贫不脱帮扶"的原则，对建档立卡贫困村实行"摘帽不摘政策"，以增收为核心，持续实施帮扶政策措施，巩固脱贫成果，引导群众发展产业夯实增收基础，赢得了群众的一致好评。

在精准扶贫工作中，"精准"是重点。要全面落实"六个精准"的工作要求，坚持分类施策、因人因地施策、因贫困原因施策、因贫困类型施策，确保各项政策好处落到扶贫对象身上。采取超常规举措，坚决打赢脱贫攻坚战，确保脱贫工作精准到村、到户、到人。

第二节　"六个一批"工程实现脱贫有力推进

"六个一批"工程❶核心思想是通过多种方式来确保精准脱贫工作圆满完成。石泉县通过实施扶持"三业"脱贫一批、易地搬迁脱贫一批、教育扶持脱贫一批、医疗保障脱贫一批、生态补偿脱贫一批、政策兜底脱贫一批，❷分类、有序、有效地推进了全县的脱贫进程。

（一）扶持"三业"脱贫一批

脱贫攻坚要取得实效，关键是要找准增收致富的路径。石泉县着力实施精准党建与精准脱贫深度融合，采取"典型引路、以点带面、综合施策"的办法，从发展产业、扶持创业、带动就业三方面入手，不断完善投融资环境建设，加大招商引资工作力度，在全县

---

❶ 指的系本书第34页倒数第一段的"六个批"。

❷ 本节中的扶持"三业"脱贫一批、易地搬迁脱贫一批、教育扶持脱贫一批、医疗保障脱贫一批、生态补偿脱贫一批、政策兜底脱贫一批分指的是扭住"三业"关键，助发展脱贫一批；实施易地搬迁，挪穷窝脱贫一批；斩断代际传递，强教育脱贫一批；完善医疗救助，促健康脱贫一批；保住青山绿水，护生态转移一批；强化政策集成，兜底线保障一批。

11 个镇精心打造了企业带动、合作社带动、园区带动、创业带动、就业带动、旅游扶贫、电商扶贫、党支部引路、交钥匙配产业和培训强能扶智等 10 种模式、16 个脱贫工作示范点，形成全县"三业"发展促脱贫的示范体系。

1. 精准帮扶措施，激发发展活力

精准、全面落实各类奖补政策，通过实物和现金奖补等方式，提升农户发展动力，鼓励农户发展产业；组建农业专业技术服务小分队，每个村确定 1 名农技专家包联、聘请 1 位产业扶贫技术指导员，强化农业技术服务；全面开展产业技能培训，送技到田边，提升农户科学种养能力，推动实现农户长线产业全覆盖。

2. 强化能人引领，凝聚发展合力

用足用活各项政策，坚持内培与外引相结合，先后动员能人"走出去"和"返回来"。在能人带动下，石泉县通过培育专业合作社、建立创业孵化园、成立农产品电商公司和发展小微企业，全县众多贫困劳动力依托农业园区、家庭农场和旅游景区实现稳定增收。

3. 围绕支部核心，促进发展增收

积极探索"支部 +X+ 贫困户"多种扶贫模式，帮助贫困户增收。后柳镇借助景区的优势，打造了"支部＋景区＋农户"模式，建起根艺奇石创业园、生态观光茶园；以饶峰镇大湾村核桃园为代表"支部＋园区＋农户"模式，积极发挥园区推动作用，精心打造园区品牌优势，因村施策、因地造园，把贫困户融入园区当中去。

（二）易地搬迁脱贫一批

陕南地区是自然灾害多发区，生态环境脆弱，贫困程度深。易地扶贫搬迁是补齐贫困地区发展短板、打赢脱贫攻坚战的重要抓手，是解决"一方水土养不好一方人"问题的根本之策。为让贫困户实现早搬迁、早脱贫，石泉县精准锁定任务目标，在充分尊重群众意愿的基础上，按照安全、实用、宜居的原则实施易地搬迁，帮助贫困户圆脱贫安居梦。还通过实施"一点一法""一户一策"等增收措施，创新推行移民搬迁"三精三全"管理模式（精准搬迁、精细管理、精确施策、产业全覆盖、基础设施全配套、服务管理全保障），通过以户定业、以业定扶、实现搬得出、稳得住、能致富的目标。

1. 严格项目工程建设

把易地扶贫搬迁与新型城镇化、产业园区及美丽乡村建设紧密结合，与陕南避灾扶贫搬迁工作有效对接，同步规划、同步推进，将居住在一方致富不了的区域贫困人口通过进城、入镇、进社区、入园区等方式进行搬迁，高度重视、精心组织项目工程建设，把拆迁安置房建设成了让老百姓放心的安居工程。

2. 完善配套设施建设

抢抓移民搬迁社区基础设施和公共服务项目配套机遇，完善了社区水、电、路、讯和绿化、美化、亮化硬件设施和文化、教育、医疗等公共服务资源，创建了生态宜居、文明和谐的新型农村社区。始终抓住"稳得住、能致富"这个根本，对搬迁群众实行了"一区一策""一户一法"精准扶持，确保顺利实现脱贫。

3. 加强后续产业建设

移民搬迁后续产业的发展问题不仅是关乎移民切身利益的大事，也是最终影响移民成功的关键因素。石泉县依托现有资源，调整产业结构，促进了诸如茶叶、山菌等特色产业的发展；通过加大移民技能培训力度，因户制定培训方式，提升了移民就业创业能力。发展移民搬迁安居工程不仅圆了绝大多数贫困群众一辈子的安居梦，伴随的搬迁，避灾、发展等问题也随之得到解决。

（三）教育扶持脱贫一批

发展教育是阻断贫困代际传递的根本之策，建立"志智双扶"意识，才能争取早日脱贫。通过跟进项目资金发放、加强教师结对帮扶、统筹教育扶贫工作等一系列措施，石泉县较好地达到了预期效果。

1.跟进资助资金发放

把教育扶贫作为断穷根的重要支撑，全程施策，确保每个贫困家庭子女上得起学。实行十五年免费教育，保证每个贫困学生都能够享受到公平受教育权利。对所有贫困家庭学生实施生活补助，确保贫困学生不辍学。依托圆梦教育基金会和扶贫助学、福彩助学、慈善助学、生源地助学贷款等资助项目，让每个贫困家庭大学生都能顺利完成学业。

2.加强教师结对帮扶

通过采取下述三项策略，确保帮扶精准：实行"一生一簿"，明确"要帮谁"；实行"一生一帮"，落实"谁来帮"；实行"一生一策"，优化"怎么帮"。规范"三扶行动"，确保帮扶到位：扶志向，引导自信自强；扶生活，解决实际困难；扶学业，促进全面发展。在此基础上，达成了"物质上有帮助、心理上有疏导、学习上有进步、亲情上有联系、品德上有提升"的"五有"帮扶目标。

3.统筹教育扶贫工作

教育脱贫不是报数据、发资金，而是主动出击，与脱贫工作其他一切措施积极统筹，整体推进，共见成效。高度关注贫困大学生就业创业问题，出台扶持办法，挖掘就业岗位，县级公益性岗位、政府购买服务岗位优先向县境内贫困大学生倾斜；合理布局教育资源，提高学前教育入园率、义务教育巩固率，促进教育事业均衡发展。

（四）医疗保障脱贫一批

基本医疗有保障是脱贫重要标准，石泉县高度重视医疗救助在精准扶贫攻坚中的制度性功效。通过建立与完善医疗救助体系、提高贫困人口自我保健意识、完善患者健康档案和系统管理、推行特困人口健康保障制度，基本实现了"保基本、广覆盖、可持续"的政策目标。

1. 建立与完善医疗救助体系

加强了镇卫生院和村卫生室标准化建设，强化了县、镇、村三级卫生服务网络，健全了农村疫病防控体系。建立和完善了医疗救助体系，将合作医疗、大病保险、民政救助信息系统有效对接，贯彻实施医疗保障"一站式"即时结算服务工作，对贫困人口实行"先诊疗、后付费"结算模式。

2. 提高贫困人口自我保健意识

深入组织开展了爱国卫生运动，加强了健康教育咨询服务，向贫困人口经常性地宣传卫生保健常识，减少了生存环境和生活习惯对健康的不良影响，持续改善了人居环境，加强了公共卫生、疾病预防和健康促进，引导农村居民形成了健康生活方式，提高了贫困人口自我保健意识。

3. 完善患者健康档案和系统管理

加强"互联网＋"医疗健康、医联体建设、对口帮扶，通过体制创新、机制转换，促进优质医疗卫生资源有效下沉。建立了全县贫困人口健康档案，每年对贫困人口开展一次免费健康体检，组织医疗专家服务队，巡回开展贫困人口免费义诊。将检查发现的贫困患者纳入系统管理并动态更新，做到患病早发现、早治疗。

4. 推行特困人口健康保障制度

推行了《特困人口健康保障证》制度，对特困人口在县内定点医疗机构的住院医疗费用实行全报销，对建档立卡贫困人口中符合条件的困难残疾人给予生活补贴、重度残疾人护理补贴，为贫困人口提供健康教育、疾病预防、慢病管理、分级诊疗、康复指导等全方位全周期的卫生健康服务，最大限度地避免因病致贫、因病返贫现象发生。

（五）生态补偿脱贫一批

石泉县是南水北调中线工程水源涵养地和国家重点生态功能区，肩负着维护生态主体功能、确保一江清水供北京的重要政治责任。源于此，石泉县积极争取国家生态保护专项补助资金，提高公益林建设补偿标准，让更多贫困村、贫困户享受生态建设成果。

争取国家政策倾斜，提高政策性收入。石泉县充分发挥了天然的资源优势，将汉江水源有效变为资本，努力争取到了国家对生态主体功能区更多的生态补偿，并且把重点区域内有劳动能力的贫困人口视情况转为生态保护人员和环境监测员，利用所获得的生态补偿资金增加了这一部分贫困人口的政策性收入。

加强生态工程建设，提高综合性收入。石泉县完成了生态保护红线、环境质量底线、资源利用上线、环境准入清单编制工作，进一步巩固了国家级省级生态县创建成果，加大了退耕还林、植树造林等生态工程建设力度，足额兑付退耕还林补助资金，增加了贫困户综合性收入。

推进生产方式转变，提高经营性收入。石泉县通过采取旅游景区建设带动脱贫一批、旅游扶贫试点村建设带动脱贫一批、旅游土特产生产销售带动脱贫一批的精准扶贫模式，有效转变生产方式，大力发展了生态工业、有机农业、山林经济、观光旅游，大力推进农副产品深加工，拓宽市场营销平台，提高产品市场竞争力，增加了贫困户经营性收入。

（六）政策兜底脱贫一批

石泉县坚持以政策兜底脱贫统揽全局各项工作，围绕目标任务，夯实工作责任，健全工作机制，全面落实各项惠民政策，编牢织密"托底线、救急难、可持续"的兜底保障安全网。

1.托底线，实现应保尽保

借助农村贫困线和低保标准线两线合一机遇，石泉县扩大了低保范畴。集成城乡居民基本养老、城乡低保、五保供养、城镇流浪乞讨人员救助、危重精神病人救助和临时救助等保障政策，将孤寡老人、无劳动能力人员、丧失劳动能力的残疾人等贫困人口全部纳入到保障范围，实现应保尽保。

2.救急难，实行临时救助

石泉县实行暂退低保帮扶措施，对当年超过低保标准但收入尚不稳定的农村家庭，延续 12 个月低保政策，其中残疾人家庭又依具体情况适度延长了救助时限；加大了临时救助制度在贫困人口中的落实力度，帮助贫困人口应对突发性、紧迫性和临时性生活困难。

3.可持续，实时宣传指导

石泉县为全县各村制作了规范民政公示栏，对救助对象进行长期公示，接受群众监督；将《社会救助政策一览通》张贴到了每个低保户、五保户和建档立卡贫困户家中，提高群众对民政政策的知晓率；将《兜底脱贫社会救助政策问答》发放到了县、镇社会救助经办人员和村干部手中，加强学习，提高政策执行能力。

"六个一批"工程看似相互分离、差异显著，但其实是一个无法割裂的整体。在实际推进工程中，既要因地制宜，充分考虑地方实际情况，分清轻重，着重在某一点上发力，又需注意在各工程之间做好协调、系统推进，在推进某项工程的同时恰当融入其他几项，相得益彰、共同进行。

第三节　以"六个一"机制实现脱贫有序运行

精准识别扶贫对象后，谁来扶贫、怎样扶贫就成了脱贫攻坚的核心问题。石泉县县委书记、县长亲自挂帅，通过健全"六个一"工作机制——一村派驻一个工作队、一村捆绑一批项目资金、一户落实一名干部包抓、一户一套验收办法、一套信息系统监测管理、一套严格的督考奖惩办法，层层传导压力，逐级立下"军令状"，切实把责任夯实，把担子压到位。

（一）一村派驻一个工作队

石泉县实行"一镇一名县级领导包联、一村一名科级领导包抓、一村一个工作队组织实施、一户一名干部帮扶"的包抓帮扶机制，向全县 150 个村（社区）派驻工作队，工作队员与原单位工作脱钩，常年驻村，专职扶贫。

1. 配齐人员组成，解决"谁来干"的问题

石泉县在全县 11 个镇 87 个贫困村、65 个非贫困村、10 个农村社区（二里、城西、江南、七里、堡子、杨柳、古堰、黄荆坝、两河镇、中池镇社区）成立了由一名部门、镇科级领导任队长，村支部书记、村主任、驻村干部任副队长，包户部门、镇、村组干部、党员为成员的驻村脱贫工作队。

2. 明确工作要求，解决"怎么干"的问题

驻村扶贫工作队按照"对象精准化、任务具体化、'三业'优

先化、管理信息化、工作精细化"的要求，扎实开展扶贫工作，确保全县脱贫攻坚工作取得实效。驻村工作队包扶工作直至贫困对象脱贫，在此期间，相关部门会每年对其进行考核，对工作走过场、作风不扎实、成效不明显的部门和干部，严肃追究责任。

3.落实具体任务，解决"干什么"的问题

驻村扶贫工作队需要深入群众宣传扶贫开发政策，建立村级扶贫对象信息档案，科学合理制定"一村一策"扶贫开发工作规划和年度扶贫工作实施方案，负责"六个一批"脱贫方案的落实；按照"一户一法"工作要求，制定发展产业和创业就业方案，制发"一户一法"明白卡，引导贫困户发展产业、自主创业、转移就业，实现"三业"富民；协调相关部门落实捆绑项目和资金，定期召开工作会议，研究解决工作中的实际问题；协助抓好村级班子建设，加快提升村干部的素质和能力，组织并督促驻村包户干部、村组干部、村党员同志扎实抓好扶贫包抓工作及开展代办服务。

（二）一村捆绑一批项目资金

石泉县推行"一村捆绑一批项目资金"，贫困村项目资金由脱贫指挥部项目资金整合部负责，根据贫困村的贫困程度、贫困人口数量，制订资金到村到户分配方案，由扶贫工作队安排使用，集中用于解决突出问题和贫困户"三业"发展。

1.项目资金"哪里来"

将各级机构压缩的"三公"经费主要用于脱贫攻坚，并建立了与经济发展水平相适应的县级财政扶贫投入机制。由县财政局负责，每年将省市下达的扶贫专项资金，本级新增财力的5%资金归集，设立精准扶贫专户，集中用于扶贫开发。每年县财政投入扶贫的资金增长不低于20%。

2. 项目资金"怎么用"

为贫困村编制脱贫规划时，规划的基础设施、产业发展、人居环境、公共服务等方面项目类型分类列入发改、财政、扶贫、农林科技、水利、交通、民政、教育、卫计等责任部门，由相关责任部门组织项目的实施及资金兑付；非贫困村项目资金，由各镇结合各村每年急需解决的主要问题，列出项目清单，经项目资金整合部审定后，列入驻村帮扶单位工作任务，由帮扶单位自筹资金落实或协调相关部门落实。

3. 项目资金"用怎样"

争取到项目资金只是第一步，用好用对才是最关键的。为此，石泉县每年将项目资金捆绑任务纳入相关部门、帮扶单位年度扶贫考核，完善考核制度，细化考核标准，严格考核奖惩，很好地确保了捆绑项目资金使用落实到位。

（三）一户落实一名干部包抓

石泉县结合贫困人口分类情况，将县级领导、县直部门、驻石单位、镇、村所有干部全部确定为包抓责任人，确定1～5名包抓对象，除需要兜底扶贫的贫困人口外，其余贫困人口做到了帮扶不漏户、人人见干部的全覆盖。

1. 明确工作职责，注重工作实效

包抓干部结合贫困户实际情况，为其制定了增收目标、确定了脱贫年限。按照"一户一法"工作要求，制定发展产业和创业就业方案，规划脱贫进度，制发"一户一法"明白卡；有针对性地做好了信息、资金、技术、政策等服务，为包联户开展代办服务；协调搞好了政策落实、项目支持和排忧解难，确保完成当年增收任务，实现阶段性脱贫目标。

2. 落实工作要求，密切联系群众

包抓干部是贫困户的帮联直接负责人，因此与帮扶对象常联系、常走访，多沟通、多教育，重扶智、转观念，确保每月与包抓户的联系不少于一次，对贫困户的实际困难充分关心、倾力解决。积极带动贫困户发展产业，解决实际增收问题，基本确保了在规定的年限内顺利脱贫。

（四）一户一套验收办法

石泉县按照省提出的"两不愁、三保障"标准，细化、量化具体指标，从收入、住房、设施、教育、医疗、养老六大方面制定了数据科学、核查方便、群众信服的到户脱贫标准。

1. 细化指标明确验收标准

收入有保障：有稳定收入来源，人均纯收入达到 3500 元以上，纯收入中工资和家庭生产经营收入占 80% 以上，年收入增长不低于 10%；住房有保障：居住地交通便利、地质安全，房屋质量符合标准，人均住房面积在 $20m^2$ 以上，室内、院坝硬化，院落绿化，厨、厕、圈全面改造，达到卫生标准；设施有保障：有出行方便道路，有安全卫生饮水，有同网同价稳定电，有移动通信、广播、电视等信息化畅通条件；教育有保障：适龄儿童全部接受九年义务教育，初中毕业生全部升入高中、职中或中等专业技术学校学习，大学生得到助学补助，家庭主要劳力接受实用技术培训，掌握 1～2 门致富技能；医疗有保障：全部参加新型农村合作医疗，有就近、及时就医条件，大病有救助；养老有保障：全部参加新型农村社会养老保险，低保户应保尽保，五保户集中供养。

2. 逐级依次规范认定程序

在贫困户自愿的情况下，由贫困户提出脱贫书面申请（也可以由驻村工作队或村委会提名）。召开村民代表大会，对提出申请的贫困户进行民主评议。对初步确定的脱贫户名单在村委会进行第一次公示。第一次公示无异议后，报镇政府审核，审核要认真测算脱贫户当年的人均纯收入，必须达到3500元以上并能稳定实现。审核后，形成拟脱贫名单，在各行政村进行第二次公示。经公示无异议后报县扶贫局，县扶贫局邀请第三方评估机构进行评估审定，审定后在全县公告，退出贫困人口系统，实现户销号。

（五）一套信息系统监测管理

石泉县运用"一套信息系统监测管理"来开展扶贫工作，建立了全县精准扶贫信息管理系统，通过县、镇、村三级联网，实现了村村在网、户户在网、信息共享，以此对贫困人口进行全面的管理。

1. 做好信息核对，如实建档

各镇、各村及驻村工作队结合建档立卡核查工作，把贫困对象进一步搞准搞实，把未纳入贫困系统的五保、低保及符合条件的残疾人首先纳入系统，并把贫困对象信息进一步核对，确保户户信息完整、准确。又根据贫困对象的致贫原因进行分类，结合具体致贫原因进行分类施策，确保贫困对象能达到脱贫标准。同时，建立完整的台账，录入精准扶贫信息管理系统。

2. 完善系统信息，及时更新

县、镇、村三级确定了专人负责该系统平台管理，对系统内贫困户信息进行及时更新，以便随时了解贫困状况，查看贫困户的致贫原因、生产发展情况、帮扶情况、存在的实际困难等精准信息，通过这样的动态监测，为包抓责任人开展帮扶提供了有效依据。

3. 掌握实时动态，精准管理

专业人员每年12月会对当年的脱贫人口及时标注反映，受扶持情况及时录入，脱贫后的一年里随时关注生产发展情况及收入情况，便于进一步监测；对当年因重大疾病、事故、灾害导致贫困的新户录入系统，确定包抓责任人、帮扶措施等，对新增贫困人口进行管理。

（六）一套严格的督考奖惩办法

石泉县运用"一套严格的督考奖惩办法"来根本保障打赢这场脱贫攻坚战，通过严督查、严考核、重奖励、严惩处这四项举措，把一项项支持政策转化为脱贫攻坚的实际效果，让贫困群众早日脱贫，不再返贫。

1. 严督查

县委县政府成立了由县级领导任组长，2～3名科级干部为成员的11个督考组，驻镇开展工作。主要负责督查各镇包抓部门、驻石单位、驻村工作队、驻村干部、包户干部、村干部贫困人口建档立卡的核查、核定工作，年度扶贫任务的完成进度，到村到户精准扶贫措施的落实，村级规划及年度实施方案和贫困户"一户一法"明白卡的制定工作。

2. 严考核

石泉县将扶贫攻坚各项任务作为对镇和部门考核的主要指标，强化考核导向作用，以此来激励干部工作积极性。根据工作进度要求，实行月督查、月通报，组织开展了精准扶贫半年和年终考核，在很大程度上确保了精准脱贫各项任务的顺利完成。

3. 重奖励

县委县政府把镇、部门、工作队的脱贫攻坚工作考核结果与干部经济奖励、评优树模和职务晋升相挂钩，每年对扶贫工作考核先进的镇、部门、驻石单位、驻村工作队、先进个人、第一书记、驻村干部、包户干部进行了表彰奖励。

4. 严惩处

石泉县对抓落实不力、敷衍了事、得过且过的领导干部，坚决采取组织措施进行调整。对未完成工作任务的单位实行一票否决，对单位主要负责人实行问责，对没有履行帮包责任的驻村工作队队长、包户干部、第一书记、驻村干部考核不合格的，一律不予评优树模、提拔使用。

"三个六"的总体思路，是石泉县"十二五"时期"三个五"扶贫思路的进一步完善和拓展，既符合中央和省、市委要求，也符合石泉县扶贫工作实际。在这"三个六"当中，"六个精准"是工作要求，"六个一批"工程是重点任务，"六个一"工作机制是重要保障。在实际工作开展过程中，石泉县牢牢把握三者之间的密切联系并将这三个方面相互贯通、协同推进，以此保证脱贫思路的正确指导作用。

第四节　"三宜石泉"目标实现脱贫对接发展

近年来，石泉县在扎实推进以"三宜石泉"，即宜居、宜业、宜游的文化生态石泉为目标的同时，十分重视发挥石泉县域范围内美丽县城、美丽乡村建设和乡村振兴的辐射、关联、带动和一体促进作用，紧紧围绕"五个"美丽要求，在县域范围内，全面建设美丽乡村，扎实推动乡村振兴，促进县镇村同步发展，共同亮丽。

（一）环境宜居是基础，改善县域人口民生条件

宜居，顾名思义就是创造适合人们居住的美好环境。它包括生活环境和社会环境。县委、县政府始终把民生所盼作为政有作为，

把一件件惠及民生的实事抓实做牢，全力打造宜居石泉，让广大群众住得安心，逛得放心，过得舒心。

1. 改善生活环境，提高群众生活满意度

生活环境无非指出行便捷、购物、上学、就医方便，空气指数好。石泉县目前已被定为森林城市，含氧率高，是南水北调水源保护地；况且石泉县又是为数不多的富硒地，水、菜、粮、茶都含有稀有元素——硒；借力脱贫攻坚，城、乡面貌焕然一新，水、电、路、住房得以极大改善；扎实开展各类文明卫生创建达标，为群众创建优良生活环境做出了很大努力。

2. 营造社会氛围，加强群众生活幸福感

社会环境包含社会政治环境、经济环境、法制环境、科技环境、文化环境等诸多方面的内容。石泉县在抓好生活环境卫生的同时，大力抓好平安建设，积极营造幸福平安的社会氛围；努力做好经济提升，用法律、科技等手段维护市场安全；围绕丰富群众文化生活，组织开展了许多喜闻乐见的文化活动，从财税、用地、融资、奖补等方面鼓励发展文化产业。

（二）产业兴旺是根本，培育贫困人口发展新动能

宜业，就是要让环境优良、政策优厚、服务优化、发展优先，让外来客商和本地创业者感觉适宜投资兴业。通过优化营商环境、全面深化改革、推行能人兴村等方式方法，石泉县从根本上实现了产业的逐步兴旺。

1. 优化营商环境，加大招商引资力度

石泉县坚持营商环境就是生产力、竞争力的理念，将政府职能转变与优化营商环境有机结合，通过推进放管服改革、实施精准招商、扩大开放合作、创新金融服务等一系列措施，推进产业发展、

城乡环境等方面的转型升级，打造宜业的城市环境，吸引了一大批招商引资项目在石泉落地，从而带动了产业和就业。

2. 全面深化改革，拓宽创业就业渠道

石泉县紧紧围绕就业脱贫，以市场用工需求为导向，将技能培训作为精准扶贫的重要抓手，以中、短期培训为主，帮助企业缓解用工困难，助力贫困户就业创业；通过推行"放、管、服"改革，为创业就业者提供了更好的商机，更多种就业信息，特别是政务大厅一站式办公，方便、快捷、彻底改变了过去那种门难进、脸难看、事难办的局面。

3. 推行能人兴村，带头破解增收难题

为了有效破解长期以来农村经济发展活力不足的瓶颈，促进贫困户致富增收，石泉县积极探索实践"能人兴村"战略，通过挖掘能人在知识、技术、资金等方面的优势，充分发挥能人在产业扶贫、技术扶贫、智力扶贫上的作用，激发贫困村、贫困户的内生动力，破解增收难题。

（三）全域旅游是关键，探索多元化脱贫路径

宜游，就是推进全域旅游与脱贫攻坚有效衔接、紧密结合、相互促进，围绕"抓规范，提高服务水平；抓保障，提升接待能力；抓发掘，提升旅游特色"三个重点，不断推进旅游业高质量高标准发展。

1. 抓全域旅游，促全域发展

以创建国家全域旅游示范县为契机，石泉县以打造秦巴水乡，石泉十美文化旅游品牌为核心，坚持"四个不动摇"、促进"四个转变"、实现"四个目标"总体要求，建成国家全域旅游示范县。围绕"一心、三区、多点"全景石泉空间布局，大力推进"六大工

程"。紧紧围绕"食、住、行、游、购、娱"吸引着四面八方的宾朋来石泉观光旅游，形成了"人人都是旅游环境、个个都是流动风景"的全域旅游氛围。

2. 育特色产品，拓增收渠道

结合脱贫攻坚，围绕"农旅融合"发展路径，石泉县推进乡村农业生产、农村生活与旅游产业深度融合。注重"一村一品"产业培育，积极推行"景区＋贫困户"模式，大力开发了很多特色旅游商品。推出汉江河鲜、桑蚕美食等精品宴席和十大名吃，推广非物质文化餐饮产品，培育汉江古城、鬼谷庄等特色餐饮示范基地。建成 2 个四星级酒店；培育 2 家旅游商品研发产销企业；巩固提升 10 家精品民宿，10 家特色农家乐，10 家特色旅游商品示范超市；培育 10 家特色休闲服务示范店。开发工艺美术品、文化纪念品等系列热购旅游商品，越来越多的贫困群众收获旅游带来的红利。

3. 建优质景区，促群众增收

为了争创陕西强县，依据独特的自然资源，石泉县充分利用石泉青山绿水，让青山绿山变成了金山银山。先后发掘打造了"十美"：云雾仙山雄奇之美、后柳水乡轻柔之美、燕翔洞天梦纫之美、中坝峡谷幽静之美、子午银滩浪漫之美、小城古韵宁静之美、饶峰雄关险峻之美、金蚕之乡桑海之美、汉江河畔天然之美、世代群贤人文之美。启动池河省级旅游特色名镇及五爱、明星、堰坪、黄村坝和迎丰桃花岛旅游村建设，开发 5 条乡村旅游精品线路，构建"一村一特色、一镇一风情、镇镇都能游"的乡村旅游格局。

"三宜"石泉建设正在谱写改革带来的追赶超越新篇章，要强化规划引领，深化多规合一，高标准编制优化环境、发展产业、农旅融合发展的专项及整体规划，形成覆盖全域的规划体系；要完善城镇功能，围绕打造县城中心景区，着力强功能、提品质，推进公共停车场、汉江石泉古城提升、杨柳秦巴风情园二期、中医院迁建、县医院综合楼、城关镇第二小学、棚户区改造等项目建设；要改善人居环境，加强城市管理，下茬整治市容环境，抢抓世行贷款项目机遇，加大"三宜"城镇建设投入，提升"绿化、美化、净化、亮化"水平，推进健康石泉、平安石泉建设。

理论研究篇

第三章

以富民强县为目标培育长效扶贫产业

产业扶贫是实现农民脱贫增收致富的有效途径。习近平强调："要把发展生产扶贫作为主攻方向，努力做到户户有增收项目，人人有脱贫门路。"[1] 以产业为依托的发展模式，是一种既能兼顾"造血"与"输血"，又可以巩固扶贫发展的扶贫模式。[2] 2018年3月，习近平总书记参加山东人大代表团审议过程中，提出"五个振兴"的科学理论，即乡村产业振兴、乡村人才振兴、乡村文化振兴、乡村生态振兴、乡村组织振兴，与新时期20字总目标要求相互补充。实行产业发展带动脱贫，争取消灭欠发达地区的贫困问题，进而推进乡村振兴。石泉县立足实际，围绕"贫困户收入超过国家扶贫标准线"的目标，依据全县产业总体布局，坚持"三带、三扶、三长效"（能人兴业带动、产业园区带动、乡村旅游带动；扶能人、扶企业、扶贫困户；长效产业、长期就业、长期增收）的产业扶贫发展模式和"短期保当年、中期促脱贫、长期稳增收"要求，大力实施"1135"稳定增收工程，重点对

---

❶ 习近平春节前夕赴河北张家口看望慰问基层干部群众 [N]. 人民日报（海外版），2017-01-25（1）.

❷ 庞庆明，周方. 产业扶贫时代意义、内在矛盾及其保障体系构建 [J]. 贵州社会科学，2019（01）：149-153.

全县有劳动能力的贫困人口进行产业、就业、创业扶持，确保贫困户有稳定的收入来源与增收渠道，直接带动全县脱贫攻坚工作的有力实施。

第一节　以能人、产业、旅游三带动为牵引

2017 年 2 月，习近平总书记指出："要加强贫困村的村两委人才建设，抓好党建以促进脱贫攻坚；大力培养致富领头人，促进本土人才回流，打造一支'不走的扶贫工作队'。"2018 年 2 月在成都召开打好精准脱贫攻坚战座谈会时，习近平总书记对脱贫攻坚内在发展做出重要指示：要加强扶贫工作同扶志和扶智相结合，激发贫困群众积极性和主动性，激励和引导他们靠自己的努力改变命运，吸引各类人才参与脱贫攻坚和农村发展。2017 年 3 月习近平总书记在十三届全国人大二次会议内蒙古代表团审议会时再次强调：要把脱贫攻坚同实施"乡村振兴"战略相结合，提升脱贫攻坚质量水平，构建可持续的长效发展机制。

（一）以能人带动为牵引激活扶贫内生动力

现阶段我国的扶贫开发工作以激发群众内生动力为重点，建立相应的贫困户参与制度，充分发挥相应人才的积极作用，从而可以激发贫困人口脱贫的内生动力。充分说明了现阶段国家扶贫方略已经从"输血"向"造血"阵地转移。

本书阐述的"能人"，是指相对集体中其他个体而言具有组织领导或特殊才能的个体。马克思认为，一切规模较大的直接社会劳动或共同劳动，都或多或少的需要指挥，以协调个人的活动，并执行生产总体的运动。社会就好比一个乐队，"一个单独的提琴手是

自己指挥自己，一个乐队就需要一个乐队指挥"。❶由能人来带动乡村扶贫工作有一定的必然性与可行性。

1."能人带动"是脱贫攻坚政策的内在要求

自 2004 年起，中央一号文件连续十六年关注"三农"，聚焦农村发展。自 2013 年，多次将完善乡村治理推动乡村社区管理作为重点任务，2016 年提出要完善多元共治的农村社区治理结构，这都与党的十八大以来推进治理现代化的要求一致。农村社区治理往往以村规民约与农村乡贤为依托，如何将现有的治理体系优化升级，实现治理能力的现代化，有赖乡村能人在其中发挥带动示范等积极作用，同时党支部等基层党组织要做好相应的机制衔接，进而实现新时期乡村能人带动下的治理能力现代化建设。这也是实现脱贫攻坚的有效保证。"能人"带动作用的有效发挥，既是治理能力现代化建设的需要，也是农村实现脱贫的必由之路。

石泉县结合自身实际情况和特点，创新扶贫开发工作机制，将农村能人与精准扶贫、脱贫攻坚与乡村治理相衔接，在全县范围内大力推行的能人兴村战略正是脱贫攻坚政策的内在要求。它注重以党建为引领，机制相衔接，确保"能人兴村"战略"站得高"；注重以能力为导向，系统相衔接，确保能人"选得出"；注重以需求为引导，平台相对接，确保能人"有事做"；注重以分类别为指导，政策相配套，确保战略"能长久"。"能人"作为乡村基层区别于一般群众的特殊人群，对于乡村发展有着不可忽视的作用，石泉县推进"能人兴村"战略符合我国现阶段农村发展的内在要求，一定程度上激活了基层个体的内生动力，加速了乡村基层扶贫工作的有效开展。

2."能人带动"是提升脱贫攻坚质量的迫切需要

打赢脱贫攻坚战要实现全面脱贫，也要注意脱贫效率和质量，

❶ 马克思恩格斯全集（第 44 卷）[M].北京：人民出版社，1973：384.

防止贫困户返贫。在这个过程中，如何激发贫困户的内生动力，将成为新时期的主旋律。贫困户内生动力的主要来源是贫困户对于美好生活的迫切希望，"能人"的言行举止将直接影响当地农民的生产生活，对贫困户来说也有一定的帮带作用。"能人效应"能否有效利用，是现阶段脱贫攻坚工作中亟待解决的问题。"能人"作为扶贫工作中的特殊力量，现有扶贫框架下的带动作用并未得到有效发掘，更多时候"能人"工作是基于一种社会责任感的自觉性。因此，如何有效利用"能人效应"实现先富带动后富，激发扶贫内生动力显得尤为关键。

石泉县地处西部山区，贫困问题具有复杂交叉性的特点，还受到历史和自然因素的限制，贫困程度深，脱贫难度大。贫困地区更需要一批懂农村、懂农民、懂发展的人来带领贫困群众脱贫致富。基于此，截至 2019 年 10 月 31 日，石泉县已累计引导能人创办龙头企业 39 家，发展各类现代农业园区 30 个，专业合作经济组织 265 家，家庭农场 291 个，4000 多户近万余名贫困群众通过能人带动就业实现稳定脱贫。

3. "能人带动"是基层组织领导的积极探索

习近平总书记在十九大报告中指出，"创新是引领发展的第一动力""全党同志一定要登高望远、居安思危，勇于变革、勇于创新，永不僵化、永不停滞""不断推进理论创新、实践创新、制度创新、文化创新以及其他各方面创新"。对于扶贫工作更是这样。近年来，石泉县委县政府响应国家号召，深化人才体制机制改革并建立系统科学的人才体系。创新扶贫工作机制，推出"能人兴村"这一发展战略是在基层组织和领导者积极探索之下的厚积薄发。能人兴村战略的主体是农村能人，挖掘并合理利用助力扶贫开发的人才更是人才工作的重中之重，基层组织和领导者也是毫不懈怠。一方面对现有人才进行大力发掘和培育，对乡村能人进行全面系统的培训，以提高能人的技能水平和管理水平；另一方面出台支持农民工返乡创业的优惠政策，通过从金融、服务、创业环境、项目、社会保障等多个方面吸引和支持返乡人员创业发展，积极吸引本土人才回流。制定《推行能人兴村战略的实施意见》，大力实施"七个一"工程，引导能人创办农业产业化龙头企业、领办示范化农业合作社、兴办家庭农场；培育产业大户、技术能手、职业农民，吸纳能人进村级班子，充分发挥他们在农村经济发展和脱贫攻坚工作中的引领带动作用。

（二）以产业带动为牵引增强地区经济活力

党的十九大报告中明确指出，全国要大力实施乡村振兴战略，即依据"产业兴旺、生态宜居、乡风文明、治理有效、生活富裕"的总要求，在乡村应大力推进"产业振兴、人才振兴、文化振兴、生态振兴和组织振兴"，这五个振兴从不同角度、不同方面阐述了我国乡村振兴战略的发展规划。这中间，农村的产业振兴是推动贫困地区扶贫发展的核心。要因地制宜地进行乡村产业发展，发挥我国社会主义市场经济的优越性，从而将贫困地区特有的乡村资源逐步转化成经济资本，放活产业经济，最终实现地区经济平稳发展，逐步摆脱地区贫困。

1. 产业植入是推动贫困地区高质量脱贫的重要途径

现阶段在我国如何实现贫困地区高质量脱贫，关键是如何发展地区产业，只有将产业植入扶贫，贫困户才会由被动变为主动，不但能够解决其生活成本问题，同时随着产业的不断发展，也可以避免结构性返贫，进而跳出"贫困陷阱"，走上稳定增收的正常生活道路。农村地区目前成为我国精准扶贫、精准脱贫的主战场，要实现精准脱贫必须要有产业支撑，形成"造血器官"，使其具备"造血能力"，并逐步提升"造血功能"。

2. 产业发展是提升贫困个体发展能力的重要手段

从扶贫实际来看，现阶段贫困户大致可以分为两类：一类是完全劳动能力丧失者，这类人群不具备接受产业帮扶的条件；另一类是自我能力有限的人群，这类人一般是指虽然有脱贫的意愿和想法，但由于自身掌握资源欠缺而无法实现自我脱贫的人群。针对第一类人群，主要采取政策性兜底保障等类型的帮扶。而对第二类人群，则优先采取产业帮扶和以业代赈的帮扶形式，产业与本地就业相结合的扶贫开发模式。一方面，可以增强贫困户自我发展能力，增加收入，达到脱贫的效果；另一方面，产业脱贫的长效性与"造血"功能，也可以在一定程度上避免脱贫的"后遗症"，从而实现高质量的脱贫。因此，站在乡村振兴的角度来看，地区产业的帮扶，可以有效解决第二类人群的发展限制问题，提高其自身发展能力，从根本上杜绝返贫。

3. 产业提升是引领和推动贫困地区经济增长的重要驱动力

产业振兴是乡村振兴战略的关键所在，也是贫困地区摆脱贫困、实现经济增长的重要驱动力。贫困地区经济发展滞后绝大部分原因是没有找到适合本地实际情况和市场需求的产业。通过扶贫政策引导、发挥好扶贫机制的政策引导、资金帮扶等植入产业或培育出本地主导产业和特色产业，通过产业促进就业和创业，进而实现持续增收和稳定脱贫，并进一步撬动和吸引人才、资本、土地等各类经济资源，使当地经济增长进入螺旋式上升通道。在此引导机制作用下，产业振兴能进一步激活贫困地区的经济增长点，引领带动社会需求，促进经济良性循环发展。

4. 产业振兴是实现贫困地区长治久安的根本路径

经济基础决定上层建筑，贫困地区的经济能否发展，是保证其脱贫有效性的关键因素，要解决现阶段贫困地区的问题，实际上还是要靠地区经济的发展，而相对于城市来说，乡村经济的发展与进步的核心是农业产业发展与振兴。因此，产业的发展与振兴是实现贫困地区脱贫致富长治久安的根本路径。现阶段，如何寻找产业帮扶与社会帮扶的平衡点成为主要突破口，依靠市场经济的手段不断完善地区产业结构，创新帮扶手段，通过社会与产业帮扶产生的合力效应，实现地区产业振兴与长治久安。

石泉县依托优势自然资源，以地区优势产业为主导，落实"四统一"原则，积极引导贫困人口投身地区产业发展，基本实现针对贫困户的"三覆盖"，即贫困村产业全覆盖、贫困户中长线产业项目全覆盖、产业惠及贫困人口全覆盖。这种以产业为核心，全覆盖为指导思想的扶贫模式，一方面加速了地区产业的发展步伐，另一方面也体现了社会主义制度的优越性与市场经济优越性的有效衔接，是实现地区产业脱贫的有效手段和必经之路。

（三）以旅游带动为牵引主导产业融合张力

深度贫困地区的贫困大多是由于地理位置和地区文化的闭塞，而这种闭塞往往可以保持传统的乡村文化与乡土风貌，这种原始的乡土人情与乡村风貌相对于城市生活的市民来说有一定的旅游价值。贫困地区特有的自然环境与历史文化因素就其文化旅游资源来说有一定的地区特色，开发贫困地区的旅游文化资源需要针对地区资源的特色优势进行科学定位，筛选、概括、提炼出独具乡村特色的历史、民俗、饮食、农耕等经典性元素和标志性符号。根据现代人的审美和消费心理转换重构为独特的文化产品或服务，凸显其独一无二的特质，避免扶贫开发项目的雷同，以差异化产品提升市场竞争力和脱贫效益。

1. 实施乡村旅游产业扶贫是我国现阶段全面建设小康社会的必然要求

发展农村旅游扶贫是实施乡村振兴战略的重要举措，也是全面建成小康社会的必然要求。我国现阶段实施的乡村振兴和农村旅游产业化扶贫是依据以下两方面提出的：一是由于长时期的双轨经济运行体制，直接导致我国城乡二元结构的形成与城乡收入差距的不断扩大；二是农村地区的经济发展与生态环境问题之间的矛盾逐渐凸显。如何在经济发展与环境保护之间找到一个契合点显得十分重要，而乡村旅游产业这一举措可以有效平衡地区经济发展与环境，既满足了当前扶贫工作的经济发展需求，又契合了当前绿色发展理念。

2. 发展乡村旅游产业扶贫是解决我国现阶段主要矛盾的重要举措

当前我国社会的主要矛盾已经转化为人民日益增长的美好生活需要与发展的不平衡、不充分之间的矛盾，现阶段越来越凸显的城乡发展不协调即是上述矛盾的重要体现。当前我国居民年人均国内生产总值接近1万美元，第二产业占国内生产总值的比重已超过50%的情况下，依赖第二、第三产业反哺第一产业的条件已成熟，并且国家已经通过农业税制改革等措施，有效地减轻了农业生产者原有的负担，进而推进城乡协调发展。在乡村振兴战略以及精准扶贫的大背景之下的乡村旅游扶贫政策，也是依据乡村社会经济发展的实际情况出发，以乡村丰富的自然资源为基础，以发展农村第一、第二、第三产业融合为目的而提出的新时期农村经济发展新举措。

3. 完善乡村旅游产业扶贫是落实我国新时期乡村振兴战略的必由之路

新时期，解决"三农"问题是实现乡村振兴的必由之路。切实推进乡村旅游发展，对实现农民增收、乡村第一、第二、第三产业融合发展、补齐乡村短板具有十分重要意义。乡村旅游为本地农民提供了一个"离土不离乡"的就业平台，也为"离土又离乡"生活的农民提供了返乡创业的机会。随着乡村旅游的持续发展与产业结构的不断优化升级，它还可以在一定程度上促进本地其他产业的发展，小到特色农产品作坊，大到乡镇企业，充分激活贫困地区的自然资源优势，增加农民收入，实现乡村振兴。

石泉县后柳镇立足良好的旅游资源禀赋，抢抓乡村振兴战略机遇，做足山水田园文章，做亮水乡旅游品牌。按照"一张名片、两大建设、三篇文章、四个转变、五大举措和六大提升"的发展思路，将后柳水乡整体打造为国家 5A 级风景区，成为国内知名的康养休闲胜地。开辟"商养学闲情奇"的新旅游，推动水乡旅游向康养休闲观光复合型、地域文化特色内涵型、常态化旅游型和集约高端品质化转变。2017 年省旅游局授予后柳镇"陕西省十大旅游名镇"称号。通过招商引资共策划包装旅游项目 15 个，总投资 18 亿元，已落地项目 10 个。2017 年后柳镇对文化中心广场、游客接待中心和扬帆酒店 3 个主体已完工的项目进行内外装修美化，加快建设中坝作坊小镇二期工程、水乡渔村、云栖后柳等旅游项目；汉江明珠游艇会所、滨江休闲街等项目未来将陆续动工建设。2017 年仅后柳水乡根艺奇石园和中坝作坊小镇 2 个创业孵化基地新增创业200 余户，全镇新发展法人企业 6 家，增加直接就业岗位 1000 余个，强有力地拉动了镇域经济的快速增长，2017 年旅游经济达到全镇总产值的 40%，人均年收入达到 13000 元。

第二节　以模范、龙头、主体三扶持为途径

现阶段大多数乡村经营主体仍然以小农户为主，这种经营模式

极易陷入"低水平均衡陷阱"。面对市场经济洪流的冲击，小农户经营成本的不断增加与信息不对称的实际情况，直接导致了"小生产—大市场"的非对称格局。新型经营主体的培养与农村产业化发展是缓和这种矛盾的有效手段，蓬勃发展的农村合作经济组织也是基于此先决条件应运而生的。现阶段产业扶贫主要涉及政府、龙头企业、农村经济合作组织和贫困户。其中，政府作为乡村产业发展的主导者，对于乡村资源拥有绝对的分配权，同时，随着乡村产业的不断发展，产业链条与产业体系的各个环节可以带动贫困户脱贫；乡镇企业与农业经济合作组织是产业发展的牵头兵，直接进行相关资源要素的使用与调配，担负着扶贫与产业是否应盈利的双重压力；贫困人口作为产业扶贫的对象，依靠自身的劳动技术或集体入股等方式受益。乡镇企业与经济合作组织通过利用本地充沛的生产资源，发展地区产业，通过产业上中下游各个环节的辐射带动作用，引导或帮助贫困户实现增收，充分利用当地资源优势，以产业链和产业体系辐射、带动贫困户脱贫。

（一）通过扶持能人模范激活产业扶贫内源动力

在合作社的实际运行当中，"乡村能人推动"逐渐成为主流。从现阶段合作社的运行情况中逐渐证实，我国这种能人推动下的合作社组织运行方式成为推动其发展的核心。

1. 农村能人是推进经济组织构建的核心环节

合作社建设的初衷往往是一部分农户的利益追求，其建设目的也是为缓解"小生产—大市场"所产生的矛盾，实现农业小规模产业化以增加农民收入。合作社良好发展既离不开农村丰富的农业物质资源环境，也无法摆脱政府的政策影响与市场经济的大环境，最后的落脚点仍然是小农户，小农户的发展潜力与发展动力依靠农业合作经济组织的带动效应，最终促成一种自我发展的"觉醒"。乡村能人多为产业能手、种养大户等，在乡村农业生产经营中往往占据地区优势地位，也有扩大生产和拓展经营的强烈愿望。在一定的环境下（譬如国家政策、地区发展前景等），强烈的愿景会逐渐转变成有力的行动，使其成为将小农户链接形成一定规模合作组织的建立者，并逐渐成为组织的核心领导人物。

2. 农村能人经营具有较强的示范效应

在农村，由于信息渠道的相对闭塞，广大普通农户获取机会信息的难度很大，成本也十分高昂，加之农户本身生产行为的局限性，这些都直接导致其获取信息的来源多是身边的"能人"。大多数"能人"成为农村家庭生产经营的示范对象，他们所有的生产管理经验或优势可以迅速成为周边农户的学习范本。并且这个"范本"会迅速地以能人为中心扩散，从而潜移默化地影响周围的农业从业者。这种示范效应不但可以增强能人构建相应组织关系的凝聚力，同时也会刺激乡村内部所有农业从业者的生产欲望与发展需求。

3. 农村能人能带动组织内部和组织间的合作学习

农村能人作为合作经济组织的核心，一方面可以在组织中承担起相应的领导角色，以丰富的知识素养和较高的管理水平使组织形成合力，另一方面，在组织正常运行过程中可充当外部信息"传递员"的角色，利用敏锐的感觉，将外部有效信息传递到组织内部，并通过组织内的非正式组织进行信息交流，增进组织成员的认同感，逐步提高农村合作经济组织发展的内生动力。

为有效破解长期以来农村经济发展活力不足的瓶颈，促进贫困户致富增收，石泉县积极探索实践"能人兴村"战略，充分激活能人在产业扶贫、技术扶贫、智力扶贫上的底层动力。2017年8月10日中共石泉县委下发了《关于进一步加强"能人兴村"战略的通知》推动构建"党支部＋能人＋X"村镇治理模式。通过优选兴村能人、搭建干事平台、强化引导激励、释放能人效应等工作，逐步建立起具有地区特色的能人帮带良性循环。

（二）通过扶持龙头企业增强产业扶贫带动能力

2015年11月，《中共中央国务院关于打赢脱贫攻坚战的决定》明确指出，鼓励中国乡镇民营企业投身扶贫工作，倡导积极利用社会资源辅助精准扶贫。一般认为龙头企业指的是在某个行业中，对同行业的其他企业具有很深的影响力、号召力和一定的示范、引导作用，并对该地区、该行业或者国家作出突出贡献的企业。企业作为社会经济组织的核心，在社会发展中也承担一定的社会责任，越来越多地参与地区扶贫，逐渐强化了这种责任导向下的"带动"。

1. 以理论为依据，深化龙头企业的"带动作用"

龙头企业作为社会经济组织的核心力量，由其带动地区农业产业发展可以很好地使当地农村产业与龙头企业的市场开发能力得到有效的衔接，有利于实现当地农业生产的产业化建设，加速农业生产规模化发展，提高农业经济效益，完善地区农业产业结构，进而促进贫困户的有效增收。由地区龙头企业带动脱贫相对其他一般企业具有其得天独厚的优势，规范化的管理模式、市场的把握、地区影响力与完备的经营预案机制，这些都促进了扶贫产业发展，易于形成专业化组织化程度较高的产业发展模式，形成带动脱贫与防止返贫的双管齐下的扶贫开发模式，从而可以真正使当地建立起长效脱贫和防返贫机制。

2. 以扶持企业"四新"为指导思想，深入贯彻扶贫新理念

"四新"即新市场、新产品、新利润和新福利。石泉县立足于本地农业产业结构，加大扶持力度与广度，深入挖掘地区龙头企业的辐射带动能力，同时强化党支部的引领作用，为进一步探索"党

支部＋企业＋合作社＋贫困户"的新型发展模式，逐渐形成了以龙头企业为中心，以合作社为纽带，以农民增收为重点，以带动贫困户发展为核心的发展思路。石泉县深入贯彻"四新"理念，依托龙头企业造血、辐射带动能力，实现产业与企业双赢。

3. 探索实施"双带"工程，贯彻企业扶贫新思路

一是农业经营主体带动群众增收，石泉县积极培育农业经营主体，充分发挥龙头企业投资拉动、农业园区示范带动作用，力求规模化生产。截至目前，全县已培育省级农业龙头企业 1 家、市级 7 家，发展现代农业园区 51 个，市级以上龙头企业 8 家。二是村级经济合作组织带动贫困户入股分红，2018 年全县农民专业合作社 156 家，其中，国家级示范合作社 1 个，省级 5 个，市级 4 个，发展家庭农场 100 个。生产经营中，合作社按照"带资入社能分红、带地入园兴产业、带技入企能就业"和统一建园分产业的"三带一分"模式，带动贫困户持续增收。

（三）通过扶持贫困户夯实产业扶贫内生基础

"为政之要在于安民，安民之要在于济贫。"习近平总书记强调，贫困人口始终是我国脱贫攻坚的对象，同时也是脱贫的主体，对其本身定位的这种双重效应也就决定了我国扶贫工作亟待改进原先的"输血式"扶贫。贫困群体的内生动力缺乏往往是造成贫困的主要原因。我们既要"剥离"贫困户对政策的依赖性，又要从内生发展入手，探索新时期乡村产业与贫困户相结合，以贫困群体激活内生发展动力为目的的新型扶贫道路。

1. 摆脱"保姆式"帮扶，引入"造血式"帮扶模式

"授人以鱼，不如授人以渔"，只有增强贫困人口的自我发展能力，才可以促使贫困者真正脱贫。"造血式"扶贫模式是指扶贫主体通过投入一定的扶贫要素（资源）扶持贫困地区和农户改善生产

和生活条件、发展生产、提高教育和文化科学水平，以促使贫困地区和农户生产自救，逐步走上脱贫致富道路的扶贫行为方式，也称为"开发式"扶贫。石泉县利用县域内本身的特色产业基础及移民搬迁政策，发挥相应的就业安置优势，逐步建立起以农村社区为中心、扶持贫困户为主体的扶贫开发新模式，以"一一对应、全方位、多平台"的扶持思路，从实际出发，按照既有的扶贫现状，统筹规划，全面丰富扶贫手段，拓宽扶贫渠道，依据地区产业与贫困人口的个人诉求，完善帮扶的针对性和精准性，使这些贫困户实现全年的稳定增收，并极大程度地避免了该群体的结构性返贫。

2. 推进"扶智＋扶志"的帮扶理念，激发扶贫内生动力

党的十九大报告在精准扶贫取得决定性进展的基础上进一步提出了坚决打赢精准脱贫攻坚战的新思想、新策略和新方法，特别提出注重扶贫同扶志、扶智相结合，尤其在精准扶贫、精准脱贫上下更大功夫。扶贫同扶智、扶志紧密结合，既是实现脱贫攻坚目标的历史选择，又是贫困地区、贫困人口持续发展的必然要求。石泉县瞄准贫困地区产业发展和贫困群众就业创业需求，坚持"一村一策""一户一法"，注重扶志与扶智双管齐下，"造血"与"输血"齐头并进，通过一系列措施，帮助贫困群众实现了稳定脱贫。石泉县分别从"扶志气""抓培训""强教育"三方面入手激发贫困户内生动力、增强贫困户脱贫动能、阻断贫困代际传递，落实全面脱贫。

第三节　以企业、收益、团队三稳定为依托

实现贫困人口稳定脱贫，是指贫困人口在实现"两不愁三保障"❶

---

❶　"两不愁三保障"指的是到2020年稳定实现农村贫困人口不愁吃、不愁穿，农村贫困人口义务教育、基本医疗、住房安全有保障。

的基础上，有稳定的基本经济收入，有不断增强的自我发展能力，有面对逆境的勇气，有不断完善的社会扶贫网降低各类风险的冲击。为此，要保障脱贫人口收入多元化，增强收入的稳定性。鼓励因地制宜发展多样化的生产，增强收入稳定性，避免家庭经济结构单一化。同时要激发脱贫人口的发展动力，提升自我发展能力。改变贫困群众"等靠要"思想，加强人力资本投资，阻断贫困代际传递。

（一）以稳定企业为依托，实现辐射带动长效发展

产业扶贫发展的痛点往往是市场准入与产品的营销推广，市场与营销往往是龙头企业相较于普通合作社与农企的优势。龙头企业有能力实现产品与市场的有效衔接，这样既可以减少部分生产的盲目性，同时也可以增强扶贫产业抵御市场风险的能力。当然在利用市场这只"无形的手"的同时，也应该由政府这只"有形的手"给予相应的支持与保障，确保"龙头企业+X"扶贫模式稳定长效发展。

1. 优化政府角色定位

在产业扶贫中，政府作为"有形的手"应当做到：政策允许的情况下适当加速落后地区的基础设施建设水平，保证龙头企业有一个良好的企业运行外部环境；深化农村金融体制改革，提高企业融资效率，为企业增强市场竞争力提供良好的融资环境；强化贫困地区人口的职业技能培训，改善贫困户受本身技能的制约而无法进入企业参与生产经营的现状；通过"龙头企业带动"产业精准扶贫模式把公平扶贫和效率扶贫有机结合起来，以效率优先的原则调动贫困户与龙头企业合作、脱贫致富的积极主动性。

2. 建立健全龙头企业参与产业精准扶贫的进入退出机制

完善龙头企业参与扶贫项目的进入与退出机制。进入机制方面，

当地政府应着眼于企业生产经营潜力、预期效益、带动摆脱贫困能力等方面，负责任地选定一批有实际扶贫能力和扶贫愿望的优质企业投身到扶贫开发中；退出机制方面，当地政府应有针对性地保证企业参与扶贫项目的有效与有序进行，依照一定的扶贫项目目标，建立相应的追踪问效机制，同时，利用行政手段或金融手段针对扶贫企业加入一定的激励，这样可以从正反两方面保证扶贫企业进行项目推进的时候做到真扶贫、扶真贫。

3. 完善企业与贫困户利益联结机制

为了改变市场经济条件下企业与农户之间不完善的利益关系，应当以产权型利益联结机制的建立为目标，在龙头企业与农户之间建立企业化、股份式和股份合作式的利益联结方式。企业化利益联结方式要求龙头企业与农户之间形成比较紧密的产供销链条，把农副产品的生产、加工、销售等活动稳定地联结在一起；股份式和股份合作式利益联结方式要求农户以资金、土地、设备、技术等要素入股，参与企业经营管理和监督，农户按股分红，形成"利益共享、风险共担"的利益共同体。

（二）以稳定收益为依托，保证地区脱贫长效有力

稳定农业收益是保持农业稳定发展的前提，也是解决好"三农"问题的关键。改革开放40多年来，农业收益呈现波动下降的趋势，尤其是近几年城乡二元结构制度下的乡村农业发展缓慢，农业收益更是出现跳崖式下降。针对此类情况，我国适时提出了以协调发展为目的的乡村振兴战略。农业产业化，始终是实现农民稳定增收的有效手段，在完善乡村产业基础的前提下，依托现有的优势，逐步建立针对乡村的产业发展模式，是现阶段实现稳定脱贫与乡村振兴的有效手段。

1. 加大对农业的投入力度，增强农村经济和农民增收的可持续性

首先，财政部门可以按照有关政策法规的要求，改变长期以来对农业投入偏低的现状，逐渐增加对农业的投资；其次，引导和鼓励农民增加对农业的投入，发挥投资主体作用；最后，加大农业对外开放和招商引资的力度，吸引更多的社会资金发展农业，增强农村经济和农民增收的可持续性。

2. 健全农产品市场体系，促进农民收入持续增长

大力培育农村市场体系，畅通流通渠道，从规范产销运作上增加农民收入。逐步加大对农产品流通设施建设的支持力度，引导和鼓励更多的银行资金和社会资金投向农产品流通设施建设；重点建设一批具有全国性、重点区域性农产品批发市场，形成全国农产品中心批发市场网络；进一步畅通农产品流通渠道，减少流通环节，降低流通成本，切实保障农民利益不受损害。努力把产、销有机结合，强化市场机制的运作效果，充分发挥价格机制、供求机制对市场和农业结构的调节作用，为持续增加农民收入提供保证。

3. 积极调整和优化农村产业结构和农产品结构

以农业增效、农民增收为目的，以保护农业生态环境，促进农业可持续性发展为前提，积极调整和优化农村产业结构和农产品结构：在充分考虑市场需求的同时，着力优化种养业结构；种植业在保证粮食有效供给的前提下，大力发展经济作物和饲料作物；农产品结构调整在"两高一优"的原则指导下，大力发展名优特新品种，以质取胜；调整和优化农业布局结构，充分发挥本地资源优势，让农业生产在最适宜的条件下进行，使农业资源得到合理利用。以此增强市场竞争能力，促进农民增收。

（三）以稳定团队为依托，实现地区脱贫致富

扶贫工作，从"输血"转向"造血"，人才正是扶贫"造血"最亟需的"干细胞"，是长久脱贫的关键。脱贫攻坚要有一支打得赢、守得住、永不走、能致富的战斗队伍。石泉县以实施"能人兴村"战略为总揽，在建强驻村帮扶工作队的基础上，紧扣全县人才工作总体部署，在激发脱贫攻坚人才队伍的干事创业上添举措、求实效，确保脱贫攻坚工作扎实有效推进。

1. 加速扶贫人才的"输血"与"造血"

习近平总书记指出："要把我们的事业发展好，就要聚天下英才而用之。打好脱贫攻坚战，也要有这种眼界、这种魄力、这种气度、这种谋划。"一方面，需要立足本地实际，培养新型人才，人才的培养与成长将是助力脱贫攻坚的基础工作。另一方面，需要开拓新渠道引进外来人才，在保证本地人才资源的同时，重点引进致力于建设贫困地区的产业发展管理型人才，并依据扶贫工程的需要，完善人才匹配机制，使人才引进与扶贫工作协调发展。

2. 强化扶贫干部队伍建设

首先，要优化扶贫干部选任模式，坚持党委集体研究，认真组织考察，广泛征求纪检、公安、司法、计生、信访等部门意见，确保把人真正选准配强。其次，要强化扶贫干部培训机制。依托智慧党建等，用好各类党建网、远程教育等资源，定期推送微党课、精准扶贫微视频，完善线上学习线下讨论机制。最后，推进干部交流平台建设，贫困地区可以结合各自脱贫攻坚工作实际，举办"扶贫干部论坛"，让后进村讲难题，听先进村教方法，互动比学中明差距学经验、启发思路、提升能力、推进工作。

3. 优化扶贫干部履职环境

首先严格落实扶贫干部报酬待遇，比照当地副乡（镇）长的工

资水平来制定，逐步建立稳定增长机制，统筹考虑村副职干部报酬，积极支持乡镇出台村级集体经济年新增部分按一定比例补充扶贫干部工作报酬的具体措施。其次，加强政治激励，鼓励县（市、区）结合实际加大从贫困地区优秀扶贫干部中招考公务员、事业单位工作人员力量，拓宽职业发展空间。最后，加强正面宣传力度，在各级主流媒体开设宣传专栏，充分发挥先进典型的示范引领和辐射带动作用。

石泉县通过持续实施"能人兴村"战略，着力培养和打造一支不走的扶贫工作队伍，为决战脱贫攻坚提供了源源不断的内生动力。2016 年，石泉县被评为全省"扶贫绩效考核优秀县"。2017 年还代表全省迎接国家扶贫巡察，工作成效得到巡察组充分肯定。石泉县实施"能人兴村"战略助推脱贫攻坚工作的典型经验做法，不仅在全市、全省得到了推广，还被评为"2017 年（第三届）全国人才工作创新最佳案例"奖。

第四节　以覆盖、融入、长效三全面为目标

习近平总书记明确提出，"要想实现农村地区精准扶贫，应因地制宜的发展农村地区优势产业，将产业扶贫作为扶贫工作的主要方向，不断提升农村地区扶贫工作的针对性和有效性"。产业扶贫在我国现阶段扶贫战略中具有举足轻重的地位，它既可以"固本"，又可以"培元"，但在实际运行过程中，不同层次的参与主体在发展产业扶贫过程中其权责并未有明晰的规定，且扶贫项目的政策依赖性较强，一旦脱离政策支持，产业脱贫项目则难以落实到位。建立健全产业扶贫的长效机制是"固本培元"的关键。❶

❶　王宁，吴明 . 我国农村地区产业精准扶贫长效机制建设研究 [J]. 农业经济，2019（05）：56-58.

（一）贫困群体"全面覆盖"

1. 精准脱贫全覆盖

"精准扶贫，就是要对扶贫对象实行精细化管理，对扶贫资源实现精确化配置，对扶贫对象实行精准化扶持，确保扶贫资源真正用在扶贫对象身上、真正用在贫困地区。"当前，脱贫攻坚已进入决胜关键期，对于"精准"的把握与管理显得更为重要，如如何精确对标、施策、脱贫。对扶贫线路、脱贫思路、逐贫出路，要精准确立。结合政策和村情户情，因地制宜，厘清发展思路，不能好高骛远、贪大求洋，目标不变，任务不减，总结过去经验，越是这个时候越不能放松对脱贫目标的追求。从输血到造血，多渠道、多元化，多措并举，拓展增收路径。实行严格责任制，不脱贫不脱钩，实行严格评估，以合理标准，以科学程序，精确验收，增强脱贫绩效的可信度，不能因为脱贫处于扫尾阶段，就把考核标准降低，从而放任自流。

2. 帮扶带动全覆盖

如何让帮扶落到实处，让产业发展收益落到贫困户手中，让产业扶贫的实际作用得到有效的发挥，避免脱贫之后的结构性返贫，成为现阶段需要关注的核心问题。要将帮扶作用最大化，利益收益多元化，扶持模式长效化，脱贫效果常态化，为此需做到：扶贫理念的广泛宣传员、强化扶贫专业服务指导、严明扶贫工作纪律、严格扶贫资金监管。

石泉县依托本县实际，坚持精准派驻帮扶"全覆盖"，完善驻村工作队工作方式，直接覆盖县域内所有贫困村，150个驻村工作队实施定点、定向、定位的工作方式，积极帮扶当地贫困户因地制宜发展养殖、食用菌、经济林等特色产业，并出台了相应的奖补政策，仅2017年就拨款2276万元用于扶持7000多贫困户发展产业。产业脱贫奖补项目及标准参见表3-1。

表3-1　石泉县2017年建档立卡贫困户产业脱贫奖补项目及标准

类别	项目	奖补条件	奖补标准	备注
兴桑养蚕	桑园	当年新建标准化密植良桑园1亩及以上	以种苗直接奖补到户	
		当年新建标准化果桑园1亩及以上		
		当年新增菜桑1亩及以上（每亩3000株）		
	蚕种	当年养蚕3张及以上	30元/张	
畜禽养殖	养猪	当年新增养殖商品猪2头及以上	200元/头	不含自家母猪繁殖待售仔猪
		当年新增养殖能繁育母猪1头以上并产仔	1000元/头	
	养牛	当年新增养牛1头及以上	1000元/头	至少饲养半年
	养羊	当年新增养羊1只及以上	100元/只	
	家禽	养殖禽类（鸡、鸭、鹅）30羽及以上	10元/羽	
蔬菜种植	紫长茄子	当年种植紫长茄子1亩及以上	300元/亩	
	魔芋	当年新增种芋或商品芋种植1亩及以上	2500元/亩	
	辣椒	当年种植订单辣椒1亩及以上	300元/亩	
	阳荷姜	新增种植阳荷姜1亩及以上	1200元/亩	
	莲藕	种植莲藕1亩及以上	500元/亩	
	订单蔬菜	当年与龙头企业、专业合作社种植订单蔬菜（豇豆、生姜、大蒜、香椿）1亩及以上	300元/亩	
特色种植	茶叶	当年新增种植茶籽1亩及以上	500元/亩	已享受退耕还林的不再奖补
		当年新改造茶园1亩及以上	300元/亩	
	油牡丹	当年新增种植油牡丹1亩及以上	800元/亩	
	葛根	当年新增种植葛根1亩及以上	1000元/亩	
	食用菌	当年新增食用菌2000袋及以上	0.5元/袋	
	黑玉米	种植黑玉米1亩及以上	200元/亩	
	烤烟	种植烤烟5亩及以上	300元/亩	
	油葵	种植油葵1亩及以上	500元/亩	
	黑花生	种植黑花生1亩及以上	200元/亩	
	燕麦	种植燕麦1亩及以上	300元/亩	
	苦荞	种植苦荞1亩及以上	300元/亩	

类别	项目	奖补条件	奖补标准	备注
特色水果	核桃	当年改良优质核桃 1 亩及以上	300 元 / 亩	已享受退耕还林的不再奖补
	拐枣	当年新建拐枣园 1 亩及以上	300 元 / 亩	
	甜脆柿	当年新增种植甜脆柿 1 亩及以上	300 元 / 亩	
	香李	当年新增种植香李 1 亩及以上	300 元 / 亩	
	猕猴桃	当年新增种植猕猴桃 1 亩及以上	400 元 / 亩	
	瓜果	种植（西瓜、香瓜）1 亩及以上	300 元 / 亩	
中药材	中药材	当年新增种植中药材 1 亩及以上	500 元 / 亩	
	猪苓	当年新增种植猪苓 10m² 及以上	10 元 /m²	
	天麻	当年新增种植天麻 10m² 及以上	10 元 /m²	
特色养殖	养蜂	当年新增养蜂 1 箱（4 匹 / 箱）及以上	200 元 / 箱	
农业设施	省力化蚕台	当年新建省力化蚕台 60m² 及以上	15 元 /m²	年养蚕需达到 6 张
	标准化蚕室	当年新建标准化专用蚕室 30m² 及以上	300 元 /m²	蚕室和养蚕实行配套奖补，30m² 需养蚕 6 张以上
		当年租赁 30m² 以上标准化蚕室	10 元 /m²	
	畜禽圈舍	当年新建标准化养殖圈舍 40m² 及以上	300 元 /m²	圈舍和养猪（牛、羊）实行配套奖补，40m² 以上需养猪 10 头（牛 3 头、羊 20 只）以上
		当年改建标准化养殖圈舍 40m² 及以上	50 元 /m²	
		当年租赁标准化养殖圈舍 40m² 及以上	10 元 /m²	
		新建标准化鸡舍 40m² 以上且养鸡 100 只以上	300 元 /m²	
	种植大棚	当年新建设施大棚并种植瓜果蔬菜 1 亩及以上	2000 元 / 亩	
		当年租赁设施大棚并种植瓜果蔬菜 1 亩及以上	500 元 / 亩	
	土地流转	贫困户流转土地 1 亩及以上	300 元 / 亩	发展主导或特色产业
新型经营主体带动	农业园区、合作社、家庭农场（能人大户）、小微加工流通企业（电商）	与贫困户签订订单种植收购合同并组织生产，按合同价格按时回收农产品	按回收总金额的 10% 予以奖补	
	龙头企业（含景区）	采取"龙头企业 + 合作社"或"龙头企业 + 贫困户"的订单模式带动贫困户生产，按订单价格按时回收农产品	按回收总金额的 8% 予以奖补	

注：种植项目核查验收均以实际丈量面积为准。

079

理论研究篇

3.返贫预防全覆盖

习近平总书记曾说，"防止返贫和继续攻坚同样重要，已经摘帽的贫困县、贫困村、贫困户，要继续巩固，增强'造血'功能，建立健全稳定脱贫长效机制"。要建立健全扶贫长效机制，首先，需要建立返贫预警机制，针对已摘帽的贫困村，已脱贫的贫困户进行长效动态管理，针对返贫情况要做到超前预警、积极备案；其次，要健全规范防返贫机制，围绕"抓政策兜底、抓持续保障、抓跟踪评估、抓重点领域"等工作重点，积极推进防返贫政策的落实，完善返贫帮扶手段，保证脱贫的稳定长效；最后，利用农村的社会力量，建立新型农业经营主体帮带机制，鼓励利用集体资产入股，以增加贫困户资产性收入，带动脱贫。

（二）产业脱贫"全面融入"

习近平总书记指出："产业扶贫是最直接、最有效的办法，也是增强贫困地区造血功能、帮助群众就地就业的长远之计。要加强产业扶贫项目规划，引导和推动更多产业项目落户贫困地区。"产业作为地区经济发展的主要动力之一，依托产业进行脱贫符合地区发展规律。它也是防止结构性返贫的主要手段。返贫困与地区产业结合的发展思路，既满足了贫困地区发展的需求，又挖掘了地区发展潜力，也带动了贫困群体稳定增收。

1.强化顶层设计，探索构建产业融入发展路线

探索构建"一条主线、一项机制、三个一批、三个转变"的产业扶贫发展路径体系，提高扶贫产业市场效益，带动贫困户参与产业脱贫致富。"一条主线"，即紧紧围绕建档立卡贫困户增收脱贫这一条主线，"一项机制"，即建立健全新型农业经营主体与贫困户之间的利益联结机制，提高贫困群众在产业发展中的参与度和受益度。

"三个一批"，即打造一批联结贫困村产业发展的新型农业经营主体，打造一批产业扶贫示范基地，打造一批产业特色品牌，提升贫困地区扶贫产业市场影响力和竞争力。"三个转变"，即推动贫困村产业由单家独户经营向规模化经营转变、由零散布局向连片区域化布局转变、由简单种养殖向第一、第二、第三产业融合联动转变，有效提升贫困群众参与市场竞争和抵御市场风险的能力。

2. 注重规划引领，明晰产业融入发展方向

产业扶贫的扶贫机制是贫困户参与到产业的各个环节，实则是一种以工代赈的实现形式，通过工作带动脱贫。这种形式的扶贫能否长效的关键是增强产业与贫困的黏合度，建立完善一种高质量的利益联结机制，切实保障贫困户的长远利益，实现其稳定脱贫。积极探索并推广多元化的合作模式，如土地经营权入股、集体资产入股、扶贫资金入股等，完善"三变改革"有效实现机制，使贫困户依靠现有的土地，参与到产业中来，实现贫困人口脱贫致富。

3. 深化产业融合发展，拓展扶贫产业发展空间

推动第一、第二、第三产业融合发展，积极推进第一产业与第二、第三产业的协调联动发展，实现种养殖、生产加工、流通销售等一体化发展，形成多产业叠加、多领域联动、多环节增效的产业扶贫新格局，促进扶贫产业由价值链低端向价值链中高端转型发展。利用"旅游+""生态+"等模式，积极拓展传统农业功能，推进贫困地区农业与文化、旅游、教育、科技、健康养老等产业深度融合，积极发展农业休闲旅游、田园健康养老、文化创意、科普教育等产业，提高产业融合综合效益，拓宽贫困群众增收就业渠道，让贫困群众分享更多产业增值收益。

为持续提升脱贫村的综合实力、脱贫户的收入水平，切实提高脱贫质量、巩固脱贫成果，确保2020年整县脱贫摘帽，助推乡村

振兴，石泉县积极开展产业就业精准脱贫"三有"行动，即"村村有集体经济""户户有长效产业""人人有稳定就业"，直接惠及全县所有3340户有劳动力的贫困户，增强了地区集体经济实力，引领地区贫困群体走上脱贫致富的道路。

（三）脱贫效果"全面长效"

习近平总书记在扶贫工作会议上强调，"要消除贫困，改善民生，逐步实现共同富裕，确保2020年所有贫困地区和贫困人口一道迈入全面小康社会。在扶贫的路上，不能落下一个贫困家庭，丢下一个贫困群众"。这就要求我们理解全面脱贫的深刻内涵，既要注重脱贫的全面性、精准性，也要注重脱贫的持续性、稳定性，既要夯实脱贫攻坚的基础性工作，也要建立防返贫的长效机制。

采取超常手段逐一突破。要目标明确，方案精准，加快进度。确保"两个清零、两个出列"，即确保2020年内已脱贫摘帽的镇区、石泉县剩余的农村贫困人口全部"清零"，有脱贫任务的镇区剩余的农村贫困人口全部"清零"；确保石泉县按国家标准如期退出贫困县序列，所有贫困村全部脱贫出列。要对未出列的贫困村尤其是深度贫困村的脱贫案重新审核，做到措施细、打法准、责任清。

凝聚强大黏合力。攻克深度贫困堡垒，必须发挥集中力量办大事的制度优势，集中优势兵力打歼灭战。所有力量都要向深度贫困聚合，确保"尽锐出战、务求精准"，选优配强脱贫攻坚一线指挥员、战斗员。所有的要素都要向深度贫困聚拢，强化政策供给，突出财政优先保障、金融优先服务，确保扶贫投入与打赢脱贫攻坚战需求相匹配。所有的资源都要向深度贫困聚焦，用好用足扶贫协作和定点帮扶资源，扎实推动帮扶资源向深度贫困村聚焦。

聚焦薄弱环节补齐短板是重点。"两不愁三保障"是贫困人口脱贫的基本要求和核心指标，直接关系脱贫攻坚战的质量，是全面小康的"硬杠杠"。要严格对表对标，加强薄弱环节，围绕"两不愁三保障"、饮水安全、产业扶贫、环境整治补齐短板。采取有力措施，着力解决贫困人口在吃穿、教育、医疗、住房、饮水安全等方面存在的问题。

采取精准工作法很重要。从过去一年的实践来看，"四个三"攻坚举措是行之有效、富有成效的，要继续推广实施，确保有章可循。要以"三级"攻坚"联动"、"三专"攻坚"推动"、"三段"攻坚"促动"、"三严"攻坚"驱动"，来细化责任、倒逼进度、严格督查，把扶贫工作抓实抓细抓到位，确保各项攻坚措施精准高效落地，以各阶段胜利形成最后全面决胜。

石泉县坚持用系统性、创造性思维持续抓好产业发展。通过精准实施产业扶贫到村到户到人，努力实现产业扶贫项目对有劳动力的贫困户全覆盖，切实把构建长效产业、长期就业、长效增收作为长效脱贫和防止返贫的有力保障。全县累计注册企业 2129 家、个体工商户 10711 户、农民专业合作社 296 户，稳定带动就业近万人。通过"三带三扶三长效"产业扶贫模式，进一步完善产业奖补政策，大力推行订单式生产，兑现产业到户直补资金 1533 万元，累计带动 6700 余贫困户发展产业，2018 年贫困户栽桑 3304 亩，养蚕 4717 张，发展黄花菜 1000 余亩，魔芋 2482 亩，订单蔬菜 5385 亩，特色林果 2946 亩，养蜂 4216 箱，5389 户贫困户落实了中长期产业，户均产业增收 2650 元，产业脱贫取得了一定成效。

第四章

以机制革新为抓手推进基层有效治理

基层治理现代化是实现现代化的必经之路，同时也是实现国家富强的基础。改革开放四十多年以来，我国的基层治理实现了跨越式发展，这其中，农村基层治理的现代化功不可没。可以说没有农村基层治理的现代化，农村未来的发展就如同一叶浮萍，没有保障。党的十九大报告提出实施乡村振兴战略，乡村振兴战略作为建设现代化经济体系的重要方面，是破解"三农"短板的重要战略举措。其中就涉及要建设治理有效的农村治理格局。目前我国农村发展短板比较明显，农村空心化比较严重，小微腐败频发，一些支农惠农资金、扶贫资金并不能精准到达需要群体，农村黑恶势力、宗族恶势力猖獗等问题，严重影响了乡村振兴战略的落实与基层治理有效格局目标的实现，党的十九大报告中对于建设乡村治理体系做了重要论述："加强农村基层基础工作，健全自治、法治、德治相结合的乡村治理体系。"农村建设现代化基层治理新体系已经成为新时代乡村振兴战略推进的重要举措。在乡村振兴战略这一背景下，建设和完善现代化基层治理新体系成为新时代建设现代化经济体系、践行以人民为中心发展思想的重要实践探索。

基层是社会治理的基础也是国家治理的基础。农村的基层乡村治理，由于其涉及面广、覆盖面大、事多且杂、直接面对群众、干部与群众思想"保守"等问题，一直未能形成有效的基层治理合力。长期以来，我国基层治理的有效实践也积累了不少的优秀经验。比如，一些地方设想构建网格化治理，从扶贫工作中建立的村集体经济和易地搬迁新建社区入手，逐步推进，在实现经济、社会单独系统有效治理的基础上，最终形成涵盖整村群众的综合有效治理；还有一些地方设立村级权力清单，内容涉及村庄发展的各种重大决策，力求做到村级行政权力运行全覆盖与透明化。这些治理实践不仅充分尊重和发挥人民群众的创造性，大大提高了基层治理的有效性，而且有效缓解了村干部与村民之间的矛盾，以"公平性"为借口的越级上访现象不断减少。但我们还要看到，仍然存在诸多问题未解决，主要表现为：基层群众自治在一些地方流于形式，居民、村民权利得不到有效保障；基层治理中权力运行不公开、不透明的现象时有发生，群众的知情权、表达权、参与权和监督权受到侵害；基层群众自治的相关法律、党和政府的一些具体政策没有得到很好落实等。❶

基层治理涉及治理属性、治理主体、治理权力、治理程序、治理内容、治理逻辑等诸多方面。从治理属性来看，农村基层实行自治，其治理自然而然属于自我管理的范畴。要想实现基层有效的治理，在现行制度下充分发挥基层群众的自我管理与自我服务功能是十分有必要的，政府的责任在于做好引导、扶持与保障工作；从治理主体来看，随着行政权力与扶贫结合再次下沉到农村地区，治理的主体已然形成了"一体多翼"的结构，即以党和政府的领导为

---

❶ 汪玉凯．推进基层治理方式创新 [N]．人民日报，2016-09-06．

"一体"，以基层各类组织为"多翼"。这个结构在未来相当长的时间内都会对农村发展保持强大的推力；从治理权力来看，基层治理既包括权力的确定、权力的给予、权力的使用、权力的运行，也包括对权力的制约和监督；从治理程序来看，治理的完成是一个完整的过程，其中包括组织者管理、参与者提供服务、群众参与等方面。这也是个"自上而下"与"自下而上"相结合的双向过程；从治理内容看，基层治理既包括对基层各种事务的管理，也包括大量的社会服务和公共服务，很多是政府公共服务在基层的延伸；从治理逻辑来看，基层治理是政府治理与乡村自治的结合体。在政府治理逻辑中，国家在顶端，乡镇在底端，在这种结构中遵循的是命令的运行逻辑，作为下级机构要无条件地执行上级命令。而在乡村自治逻辑中，村民与乡村自治组织并无上下级之分，遵循的是民主的运行逻辑，村民通过乡村自治组织进行自我管理与服务❶。基层治理的逻辑即为实现两种治理逻辑的有效对接。从上述对基层治理的现状分析入手，才能在实践的基础上实现基层治理的创新，提升基层治理的能力和水平。

党的十九大以来，基层既面临着扶贫脱贫工作的完成与检验，又面临着 2020 年后乡村振兴全面铺开的繁重任务。如何在这一阶段逐步实现基层有效治理成为"严峻"与"棘手"的问题。陕西省安康市石泉县直面这一问题，坚持以机制创新为抓手，在开展扶贫脱贫工作的同时始终不忘将扶贫脱贫任务与 2020 年后实行乡村振兴的战略结合起来，深入推进扶贫脱贫工作与乡村振兴的有效衔接。主要做法如下：其一，发挥党建的引领作用，强化政治责任承担，夯实基层治理基础；其二，构建多层次全方位履职尽责制度，提升

---

❶ 何得桂，张硕.全面脱贫视域下乡村治理的实践检视与国家整合[J].河南师范大学学报（哲学社会科学版），2019（04）：24-29.

政府服务管理能力与水平；其三，大力发挥人大代表的主体作用，保持民情民意的畅通，有效回应民众诉求；其四，坚持区域发展靠自己，实行能人兴村战略，激活乡村发展内生动力。通过上述措施的实施，石泉县有效推动了基层治理向纵深发展，为乡村振兴的实施打下了坚实的基础。

第一节　党建引领：夯实责任坚持党的领导

习近平总书记指出："要以提升组织力为重点，突出政治功能，健全基层组织，优化组织设置，理顺隶属关系，创新活动方式，扩大基层党的组织覆盖和工作覆盖。"农村基层党组织是党在农村工作的基础，是贯彻落实党的方针政策、推进农村改革发展的战斗堡垒，是领导农民群众建设社会主义新农村的核心力量。随着市场经济的不断发展和改革开放的不断推进，农村基层党建工作面临着许多亟待研究解决的新情况、新矛盾、新问题，需要不断改革创新，提高党建水平。新的形势和任务要求必须统筹协调推进这些领域的基层党建工作，必须做到综合考虑、统筹兼顾，大力推进基层党建工作理念、内容、方式创新，要做到一个一个领域地研究突破，一个一个方面地巩固提升。

（一）加强基层党员理论学习，提升政治素养

十九大报告中指出，要把党的政治建设摆在突出位置，强调全面推进党的政治建设、思想建设、组织建设、作风建设、纪律建设，把制度建设贯穿其中，深入推进反腐败斗争。可以说，党的政治建设是党的根本性建设，是党建的"灵魂"和"根基"。在所有工作中，党的政治建设才是居于核心地位，统领其他建设工作。党的其

他建设最终的着眼点和落脚点必须在政治建设上。这样才能确保党始终是中国特色社会主义事业的坚强领导核心。对于基层党组织来说，将政治建设摆在突出位置需要加强对党员的思想教育。对于基层党员自身来说，加强政治理论学习不仅是保持正确政治方向的需要，也是提高理论水平和服务能力的重要途径。近年来，加强理论学习，运用理论指导实践，提高政治素养已成为基层党组织开展党建的基本形式，有效地提高了基层党员的政治素养。

如果说党的基层组织是团结带领群众贯彻党的理论和路线方针政策、落实党的任务的战斗堡垒，那么广大党员就是党组织的细胞和灵魂。党的各项路线、方针与政策的最终落实还是要靠广大基层党员来实现，党员素质的高低、能力的强弱直接关系到每一项工作的成效。而且，中国特色社会主义发展进入了新时代，面对复杂的国际与国内形势与三大攻坚战的考验，基层党员干部更应加强理论学习，不断增强理论学习的规范化、制度化，提升理论修养和工作能力。增强基层党组织的凝聚力、战斗力。为此，陕西省安康市石泉县深入推进"两学一做"学习教育常态化制度化。一方面，通过学习制度的落实，进一步强化了学习的规范性；另一方面，通过重点关注学习的内容，学习的针对性不断增强。保持了党员的先进性和纯洁性，提升了党的执政能力，增强了基层党组织同人民群众血肉联系。

石泉县按照全覆盖、常态化、重创新、求实效的总体要求，结合基层各部门各单位的实际，坚持把思想教育作为首要任务，坚持用党章、党规规范党组织和党员行为，坚持用习近平总书记系列重要讲话精神武装头脑、指导实践、推动工作；不断增强党组织和党员政治意识、大局意识、核心意识、看齐意识，不断增强党内政治生活的政治性、时代性、原则性、战斗性，不断增强党自我净化、自我完善、自我革新、自我提高的能力；确保党的组织充分履行职能、发挥核心作用，确保党员领导干部忠诚干净担当、发挥表率作用，确保广大党员党性坚强、发挥先锋模范作用，统筹推进"五位一体"总体布局、协调推进"四个全面"战略布局。通过"三个坚持""三个不断"与"三个确保"，加强基层党员的政治素养。主要做法有以下几点。

创新"学"的制度与形式。石泉县针对党员日常学习研讨中存在的空对空、形式化问题，建立并落实理论武装"五个一两挂钩"制度，坚持以"三会一课"为基本制度，以支部为基本单位，把"两学一做"作为党员教育的基本内容，长期坚持、形成常态。各级各类党委、党支部编制年度学习计划，组织党员深度学习党内法规文件。创新学习教育方式，利用红色教育基地开展革命传统教育。而且，对于党员干部要求更为严格，各级党员领导干部每年还要根据自身实际制订个人自学计划，完成规定的学习任务，如果未完成会有严厉的处罚措施。严格执行党员领导干部双重组织生活制度，每月以普通党员身份至少参加一次党支部或党小组组织生活，每季度至少参加 1 次支部党员大会、每月至少参加一次党小组会，每年至少为所在党支部全体党员讲一次党课。

拓展"做"的方式与方法。石泉县针对学做结合不紧密、"两张皮"等问题，突出抓好县镇书记"民情三本账"、干部包联、民事代办、信访包案、实事暖民、民意调查"六项制度"和基层党组织"六化"建设、"三项机制"、年度目标责任考核等制度机制落实。大力实施"能人兴村"战略，探索推行"支部＋能人＋X"村域治理模式，把学习教育与中心工作、重点任务、脱贫攻坚等紧密结合起来，教育引导广大党员按照"四讲四有"标准，做到政治合格、执行纪律合格、品德合格、发挥作用合格，助力脱贫攻坚、全面建成小康社会与乡村振兴战略的落实。

推进"学做"的有效改进。石泉县针对开展学习教育紧一阵松一阵，查处问题大而化之、整改落实简单应付等问题，建立健全"两学一做"学习教育工作情况定期报告和督导评估制度，切实加大督促整改和绩效评估力度。每个党组织、每名党员都要坚持学改结合、以学促改，突出针对性，敢于直面问题，勇于自我革命，切实把查找解决突出问题作为"两学一做"学习教育的规定要求贯穿始终，自觉运用民主生活会、组织生活会、民主评议党员等制度，认真查找问题不足，深刻剖析思想根源，聚焦突出问题，制定整改方案，建立整改清单和销号台账，以严的精神和实的作风，即知即改，立行立改，全力抓好整改落实。

石泉县通过上述各种基层党员理论学习制度的实施，确保了"两学一做"学习制度的常态化与制度化。而且，由于推进的多项制度大多由县委组织部负责牵头抓总，各党委负责统筹推进，党支部具体实施，不仅夯实了各级领导责任，坚持以上率下的工作思路，更是将学习教育作为锤炼党性的基本功、必修课，把讲政治贯穿于日常工作生活的全过程、贯穿于党性锻炼全过程，引领带动了广大党员做到思想认同、政治看齐、行动紧跟。

（二）强化基层党组织建设，明确工作职责

创新基层党建工作，强化基层党组织建设，不仅是夯实党执政组织基础的要求，更是当前打赢脱贫攻坚战与逐步实现基层有效治理的选择。在乡村治理体系中，党的基层组织居于中心地位，发挥核心作用，是实现乡村治理现代化的关键。农村基层党组织的地位和职责，在我国宪法和法律中有明确规定，其作为党的基层组织，按照宪法和党章、依照党的组织原则和规章制度，领导基层各经济

社会组织依法开展工作，指导并支持基层人民群众开展各项活动，行使宪法以及法律所规定的基本民主权利。基层党组织在农村社会治理中处于领导核心的地位，既是党凝聚民心、发动群众、引领发展的核心，又是农村社会治理的领导者、推动者和实践者，更是落实党的目标任务、实施党的方针政策的根本组织保障。可以说，农村基层党组织是推进基层治理最重要、最活跃的力量，因此，加强基层党组织建设，是实现基层有效治理的必然要求❶。石泉县创新制定多项措施，坚持和加强党组织对农村工作的全面领导，推动各项惠农政策在农村的落实，强化组织的号召力和凝聚力，全面提升基层党组织的脱贫攻坚推力。

在镇干部队伍建设方面，石泉县注重选好配强镇党政领导班子。一方面，坚持"四为四好"标准，选优配强镇党政领导班子，并保持镇党政正职相对稳定。制度规定，在脱贫攻坚期间，镇党政一把手原则上不得调离，脱贫摘帽后要继续稳定一段时间，以此落实党政一把手的主体责任。坚持能者上、庸者下、劣者汰，用"三项机制"保障镇党政一把手脱贫攻坚"七个亲自"责任落实。另一方面，优化镇干部队伍结构。通过多渠道培养和选拔本土干部，充分发挥"老乡镇"作用，加大优秀年轻干部培养力度。制定多项举措强化干部日常监督管理，严格执行镇干部任期调整、最低服务年限、工作借调等规定，保证镇干部满编满岗。从而打造一个有活力、有动力、有干劲的镇干部队伍。

在村级党组织建设方面，石泉县推出多项举措强化村级基层党组织建设。第一，创新党组织设置方式。探索推行村与企业、村与园区组建联合支部，大力推广"产业链党支部"，把支部建在专业

---

❶ 蔡文成.基层党组织与乡村治理现代化：基于乡村振兴战略的分析[J].理论与改革，2018（03）：62-71.

合作社、产业协会、家庭农场上。充分发挥基层党组织政治引领作用。第二，强化领导核心地位。全面推行"五步三公开"工作法，推动村级党组织主动谋划脱贫攻坚，用好用足扶贫政策和资源，加大教育引导力度，激发群众内生动力，有效领导、组织和推动脱贫攻坚工作。村级党组织每半年召开一次专题会议，组织群众对村级党组织和党员发挥作用情况进行监督评议。第三，选优训强"两委"班子。坚持"三化三强"标准，及时调整不胜任现职的村党支部书记。加强对村"两委"换届的领导和指导，选优配强村级带头人。大力实施"青苗工程"，每村至少培养3名后备干部。每年对村党支部书记、第一书记和驻村工作队成员轮训一次，努力提升村级党组织的战斗力和执行力。第四，大力发展集体经济。积极推进村级集体经济发展试点工作，采取资源开发、资本运营、土地流转、产业带动等模式，盘活资源资产，壮大集体经济，增强村级党组织办事能力。第五，坚持党员示范带动。深入开展"双培双带"活动，每年从农村能人中发展100名党员，在农村党员中培养1000名农村能人，增强致富带富能力。鼓励和支持村党支部书记、农村党员带头领办创办致富项目，带动群众脱贫。第六，健全激励奖惩机制。制定村党支部书记脱贫攻坚考核办法，实行村干部绩效补贴与脱贫攻坚工作成效挂钩，考核结果为优秀的，优先推荐优秀村干部参加公务员、事业单位工作人员考试。并建立村干部补贴正常增长机制，落实好村干部养老保险和人身意外伤害保险制度。

党的十九大报告指出，"党的基层组织是确保党的路线方针政策和决策部署贯彻落实的基础。要以提升组织力为重点，突出政治功能，把企业、农村、机关、学校、科研院所、街道社区、社会组织等基层党组织建设成为宣传党的主张、贯彻党的决定、领导基层治理、团结动员群众、推动改革发展的坚强战斗堡垒"。石泉县将十九大精神贯穿基层党组织建设的全过程，形成了基层党组织助力脱贫攻坚与基层有效治理的强大合力。

（三）创新监督方式，探索基层执纪监督新途径 ❶

近年来，石泉县按照全面从严治党要求，制订、出台了一系列规章制度，进一步夯实了主体责任，县委将党风廉政建设与经济社会发展同部署、同落实、同检查，县委主要领导亲自研究、部署、参与党风廉政建设各项工作，支持和推动纪检监察机关履行监督职责，全县党风廉政建设不断取得新成效。

1. 厘清责任，带头担当

石泉县县委全面贯彻落实中央纪委反腐败政策，每年县委均多次召开常委会研究党风廉政建设工作，多次听取纪检监察工作情况汇报，多名县级领导带头讲"三严三实"专题教育党课，坚持做到"四个亲自"，起到了良好的示范带头作用。自 2015 年起，县委重新调整了反腐败协调小组成员，由县委书记担任组长，纪委书记任常务副组长，制订反腐败协调小组工作规则。四年以来的经验表明切实提升了反腐败工作实效。

在落实主体责任方面，县委认真履行党委统一领导的责任和支持纪委监督的责任和教育引导示范的责任。树立"不抓党风廉政建设就是严重失职，抓不好党风廉政建设就是严重渎职"的理念，县委以身作则，凡涉及党风廉政建设和反腐败斗争的重大决策部署、重点工作安排、重要案件查办、关键环节协调，都坚持统一调度。结合实际，制定出台了《县委常委包抓镇和部门党风廉政建设工作责任制规定》，通过强化领导、跟踪督导、帮助指导、压力传导，把责任划细分小，把任务细分到人，防止落空不落实，实现责任分

❶ 来源于秦风网（石泉县纪委供稿），2015-11-05.

工、责任分解与集体研判、集体担负的有机统一，为深入推进党风廉政建设提供了坚强保障。

2. 守土尽责，层层落实

为切实解决党委抓党风廉政建设务虚多、务实少的现状，石泉县建立了五项制度，切实督促各级党委认真落实两个责任。实行"签字背书"制度，要求各级党委（党组）对承担的党风廉政建设责任进行"签字背书"，与责任对象签定党风廉政建设责任书，并作为落实党风廉政建设责任制工作考核和追责的依据。落实责任制报告制度，要求各镇党委、县直各部门党委（党组）和单位主要负责人每年年初，以书面形式分别向县委和县纪委报告上一年度履行党风廉政建设主体责任情况，对不按规定报告、履职不到位的实施责任追究。实行"双述双评"制度，每年选取部分镇党委书记、县直部门主要负责人落实主体责任情况、个人作风建设情况、廉洁从政等情况向县委全委会和县纪委全委会述责述廉，同时对其履行主体责任、廉洁从政情况接受委员评议。每年结合年度目标责任暨领导班子和领导干部和党风廉政建设责任制考核，对其履行主体责任、廉洁从政情况开展干部群众满意度测评，对问题突出和群众满意度低的单位领导进行问责。县纪委书记定期或不定期对下一级党委和部门主要负责人、纪委书记、同级纪委委员进行约谈，听取落实两个责任情况汇报，收集约谈对象对党风廉政建设和反腐败工作的意见建议。此外，石泉县积极探索检查方式，建立基层党风廉政建设巡察制度。紧盯群众身边的"四风"问题和腐败问题，探索开展县级以下巡察工作，县委出台了《基层党风廉政建设巡察工作暂行办法》，实现了监督关口前移，改变了过去坐等举报、被动查案的局面。

3. 倒查追责，形成威慑

石泉县委充分利用责任追究的利剑，坚持"常拉袖子、常提醒"，构建日常提醒机制，对履行主体责任方面存在苗头性、倾向性问题的基层党委、党组，及时下发提示函、督办单；结合行政权力运行监控工作，查找各单位廉政风险点，定期下发监察建议书；对"一岗双责"落实不力、重点工作推进不力、廉政纪律遵守不严的相关责任人，实施"廉政约谈"。

在两个责任考核方面，新修订了《石泉县党风廉政建设责任制考核办法》，为全县各级党委、纪委落实"两个责任"加上了"紧箍咒"。对单位党风廉政建设责任制考核中出现问题的单位领导班子成员进行严肃考核，在考核方式上，实行半年督导检查和年终考评考核。在考核结果运用方面，采取通报、表彰等形式，督促推动各级党委、纪委把主体责任和监督责任落到实处。对考核确定为"不合格"单位"一票否决"，并实行责任追究。同时，严格实行"一案双查"，明确对监管不力和对违法违纪问题隐瞒不报、压制不查等履行主体责任方面存在问题的情形进行问责。

（四）党建引领扶贫，打造"支部 +X+ 贫困户"的石泉模式

党的基层组织是打赢脱贫攻坚战、全面建设小康社会的战斗堡垒。石泉县提出并形成了"支部 +X+ 贫困户"模式，探索出一系列灵活而可行的有效解决方法。"X"是把龙头企业、农业园区、专业合作社、致富能人等市场经营主体作为产业脱贫的有效载体，通过党支部的引领带动，贫困户采取土地流转、劳务用工、订单销售等方式与市场主体结成利益共同体，"+"进全产业链中获得稳定收益。石泉县的这一做法，正在向脱贫攻坚的各个角落丰富和延伸，有力地推动了脱贫攻坚和村级治理的发展。

1. 胜利村："支部 + 企业 + 贫困户"异军突起

考虑到小农户的小打小闹难成气候，抵御市场风险能力较弱，

资金、能力均不足，胜利村村党支部书记杨卫东在 2015 年当选村支书后，按照"党企共建兴村，全民合作共赢"的思路，依托自己创办的都得利农林牧业开发有限公司，再加上招商引资，探索出了一条"支部 + 企业 + 贫困户"的脱贫发展新路子。现在村里有三家企业，除了杨卫东自己创办的公司，还有陕西神州秀生态园林有限公司和石泉县盛禾牧业有限公司，在村支部的带领下，创办了子午道乡村旅游专业合作社，村支部从规划、用工、市场等环节进行统筹，三家企业年吸纳附近用工 200 人，村民的收入从以前的单一渠道变成了三大来源：将土地流转给企业、本人进入企业务工、带资入社年底分红。短短一年半时间，村集体资产总额已达到 550 多万元，村民的年人均纯收入从 4000 多元涨到了 8000 多元，逐渐实现了由农民向股民、由村民向业主、由农民工向技术工人的角色转变。

2. 明星村："支部 + 合作社 + 贫困户"持续领跑

池河镇明星村，大力发挥党建的引领，村上设一个党总支，三个党支部，其中一个综合支部，两个产业合作社支部，将党员划分到产业支部，支部建在产业链上，彻底解决党建工作与经济发展两张皮的问题。村里充分发挥党员、支委、村委和监委作用，推行"五步三公开"工作法科学决策合作社发展事项，对产业健康、稳定、持续发展起到了重要推动作用。以生猪产业合作社为例，合作社下设物资服务部、技术服务部、销售服务部和供精站，注册了"牧兴园"商标，统一销售猪肉，目前共有社员 450 余户，年饲养生猪 12 万余头，年出栏生猪 8.4 万余头，年产值达 1.7 亿多元。据了解，目前全县共登记注册农民专业合作社有 100 余个，带动农户超过 10000 户，村民搭上了合作社的致富快车，党在农村的政治优势和专业合作社的经济优势得到了有机结合。

3. 水乡后柳："支部+景区+贫困户"焕发新机

后柳各村支部深入探索、因地制宜，景区相关的各种发展要素"+"村域发展，引导贫困户配套发展休闲观光、特色餐饮、工艺品制作、加工销售、商贸物流等服务业，积极发挥基层党组织的引领作用。

后柳镇所在的永红村支部牵头成立了小三峡农家乐合作社，通过对各经营业主的业务培训，引导村级农家乐健康发展。筹建廖家湾根艺奇石创业园的安民建筑有限公司，通过公司党支部，将社区内部分门面房无偿提供给创业者使用。与镇相邻的柏桥村支部搭建桥梁，与陕西六台山实业有限公司提出"村企共建"，修建了500亩生态观光茶园，与贫困户签订了土地流转协议及管护协议，农户不用出门、不承担风险每亩土地每年净增收近2000元。大峡谷入口所在的中坝村，支部积极与企业合作，结合扶贫重点村、旅游示范村、美丽乡村等建设项目，通过项目支持、政策帮扶、组织引导，激发农户自身发展活力。而出口所在的黄村坝村，通过支部协调积极改善基础设施，硬化公路，装上路灯，提升公共服务功能，与景区接洽优先安置本村劳动力就业。

在基层党组织的引领下，旅游市场投放量向贫困户倾斜，项目资源、资金向贫困户倾斜，后柳镇的广大贫困户正在依托旅游资源发展产业、就地创业、就近就业，从中受益。

除此之外，以池河镇五爱村嘉晟农业生态园、后柳镇长安村中药材种植园、长兴生态李子园、饶峰镇大湾村核桃园为代表的"支部+园区+贫困户"模式，积极发挥园区推动作用，精心打造园区品牌优势、因村施策、因地造园，把贫困户融入园区当中，以土地流转、园区用工、贫困户创业贷款入股分红等方法，解决贫困户长期发展难题。

以池河镇移民搬迁新型社区西苑社区、熨斗镇集镇社区为代表的"支部＋社区＋贫困户"模式，以党委协调，支部发动为主，通过技能培训、衔接店面、减免租金为牵引发展个体户，积极解决搬迁后贫困户的后顾之忧，使搬迁户"搬得出，稳得住，能致富"。

把党的力量挺在脱贫攻坚的最前沿，以党支部为核心，以贫困村为脱贫攻坚第一战场，以贫困人口脱贫为目标答案，把特色产业链与脱贫致富链紧密联结，不断扩大"X"覆盖范围，创新带动模式，宜工则工、宜农则农、宜游则游，一张以红色党旗为基调，多彩的"支部＋X＋贫困户"石泉答卷正在铺开，让贫困户在党组织的带动和引领下实现稳定增收脱贫。

第二节　为政扎实：认真履责发挥政府作用

石泉县在发展速度进入高位平稳运行和快速上升的过渡时期以及经济结构不断优化的重要战略机遇期，从充分发挥"县级领导在带头学习、解放思想、真抓实干等十个方面的模范带头作用，部门干部在爱岗敬业、链动城乡发展中的中坚作用，乡村干部在促抓社会主义新农村建设中的战斗堡垒作用"入手，来激活各级组织、各级干部的"龙头"，继而更好地舞起全县经济社会发展的"龙头"。首先围绕如何激发干部"三大作用"的发挥进行了大胆创新、强力改革和全面深入的破题。

（一）统筹全域履行政府职责，形成发展合力 ❶

1. 主抓产业转型升级，发展骨干产业

近年来，石泉县连续出台多项政策主攻全域旅游。全力建设国

---

❶ 石泉县人民政府工作报告，2019-05-16.

家全域旅游示范县。围绕"一心、三区、多点"全景石泉空间布局，大力推进"六大工程"。实施精品景区打造工程。力促云雾山、鬼谷岭开园，启动杨柳秦巴风情园、雁山瀑布4A景区创建，培育饶峰驿站、中坝作坊小镇、中池水色田园3A景区。着力构建"一村一特色、一镇一风情、镇镇都能游"的乡村旅游格局。推行景区带片、景点带村、企业带户、服务带人"四带"模式，促进旅游富民。实施公共设施提升等工程，实施旅游环境优化工程，加强旅游市场监管，组建旅游行业协会，强化旅游综合执法，严厉打击侵害游客利益的违法行为。建立旅游安全隐患整治销号制度，加强景区秩序及景观环境综合整治，着力强化旅游安全保障。引导全民强化旅游服务意识，监督旅游企业诚信经营，组织开展旅游形象大使、金牌导游、最美服务员评选活动，形成"人人都是旅游环境、个个都是流动风景"的全域旅游氛围。

除此以外，石泉县切实发挥政府职责，出台多项政策促进工业与农业发展。在工业方面，完成省级经开区挂牌，完善运行管理机制，重点培育富硒食品、智能制造及新兴产业体系。打造生态农业。在农业方面，加快发展绿色品牌农业、休闲观光农业。狠抓现代农业园区建设，提升2个省级园区，培育5个市级园区，启动省级农业高新技术产业开发区和省级农业科技园区创建，争创国家农产品质量安全县。

2. 优化提供公共服务，强化社会保障

近年来，石泉县政府集中力量办好民生10件实事。在教育方面，落实"三五三"战略，促进教育事业高质量发展。实施城区学校扩容、城镇学校新建和乡村学校改造，深化教育人事制度改革，抓好名师名校和师德师风建设，落实教育重奖重惩制度。扩大智慧教育覆盖面，推动城乡共享优质教育资源。建成国家农村职业教育和成人教育示范县，职教毕业生就业升学率达 98% 以上。在医疗方面，深化医药卫生体制改革，加快"七化"建设，建成省级卫生应急示范县。加强两大医疗集团运行管理，持续推进县域医共体建设，促进县镇村紧密型医疗服务联动发展。加强医德医风和名医名科建设，促进中医药服务能力提升，做好计生优质服务，县内就诊率稳定在 90% 以上。在文化方面，实施"文化惠民"工程，推进文化馆、图书馆分馆建设，固化群众性文体活动，扶持精品文艺创作。开展国家公共文化服务体系示范县创建，建成全国文化先进县。在就业方面，推进全民创业，带动充分就业。组织转移就业，扶持返乡创业，做好劳动维权服务。在社会保障方面，落实城乡低保、农村五保政策，城乡居民养老、医疗保险及农村合作医疗参保率达 98.5% 以上。提升敬老院管理水平，支持汉水颐园、民康老年公寓规范运行，加快养老服务业社会化步伐。落实惠民殡葬政策，新建村级公益性公墓 2 处。加强残疾人关爱，支持慈善协会、老促会、红十字会及社会组织开展帮困活动，完成全国农村留守儿童关爱保护和困境儿童保障示范县创建。

3. 打造"三宜"城镇，促进城乡融合

石泉县坚持"宜游、宜业、宜居"城镇定位，实施城乡一体化建设，形成城乡同步、全面融合的新型城镇化格局。

强化规划引领。深化多规合一，按照全域旅游、景城融合要求，精心编制县域旅游设施配套专项规划，高标准编制县域五大片区控制规划，完善各镇总规编制及修编工作，形成覆盖全域的规划体系。实行重大项目、重要节点规划公开听证，集体会审。强化规划刚性约束，严惩违法建设行为，依法规范城市开发建设秩序。完善城镇功能。围绕打造县城中心景区，着力强功能、提品质，推进公共停车场、汉江石泉古城提升、杨柳秦巴风情园二期、中医院迁建、县医院综合楼、城关镇第二小学、棚户区改造等项目建设。推进红花片区开发，完成江南片区行政资源布局。加快"气化石泉"建设，县城气化率达85%以上。实施排水管修复和雨污分流改造，建成红花沟排污排涝泵站。提速推进池河重点示范镇建设，实施重点镇市政提升项目，着力将池河打造成东线旅游桥头堡。建设江南九星家居建材城、喜河风情街等一批创业孵化基地、返乡创业示范园及5个总部型毛绒玩具社区工厂，促进兴业聚人。

改善人居环境。加强城市管理，下茬整治市容环境，提升"绿化、美化、净化、亮化"水平。抢抓世行贷款项目机遇，加大"三宜"城镇建设投入，完成县城东入口市政综合提升，启动9条背街小巷、8条人行道改造及5个社区公共空间修复，着力提升城镇品位。规范老旧小区物业管理，开展3个保障房小区市场化管理试点。实施以创促建，巩固国家园林县城、省级森林城市创建成果，通过国家卫生县城复验，推进健康石泉、平安石泉建设。

4. 开展农村综合治理，建设美丽乡村

促进农村发展，增加群众收入是政府的职责所在。石泉县政府按照"把产业发展落到促进农民增收上来，全力以赴消除农村贫困，推动乡村生活富裕"的要求，狠抓"三业扶贫"，坚持"三带三扶三长效"模式，推进"1135"稳定增收工程，完善带贫益贫机制，落实产业奖补政策，依托龙头企业带动，促进群众长效增收。开展农村人居环境整治三年行动，加快厕所改造、垃圾处理、污水治理、村容村貌提升，实施熨斗长岭、中池汪氏民居等古村院落保护开发。突出深度贫困村和贫困发生率较高的非贫困村，统筹解决水、电、路、讯等硬件配套问题，完成85个村"油返砂"，建成喜河老庄经牛石川至后柳公路、迎丰梧桐寺桥、熨斗刘家湾桥、两河汶水河桥等项目，加强农村公路养管，建成省级"四好农村路"示范县。实施"宽带乡村"建设，加快信息惠民，提升电子商务、远程教育、远程医疗应用水平。推进农村产权制度改革，完善交易配套服务，促进要素向农村流动。

此外，石泉县政府高度重视实施农村综合治理。推进"三共六制"社区治理机制，完善村（社区）法律顾问制度，健全自治、法治、德治相结合的治理体系。开展移民搬迁"五新"社区建设，全面完成搬迁入住，加快旧宅腾退复垦，做好就业创业帮扶等后续服务。实施"双百双千"人才工程，深化"能人兴村"战略，强化部门驻村包联和农技服务，扶持能人创办企业、合作社和家庭农场，开展贫困人口素质教育和技能培训，增强脱贫"造血"功能。坚持扶志扶智，深化新民风"六进六治六立"工程，启动县镇村新时代文明实践中心建设，开展讲好"百姓故事"活动，积极倡导文明乡风。

5. 加强生态环境保护，开展专项整治

石泉县政府强化"绿水青山就是金山银山"理念，推进国家主体功能区建设试点示范，让绿水、青山、蓝天、净土成为石泉鲜明的底色。

一方面，健全生态环境保护机制。落实宣传教育、投入保障、隐患排治、监测监管、举报奖励、责任保障"六大机制"，全面夯实环保责任。完善"两场"运行管理机制，更好发挥防污治污作用。坚持项目建设环评和"三同时"制度，加强危化品运输监管，切实防范环境风险。推进生态红线划定、污染源普查，建成省级生态文明建设示范县。开展节约型机关、绿色单位创建，倡导简约适度生活方式，提升全民环保意识。

另一方面，开展生态环境专项整治工作。巩固环保督察巡查、"大棚房"和环境保护10个专项整治成果，持续开展秦岭生态环保问题排治。落实"河（湖）长"制，严厉打击污水直排、乱占河道、

违禁捕捞等行为，确保水质稳定达标。打好蓝天保卫战，开展秸秆禁烧、爆竹禁放及工地扬尘、餐饮油烟、高污染燃料整治，确保空气质量优良天数每年 310 天以上。开展乱采滥挖、乱占滥建专项治理，抓好以固体废物堆场为重点的土壤污染防治，守住耕地保护红线。

（二）大力开展"为政不为"整治，提高行政效率

2017 年，石泉县印发《关于开展"为政不为"专项整治的意见》，围绕"485"开展"为政不为"作风大整治活动，着力解决当前党员干部作风中存在的"为政不为"问题，营造良好干事氛围。经过两年的实践，政府的行政效率有了明显的提高。

明确四个整治目标。"为政不为"作风整治明确，将"四治四强"作为整治目标，即治懒强劲，强化日常督查检查，对工作落实不力、懒政无为的党员干部，严肃追责问责，为其他党员干部提神醒脑。治散强纪，对照"六大纪律"开展自查，督促党员干部带头守纪律、讲规矩。治庸强能，建立"一竿子插到底"的督查制度，对不作为、慢作为的分类施治，确保各项工作高效运转。治混强效，查找管理漏洞和薄弱环节，坚持完善相关制度，提升工作效能，营造良好发展环境。

突出八项整治重点。"为政不为"作风整治将表现突出的八类"为政不为"问题作为重点。管党治党宽松软，主要是落实全面从严治党主体责任不到位，对党员和干部疏于管教，监督乏力等。决策部署执行不力，主要是贯彻执行上级决策部署措施不实、力度不够、落实不力等。工作不在状态，主要是安于现状、消极怠工，缺乏责任担当，所负责工作被动落后等。创新动力不强，主要是改革创新意识不强，等待观望，缩手缩脚，不敢动真碰硬，贻误发展时

机等。服务群众不到位，主要是在服务群众过程中，推托不办、久拖不决、吃拿卡要等。处理突发事件工作不力，主要是不主动研判、应对、化解矛盾，瞒报、谎报、迟报重大紧急情况，不服从组织调遣等。不正确履行工作职责，主要是在履职尽责中推诿扯皮、议而不决、不严不廉、自由裁量、失职失责等。工作纪律松弛，主要是作风飘浮、自由散漫、思想松懈、纪律松弛、工作松散、行为失范等。

夯实五项工作举措。为确保整治活动取得预期效果，"为政不为"作风整治采取五项工作举措，倒逼党员干部带头干事创业。公开承诺亮诺，全县党员干部职工撰写公开承诺书，通过会议、公示栏、网站进行公开承诺、公示亮诺，接受社会监督。明察暗访践诺，通过常态化开展明察暗访，纳入巡察范畴等方式，对践诺情况进行督查检查，发现问题，立行立改，确保践诺到位。从严快速查处，将"为政不为"问题线索作为纪律审查重点，运用诫勉、组织处理、党政纪处分等形式予以问责惩处，对严重问题，实行"一案双查"。及时通报曝光，在网站和微信公众号开通曝光专栏，通过定期通报和曝光查办的"为政不为"典型案例，形成高压震慑，让干部敬畏知止。强化源头治理，全面推行干部监督管理绿色提醒卡、黄色预警卡和红色警戒卡的"三色卡"制度，从源头上遏制"为政不为"问题发生。

此外，石泉县政府始终坚守执政为民，服务群众的思想。始终把执政为民作为最高宗旨，坚持以人民为中心的发展思想。改进调查研究方式，强化政民互动，多渠道了解民情、集中民智，主动回应并解决群众普遍关注的热点难点问题。坚持重大决策公众参与、专家论证、风险评估、合法性审查、集体讨论决定，提升民主科学决策水平。坚持依法行政，完善政府法律顾问制度，强化政府法治建设，落实"谁执法谁普法"责任制，推进公正文明执法。扩大政务公开，主动接受县人大及其常委会依法监督和县政协民主监督，虚心接受社会监督，认真办好人大代表建议和政协委员提案。坚持一线工作法和"清单"工作法，逐项任务明确责任团队、时限要求、质量标准，发扬"钉钉子"精神，沉下身子，不胜不休。规范督查督办，围绕中心工作、重点项目开展专项督查、明察暗访。注重工作创新，坚持问题导向，围绕破解难题，推进制度机制创新、工作模式创新、发展方式创新，提升工作质量和水平。

（三）深入推进政府廉政建设，打造廉洁政府

反腐倡廉是政府全面履行职能、做好各项工作的重要保证。针对发展过程中可能出现的腐败问题，石泉县政府高度重视，通过加强反腐败制度建设、开展反腐败斗争着力打造廉洁政府，提升政府的公信力、服务能力与行政效率。

1. 深化体制改革和加强制度建设

石泉县深化行政体制改革，深化行政审批制度改革，减少和调整行政许可事项。把涉及人民群众切身利益的各类权力运行过程作为政务公开的重点内容，对学校、医院和供水、供电、供热、供气、环保、公交等公共事业部门也要全面推行办事公开制度。健全对行政权力监督的体制机制，支持监察、审计部门依法独立履行监督职责。积极推行以行政首长为重点对象的行政问责制度，严肃查处有令不行、有禁不止和失职渎职等行为。

2. 深入开展治理商业贿赂专项工作

石泉县加强对工程建设、土地出让、产权交易、医药购销、政府采购、资源开发等领域案件的查办。强化对经营者和从业者的引导、约束和监管，对有商业贿赂行为的企业和个人，实行高额经济处罚，吊销证照，依法处理。发挥社会舆论的监督作用，及时向社

会通报典型案件，支持新闻媒体对商业贿赂行为的监督和曝光，增强全社会反对和抵制商业贿赂的意识。

3.加强政风建设

结合政府系统工作特点，当前在政风建设上，要特别强调厉行节约，规范职务消费，降低行政成本。严格规范政府机关公务接待，改革公务接待方式，探索公务接待社会化的途径，控制公务消费。严格控制会议、差旅、出国考察和公务用车等支出，严禁公款大吃大喝、游山玩水和进行高消费娱乐活动。将政府机关各种公务消费作为政务公开的重要内容，接受人民群众和社会的广泛监督。严格控制党政机关办公楼建设规模、占地面积、装修及设备标准、项目工程造价和资金来源。

4.认真解决损害群众利益的突出问题

完善农村义务教育经费保障机制，严格规范学校办学和收费行为。继续整顿和规范食品药品生产、流通秩序，严厉打击制售假冒伪劣食品药品行为，切实规范医疗机构的诊疗和收费行为，减轻群众医疗费用负担。深入整顿和规范房地产市场秩序，强化房地产市场监管，依法打击房地产开发、交易、中介等环节的违规违法行为。坚决纠正土地征用、房屋拆迁、企业改制、安全生产、涉法诉讼中侵害群众利益的行为。

5.强化党风廉政建设责任制

石泉县出台有关政策强化各乡镇、各部门主要负责同志第一责任人的政治责任。对发生重大以权谋私、违法违纪问题的部门和单位，追究主要负责人的责任。监察机关和广大监察干部大胆行使职权，严格执行纪律，不断提高执法执纪水平，旗帜鲜明地支持改革者，鼓励创业者，批评空谈者，教育失误者，追究诬告者，惩治腐败者，努力营造干事创业的良好氛围。

第三节　民情畅通：有效沟通回应民众诉求

保持与群众的密切联系是党和政府了解群众利益诉求、解决与群众密切相关事情的重要渠道，也是促进政策的完善、走群众路线的重要方式。石泉县委县政府始终重视担当主体责任，重视联系群众、群众信访工作。不忘初心，牢记使命，将抓信访与抓民生、抓发展、抓社会和谐稳定放在同等高度，以实际行动让人民群众对生活更加满意。在实际工作中，各机关部门扎实开展民情大走访，解难题、化积案。变上访为下访、接访，问计于民、问需于民，深入群众帮助解决群众的实际困难，破解改革发展中遇到的问题。特别是在农村，广大党员干部不仅发挥基层党组织的战斗堡垒和党员的先锋模范作用，而且针对群众普遍反映和特别困难的问题，积极回应群众诉求，及时帮助群众解决困难。在长期摸索过程中，形成了"书记民情三本账"和"发挥人大代表主体作用"的长效机制，通过建立"群众意见—人大代表反馈"与"群众意见—书记民情三本账"两种沟通民意的渠道获得民意、倾听民诉，人民群众的幸福感与获得感逐年增强。

（一）建立"书记民情三本账"，听民声

近年来，石泉县探索建立"民情三本账"制度，把以人民为中心的发展思想落到实处，使"听民声、纳民意，受民诉、解民忧，正风气、夯根基"走上制度化、常态化。所谓"书记民情三本账"，就是县、部门、镇、村（社区）各级书记分别建立"群众意见建议""群众利益诉求"和"群众投诉举报"民情三本账，按照"件件都要办、件件有结果、件件要满意"的要求跟进办理落实并及时

答复，在"民情三本账"政策落实的过程中，也不断拓宽社情民意收集渠道，使群众的诉求和发声更加便捷高效。县里除了统一公布县镇党委书记信箱、微信、手机号码之外，还开通了民情"110"电话和信访直通车等多种渠道，直接收集民情民意，听取群众呼声和建议。2017年8月，全县161名民情联络员正式上岗，成为遍布每个村和社区的民情收集专员。

为及时回应群众诉求和呼声，石泉县成立了由县委书记任组长的直接联系和服务群众工作领导小组，下设办公室，统筹做好县委书记"民情三本账"的建账和管理工作。各镇各部门设立书记"民情三本账"日常管理机构，各村党支部书记履行好本村"民情三本账"职责，三级书记主推主抓办理辖区群众意见建议、利益诉求及投诉举报。通过县、镇、村三级一体化上下联动，确保群众意见建议、群众利益诉求、群众投诉举报不漏一件、不缺一环，努力实现有"账"必建、有难必解、有求必应。

除此之外，石泉县不断创新完善运行机制，配套出台了书记"民情三本账"制度暂行办法、办理考核办法、运行管理指导意见等一系列制度，建立了"民情账"定期通报、"满意度"回访和从严考核等制度。将民意评价和群众满意度作为衡量县、镇、村书记"民情账"办理质量的重要依据，通过当面走访、书面函询、电话回访等方式，开展群众"满意度"调查。年终对具体承办的单位实行百分制考评，考核结果与党组织书记实绩考核、单位年度目标责任考核双挂钩，实行评优评先"一票否决"，以严厉的机制来倒逼各级干部担当作为，努力把书记"民情三本账"打造成暖民心、顺民意、惠民众的民心工程。

（二）"发挥人大代表的主体作用"，传民意

截至目前，石泉县共有各级人大代表747名，其中全国人大代

表 1 名，省人大代表 2 名，市人大代表 30 名，县人大代表 152 名，镇人大代表 562 名，5 级代表齐全，工作基础良好。近年来，石泉县充分尊重人大代表主体地位，不断创新代表工作机制，切实保障代表依法履职，有效发挥代表主体作用，逐步形成了"石泉做法"。

1. 把好代表入口关，全面提升代表素质

一是从入口把好代表质量关。县镇人大换届选举时，县委和县人大常委会高度重视，严把选民登记关、代表提名"入口关"、督查指导关，严肃换届纪律，依法选举产生新一届高素质的县镇人大代表。二是全面提升代表履职能力。举办大型培训班，邀请省人大领导、县人大工委负责人和有履职经验的人大代表授课，对新当选的人大代表进行集中履职培训。每年由县人大常委会领导带队，巡回各镇对全体代表和人大干部进行法律法规和业务知识的专项培训。闭会期间，各镇人大采取集中培训、外出学习交流、传帮带考等措施，有计划地对代表进行履职方法培训。三是加强实践锻炼。组织部分县人大代表参加全国人大培训基地举办的履职能力提升培训班，到红色教育基地接受革命教育，有计划地安排基层县人大代表列席县人大常委会议，凡到各镇开展视察调研活动，均安排辖区内全体人大代表参加，通过持续以会代训和实践锻炼，切实提升了代表的依法履职水平。

2. 搭建履职平台，密切联系服务群众

一是着力建设以人民为中心的"代表机关"。2019 年，石泉县委率先印发了《石泉县委关于加强县镇人大"两个机关"建设的意见》，县人大常委会及时制定了《关于深入推行"一线工作法"的实施意见》，提出代表产生在一线、调查研究在一线、依法监督在一线、法治建设在一线、工作落实在一线、问题解决在一线、服务群众在一线、成效检验在一线、代表垂范在一线等理念和工作措施。

为把代表机关建设在一线，建设了规范化的镇人大主席团及办公室，各镇都配备了 2 名以上人大专干，专门为代表服务。二是建设高标准的代表工作室。分片区建立了 46 个规范化的代表工作室，将全县 714 名县、镇人大代表合理划分到代表工作室，安排人大代表在工作室常态化"坐班"接待选民群众，传达党和国家的方针政策，收集社情民意，协调和督促解决群众困难问题。三是建立综合监督信息平台。县人大常委会借鉴财政预算联网监督的做法，采用"互联网+"模式，于 2018 年年初建立了人大综合监督信息平台，打造集财政预算、执法用法、民生事业、城建环保和代表履职等信息于一体，让人大代表随时查询了解工作动态和发现监督线索的"第三只眼"，拓宽人大代表知情知政督政渠道，增强代表监督的针对性和实效性。四是开展一系列活动。先后开展了"助力新民风建设人大代表在行动"、代表学法用法年活动、"脱贫攻坚人大代表有担当"活动、"人大代表大走访"活动、各代表小组活动和"我身边人民满意的人大代表"征文活动，为人大代表联系选民、调查研究，参政督政、依法履职搭建了舞台。

3.创新工作机制，有效发挥代表作用

一是总结经验，创新代表工作机制。不断总结经验，将好的做法用制度的形式固定下来，并不断发展完善。研究出台了代表联系群众、代表向选民述职、代表约见国家机关负责人、代表电视网络问政、十佳人民满意人大代表评选等办法，修订完善了办理代表建议、批评和意见的暂行规定，县委办、县政府办制定出台《石泉县人大代表建议办理工作规则》，代表工作不断规范。二是围绕群众关切，开展电视网络问政。对代表反映强烈、问题集中、急需办理的问题，应用电视网络问政的方式，让有关部门主要负责人现场接受人大代表"考问"，县电视台全程转播、县公众微信平台现场发布，受到社会各界广泛关注。问政结束后，代表对答复情况进行满意度测评，现场公布测评结果，让有关负责人"红脸出汗"。对整改情况跟踪督办，确保每位代表提出的问题得到解决和回应，真正体现人民当家做主。三是围绕群众满意度，开展问卷调查。在县十八届人大二次会议上，向代表发放了《石泉县人大常委会与"一府两院"工作报告及工作落实情况满意度调查问卷》，首次对人大常委会、"一府两院"工作报告及工作落实情况进行满意度调查。报告实不实、工作好不好、群众满不满意，通过书面测评来反映。对调查问卷进行统计分析后，形成专题报告，把代表的评价意见原汁原味地反馈给"一府一委两院"，并作为监督重点，使问题得到有效整改落实。四是围绕破解难题，开展代表专业课题组活动。其中，池河镇人大建立了代表活动小组和专业课题组"两套班子，一套人马"双向运行机制，根据代表的特长和意愿，将辖区人大代表分为产业发展、工业经济、金蚕小镇建设、社会民生和脱贫攻坚 5 个课题组，使每位代表跳出了"一村一组"的地域局限，专业化、灵活性地开展工作，让代表们在各个领域破解工作中的难点和发展中的瓶颈，既当监督员，又当智囊团，还当排头兵，在"一线"直接发挥作用。五是围绕改进作风，运用刚性监督方式。杜绝代表视察调研大轰大嗡，多途径广泛听取群众意见建议。就产业扶贫、陕南病死畜禽无害化处理中心项目建设选址等事项，组织代表开展专题询问，就脱贫攻坚等工作还开展了代表约见国家机关负责人等活动，跟踪督办解决具体问题，既精准发力，也深处着力，更注重持续用力。六是围绕"两率提升"，督办代表建议意见。实行县人大常委会组成人员领衔督办重点建议、政府领导包抓办理、重点建议现场督办、与"两办"建立联合督办通报、评选办理工作先进单位等机制，对代表建议办理工作进行满意度测评，实行代表建议办理满意率和解决率双考核。

把代表建议办理纳入目标责任制考核，纳入县镇村书记"民情三本账"，录入县人大综合监督信息平台，台账式逐项销号，充分保障代表参政督政、为民建言献策的权利，连续两年代表满意率达99%以上，建议落实解决率稳步提高。

4.加强激励保障，充分调动履职热情

一是建立代表履职档案。由镇人大负责，将县镇人大代表履职情况记录在案，建立履职档案，做到有据可查。二是组织代表向选民述职。每年组织县镇人大代表回选区向选民报告履职情况，回答选民询问，接受选民评议和监督。三是完善代表激励保障机制。充分保障代表培训、活动和工作经费，保障无固定收入代表误工补助。每年评选和公开表彰10名"十佳人民满意人大代表"、若干条优秀代表建议、若干个先进代表工作室，对镇人大和代表工作室给予以奖代补，激励各镇人大和全体代表积极履职，发挥作用。代表们想干、敢干、能干，从"要我干"转变到"我要干"，基本没有了"哑巴代表"和"举手代表"。四是建立代表退出机制。对违反纪律和法律法规、履职不积极被选民评议为不称职、因身体原因不能正常履职的代表，根据代表法的有关规定，劝其辞去代表职务，2018年，调离本行政区的县人大代表2人，劝辞1人，主动辞职8人，依法补选县人大代表11人。让代表肩有责任，干有标准，做有保障，退有"出口"，始终保持代表工作的生机与代表队伍的活力。

第四节 基层善治：能人兴村激活乡村治理

在当下的农村，已然形成了"一体多翼"的治理结构，并将长期保持不变。在这一结构下党委政府作为"一体"需要承担主要责任，势必要加强自身的治理能力，吸收能人进入村两委和村庄管理阶层就成为必要的手段。如此，才能达成党的十九大报告中提到的"治理有效"的目标。石泉县顺应这一趋势，出台多个政策并开展"能人兴村"的实践。

（一）能人培养助力乡村振兴

为有效破解长期以来农村经济发展活力不足的瓶颈问题，促进贫困户致富增收，石泉县积极探索实践"能人兴村"战略，充分发挥能人在产业扶贫、技术扶贫、精神扶贫上的作用，为打赢打好脱贫攻坚战奠定了坚实基础。

一是选优兴村能人。把思想有境界、投资有实力、经营有能力和致富能帮带、新风能引领、治理能出力的"三有三能"标准要求作为选好能人的标准，根据能人自身优势、特长将农村能人划分为企业经营型、农业生产型、生产能手型、能工巧匠型四种类型，按照"初步符合要求、尚需继续培养、在外务工能人"三大类别建立能人库。

二是搭建干事平台。搭建产业发展平台，引导能人创办 100 家农业产业化龙头企业，领办 100 个示范化农业合作社，兴办 100 个家庭农场，培育 1000 个产业大户，培养 1000 名技术能手，培育 10000 名职业农民，形成"能人带动实体经济、群众参与实体经济、贫困户受益实体经济"良好体系；搭建"新民风建设"平台，建立"一约四会"，依靠能人表率示范，发挥能人"扶志"作用，在贫困群众中逐步兴起"自强之风、实干之风、感恩之风"；搭建政治参与平台，建立志愿服务队和公益基金会，探索建立村域决策能人参与制度，邀请能人参加支委会、村委会决策村级事务，吸纳能人加入党组织，择优选拔能人进村级班子，推荐选举能人担任县镇两级"两代表一委员"。

三是强化引导激励。对创业兴业能人提供优先承包资源、优先项目扶持、优先减免费用等优惠政策，实行立项审批、土地征用、环境评估、人才招聘"全托式"和"一站式"服务。全县整合各类资金与项目，与能人牵头发展的产业分布相匹配，与能人创办领办的经济组织相对接，支持能人把实业做实。对能人带动贫困户脱贫能力强、成效好的，达到规模以上企业标准的给予一次性奖补；对能人在扩大经营规模中缺少资金的给予财信担保和贴息政策。

实践表明，进入村级"两委"班子的致富能人，深受党员群众的拥护，使农村班子在兴村、治村、强村过程中显现出了强大的生机与活力。石泉县实施的"能人兴村"战略，既是建强农村基层组织的客观需要，也是打赢脱贫攻坚战的有力保障，让能人的力量像大树一样在农村牢牢扎根，为基层固本培元，成为脱贫攻坚源源不断的内生动力。通过上述选能人、用能人、留能人的各种制度，石泉县先后吸纳近百名能人加入党组织，选拔数十名能人进入村级班子，推荐选举数十名能人担任县镇两级"两代一委"，有效强化了基层队伍。不仅如此，能人参与乡村治理的各个环节，极大地促进了乡村治理效率的提升，群众的满意率显著提升。

（二）打造"支部 + 能人 +X"村域治理模式

"能人兴村"政策的实施，确实吸引了一大批能人进入村两委，但想要以此为契机，全方位提升乡村治理的质量，就需要基层党组织的大力支持。能人也仅仅是一个人，俗话说，"巧妇难为无米之炊"，没有基层党组织为其提供资源与支持，能人也无法开展工作。

为了全面发挥能人的优势，落实"能人兴村"战略部署，充分发挥基层党组织的战斗堡垒和农村能人在村域经济社会发展中的示范引领作用，提升村级组织治理能力，破解农村发展活力不够、动力不足、人才缺乏、资本技术匮乏等难题，石泉县着力推行"支部 + 能人 +X"

的村域治理模式，让能人在合适的岗位上，发挥更大的作用。

1. 打造"支部＋能人＋产业发展"模式

在"支部＋能人＋产业发展"模式下，通过支部引领，充分利用能人会经营、懂技术、善管理的优势，扎实推进"能人兴村"战略，培育一批村民成为职业农民、技术能人、产业大户，引导能人创办或领办农业产业化龙头企业、示范化农业合作社和家庭农场等各类经济实体，盘活本地资源，示范带动蚕桑、畜牧、种植等传统产业提质增效，促推生态环保、富硒食品、文化旅游等新型产业茁壮成长，有效拓宽致富渠道，解决群众就业难题，带动农村经济发展。

2. 打造"支部＋能人＋脱贫攻坚"模式

在"支部＋能人＋脱贫攻坚"模式下，支部为能人带动脱贫攻坚发挥作用搭建载体平台，积极引导能人与贫困户开展结对帮扶发展促脱贫等形式多样的帮扶活动，形成与贫困户精准对接机制，着力发挥能人在脱贫攻坚工作中的引领和帮扶作用。村庄能人发挥自身在扶贫上的知识、技术、销售、资金、信息等方面的优势，积极参与脱贫攻坚，引领并有效调动贫困村、贫困户发展脱贫的内生动力，解决增收难持续的难题，助推脱贫攻坚目标得以顺利实现。

3. 打造"支部＋能人＋农村公益"模式

石泉县多地支部大力倡导、引导能人积极承担社会责任，带头组建一批志愿服务队，带动了想干事、肯奉献、能作为的村民投身到农村公益服务中去。通过能人带动村民关注村级公益，积极参与本村建设，培养村民奉献意识，让当义工，献爱心，做好事成为农村新风。

4. 打造"支部＋能人＋移风易俗"模式

在"支部＋能人＋移风易俗"模式下，石泉县多地支部倡导、能人带头,继承优良传统文化,开展移风易俗。倡导并形成喜事新办、丧事简办、厚养薄葬、破除黄赌毒和封建迷信,树立文明健康新风尚。吸纳能人参与村规民约的修订完善,带头成立道德评议会、村级红白事理事会,定期开展"星级文明户""身边好人"评比活动,结合精神文明建设"六个一"工程,进一步加大"厚德陕西·人文石泉"道德建设,全面提升村民文明意识和道德素质,推动"美丽乡村·文明家园"民风建设取得实效。

5.打造"支部＋能人＋矛盾化解"模式

石泉县多地村支部发挥能人讲话有人听、解决矛盾思路活、化解纠纷点子多的特长,吸收能人进调解委员会,鼓励引导能人协助村组干部参与村级信访维稳、矛盾纠纷化解工作,共同维护村域稳定。同时,村级组织要加强村规民约、家风家训的宣传教育及能人威信树立,能人要争做好政策的宣传者、好声音的传达者,以身作则、率先垂范、现身说法,引导亲戚邻舍塑造积极向上、互帮互助、家庭和睦、团结和谐的好风气,打造邻里守望的幸福家园。

6.打造"支部＋能人＋村务决策"模式

以"五步三公开"工作法为抓手,积极探索建立村务决策能人参与制度,发挥能人见多识广、思路清、机遇意识强的优势,邀请能人参加支委会、村委会决策村级事务,减少村级决策盲动性,促进村级事务高效决策、民主决策、科学决策。能人自身也要加强对村务管理相关法规制度的学习,确保提出的决策建议具有针对性、实用性和操作性。

7.打造"支部＋能人＋村后备培养"模式

石泉县加大"双培双带"力度,积极把能人中的先进分子培养成党员,把党员培养成致富能人,引导农村能人带头致富、带领群众致富。将能人作为村级后备干部重点对象培养,及时吸纳政治素质高、见识多能力强、社会联系广、热心村级事业的能人进入村级班子，优化班子结构，破解村干部能力不强、发展思路不清，人难选的问题，大力增强了村级组织的战斗堡垒作用。

陕西省安康市石泉县积极探索"能人兴村"的有效实现方式，着力破解在脱贫攻坚、乡村振兴中存在的诸项难题。形成了以党建为引领，机制相衔接；以能力为导向，系统相衔接；以需求为引导，平台相对接；以分类别为指导，政策相配套的"石泉举措"。❶ 通过上述举措，石泉县攻克了基层人才队伍建设困难、人才留不住，资金不足，组织弱化的缺点，"能人兴村"战略得以高效推进，短期促进了群众增产增收，长期构筑了乡村振兴的强大推力。

❶ 周瑞玲,何得桂,张旭亮.打造一支"不走的扶贫工作队"陕西省石泉县"能人兴村"战略的探索与启示 [J]. 国家治理，2019（07）：59-64.

第五章

以环境治理为抓手塑造宜居生活环境

环境问题一直是制约我国社会经济发展的重大问题，长久以来农村环境治理的缺失致使生态环境遭受严重破坏，社会发展与环境之间的矛盾冲突已十分尖锐。2018年2月，中共中央办公厅、国务院办公厅印发的《农村人居环境整治三年行动方案》中提出，到2020年，要实现农村人居环境的明显改善，村庄环境基本干净整洁有序，村民环境与健康意识普遍增强。努力争取东部地区、中西部城市近郊区等有基础、有条件的地区，人居环境质量全面提升，基本实现农村生活垃圾处置体系全覆盖，基本完成农村户用厕所无害化改造，厕所粪污基本得到处理或资源化利用，农村生活污水治理率明显提高，村容村貌显著提升，管护长效机制初步建立。

第一节 保护自然环境，打造系统生态工程

石泉县是秦巴汉水生态旅游的重要组成部分，素有"秦巴山水、石泉十美"之称，是国家南水北调重要的水源涵养地和西部重要的电力能源基地。2018年5月19日，习近平总书记在全国生态

环境保护大会上的讲话中强调，生态文明建设是关系中华民族永续发展的根本大计。中华民族向来尊重自然、热爱自然，绵延5000多年的中华文明孕育着丰富的生态文化。生态兴则文明兴，生态衰则文明衰。党的十八大以来，我们开展一系列根本性、开创性、长远性工作，加快推进生态文明顶层设计和制度体系建设，加强法治建设，建立并实施中央环境保护督察制度，大力推动绿色发展，深入实施大气、水、土壤污染防治三大行动计划，率先发布《中国落实2030年可持续发展议程国别方案》，实施《国家应对气候变化规划（2014—2020年）》，推动生态环境保护发生历史性、转折性、全局性变化。石泉县紧紧围绕生态保护这个主题，始终把生态环境建设和水源地保护工作作为促进经济社会可持续发展的一件大事，放在重要位置常抓不懈，努力促进人与自然协调发展，在生态环境治理工作中取得显著成效。

（一）"135"机制提升生态质量

制度学派的代表人物凡勃伦把制度定义为："大多数人的思想中普遍具有的确定的习惯。"康芒斯说"我们可以把制度解释为集体行为控制个体行为"。一个好的制度可以提高组织运行效率，也能约束人的行为，使价值最大化。习近平总书记也特别强调制度建设的重要性，指出要"加紧建立、健全保证党科学执政、民主执政、依法执政的体制机制"，要"把权力关进制度的笼子里"。石泉县积极思考、努力探索，形成了一套提升生态环境质量，促使经济社会与生态环境保护协调发展的机制。

石泉县按照陕西省关于环保工作的总体要求，结合自身实际情况创新建立了"135"生态环保长效机制，即各级"一把手"负总责，建立河湖长制、巡察制、问责制三项制度和环保投入、环境教育、环境执法、技术监测、污染防治五项机制，将生态环境保护工作纳入各镇各部门单项工作考核和年度目标责任综合考核。如今，在石泉县山林的河道溪流里，经常能看到朱鹮、白鹭等国家保护动物的踪影，这得益于对水文环境的大力整治，修复水生态。石泉县饶峰镇在全镇各条河流沟渠组织志愿者建立"护河队"，定期开展巡河，对污水直排、向河流倾倒生活垃圾等行为进行劝导和治理。按照"谁污染，谁治理"的原则，饶峰镇将涉河违法行为的罚没款全部用于购买鱼苗增殖放流，对涉河违法行为的个人、组织、企业及监管不力的河长进行严肃处理。石泉县饶峰镇饶峰社区支部书记村级河长陈发龙谈到：我们社区成立的护河队伍由 8 人组成，每周下河巡查一次，一月巡查四次，清理河道垃圾，发现有乱倒垃圾的，找到责任人之后，责令其自行清理，如果发现有其他重大的事情，及时向河长汇报，再由河长向上级反映，现在石泉县的生态环境已经得到了极大的改善。

此外，石泉县还深入开展了矿山开发、集中式饮用水源地、砖厂"冒黑烟"、建筑工地扬尘等 10 项生态环境保护专项整治行动，建立了环保与公、检、法等部门联合执法办案机制，启动"双随机一公开"环境监管新模式，在监管过程中随机抽取检查对象，随机选派执法检查人员，抽查情况及查处结果及时向社会公开。按照"全覆盖、零容忍、明责任、严执法、重实效"的原则，严厉打击环境违法行为。

（二）四个举措加强生态保障

目前我国生态环境形势依然严峻。环境污染和生态破坏在一些地区成为危害人体健康、制约经济发展和社会稳定的一个重要因素。我国现阶段的环境保护工程重点已从全国工业污染控制和重点城市环境污染治理转向农村生态环境整治，在农村生态环境整治工作中，财政环保资金起着不可替代的作用，财政环保资金大多采用投资补助的方式投入到环境治理中。石泉县财政局充分发挥财政职能，认真履行职责，强化资金保障，四举措助力生态环境保护工作，做到政策上扶持，项目上倾斜，资金上重点支持。

按"需"预算县级生态环保专项资金。石泉县财政局认真贯彻落实中省市生态文明思想，紧紧围绕打赢污染防治攻坚战目标，按"需"预算县级生态环保专项资金，确保县级投入达到当年上级生态功能区转移支付资金的30%以上，并逐年增长，全面助推县域生态环保工作。

向上争取资金支持生态环保。石泉县财政局充分发挥自身优势，印发《关于认真做好向上争取资金工作的通知》，积极联合相关单位，精心包装项目立项，向上争取专项资金。重点把污水处理、农业农村污染防治、生态保护与修复、大气污染防治等项目放在优先位置，利用国家环保政策，倾斜扶持，争取更多资金着力支持县域生态环境建设。

政策引领合力助推生态环保。石泉县财政局与各职能部门密切配合，形成合力，不断推动政策落地，加快生态环保项目建设。凡属生态环保建设项目征收的土地出让费用都全部用于其他重点环保建设；凡制定项目实建设施方案时，都预算一定比例的生态环境治理资金，用于生态修复。

强化资金监管为生态环保护航。石泉县财政局将生态环保专项资金管理纳入年度财政资金监督检查的重点，对项目实施、投资完成、资金绩效等情况进行专项检查。严格按照专项资金使用管理规定，按程序配合相关部门对项目建设进行管理，对已建成的项目进行工程验收，积极为生态环保工作护航，切实提高资金使用率。

（三）多措并举严惩生态犯罪

目前我国的生态安全面临着严重的威胁。多年以来我国经济的高速发展在某种程度上是以牺牲生态环境和自然资源为代价的。我国生态安全出现了很多问题。这些问题的出现是我国生态环境与自然资源利用中秩序的混乱与破坏造成的，更是与我们对破坏生态的违法犯罪打击不力直接相关。因此，在生态文明建设的法治保障方面，严格的法律与切实的执行是关键。数十年来的立法实践已经使我们在生态安全方面基本上有法可依。虽尚需完善，但在执法方面则问题更多，有法不依、执法不严、违法不究的现象屡禁不止，这与我们国家在生态执法方面缺乏一支统一、专业、高效的执法队伍有很大的关系。❶

石泉县纪委、监委紧盯生态环境保护领域违纪违规问题，不断加大监督执纪问责力度，制定下发了《2018年强化生态环境保护监督执纪问责工作安排》《关于在以秦岭生态保护为重点的环保突出问题整改中强化监督执纪问责工作的实施办法》，成立了县助力办、县委督查室、县政府督查室和环境保护主管单位协作联动机制，健全了问题线索移送、联席会议、问题线索办理等长效机制，有效增强了工作效果。除建立"信、访、网、电"四位一体举报受理平台外，构建了职能部门梳理、部门纪委（纪检组）初步研判、党风政风监督室接收分办的工作机制，督促环保、农林、水利等职能部门及时移送相关问题线索，同时，密切关注各类网络舆论场，进一步拓宽监督渠道。紧盯生态环保领域突出问题，严肃查处发现的各类问题，坚持"一案双查"，督促党委、政府及相关职能部门堵塞漏洞、建章立制、强化监管，确保问责成效。

石泉县检察院全面贯彻落实最高检关于"破坏环境资源犯罪专

---

❶ 王毅. 国家生态安全与生态犯罪惩治 [J]. 森林公安，2018（05）：12-16.

项立案监督活动"的工作部署，深入推进"两法衔接"机制的落实与完善，通过建议行政执法机关移送、监督公安机关立案，有效解决有案不移、有案不立、以罚代刑等问题，促使破坏环境资源的案件能快立、快侦、快捕、快诉、快判。

石泉县公安局紧盯"环食药"违法犯罪，突出严打整治，坚持打防并举、以打促保，严惩破坏森林和野生动物资源等生态环境领域违法犯罪。

石泉县各有关部门肩负起时代和历史赋予的维护生态安全、构建生态文明的重任，除抓好防范、搞好服务之外，还重点加大对大要案件的查处力度。通过严格执法办案，形成打击生态犯罪高压态势，努力建设人与自然和谐共生的生态文明社会，为全面建设小康社会、建设生态文明和美丽中国作出了贡献。

（四）双考机制助力生态保护

考核的最终目标是充分开发和利用每个成员的资源来提高组织绩效，石泉县双考机制便是适应刺激反应模式而采用的一种有效人力资源开发手段，即通过提高成员的绩效达到改善组织绩效的目的。

石泉县始终坚持"生态立县"战略不动摇，高度重视生态文明建设与环境保护工作，将其纳入年终综合目标考核和单项考核之中，切实把中共中央和省级环保督察反馈的问题整改、汉江保护、大气污染防治等情况作为重要考核内容，持续加强环境保护督察考核、责任追究、结果运用力度，切实将环境保护工作任务完成情况作为单位、个人评优晋升的重要依据，对未完成工作任务的单位和个人实行"一票否决"，并严肃追究相关责任。

在日常工作中，石泉县坚持每年制定下发《关于分解落实全县环境保护重点工作任务的通知》，并与全县 11 个镇和 16 个单位签订了环境保护目标责任书，进行季度点评、单项考核和年终综合考核，要求各镇、相关部门认真落实"一把手"负总责和属地管理、行业管理责任，对年终排名靠后的在年度综合目标考核中实行扣分，对发生"一票否决"的单位，不得评为优秀等级，充分发挥环保考核指挥棒作用。

石泉县还将生态环境保护及中共中央和省级环保督察反馈问题等整改工作纳入县纪委"三个助力"和县委"政治巡查"范畴，对因落实环境保护工作不力和环境问题引起群众投诉或受到"一票否决"的单位党政主要领导、分管领导和具体责任人，根据情节和责任大小，由纪检监察机关实施问责。

石泉县通过落实双考制度、重奖激励、严厉问责，进一步推动了"党政同责、一岗双责、失职追责"生态环保责任的有效落实，被评为全省"生态建设强县"。

第二节　美化乡村风貌，打造适宜人居环境

改革开放以来，我国在"三农"工作中取得了举世瞩目的成就。然而，在社会主义现代化建设的进程中，农村人居环境恶化，改善农村人居环境成为实现乡村振兴必须解决的难点和重点问题。实现到 2020 年全面建成小康社会的目标要求更凸显了农村人居环境整治的紧迫性；当前生活污水、生活垃圾、厕所卫生以及村容村貌的现状，则表明了农村人居环境整治的艰巨性。党的十九大报告提出要实施乡村振兴战略，着力解决突出环境问题，开展农村人居环境整治行动❶。2019 年中央一号文件《中共中央国务院关于坚持农业

---

❶　于法稳. 乡村振兴战略下农村人居环境整治 [J]. 中国特色社会主义研究, 2019（02）: 80-85.

农村优先发展做好"三农"工作的若干意见》再次提出，要抓好农村人居环境整治三年行动，全面开展以农村垃圾治理、污水治理、"厕所革命"和村容村貌提升为重点的农村人居环境整治，确保到2020年实现农村人居环境阶段性明显改善，村庄环境基本干净整洁有序，农村居住环境与健康意识普遍增强。

（一）环境卫生整治助力乡村振兴

农村人居环境整治需要各种社会群体的广泛参与，但村民始终是农村人居环境整治的主体。要调动村民的积极性，使其主体地位得到充分发挥，就必须建立有效的参与机制，调动村民参与热情。为此，应采取相应措施，以喜闻乐见的方式广泛宣传农村人居环境质量对村民身体健康的影响，提高村民对农村人居环境重要性的认知水平，在此过程中培养其责任意识与参与意识，进而推动其生活方式的转变，使其积极、主动、全面参与农村人居环境整治的全过程。在推动农村人居环境整治中，应采取有效措施并配以相应机制，充分调动广大村民的积极性，使得他们真正成为主体。与此同时，应明确农村人居环境整治中政府及其职能部门和企业的功能定位，一方面避免"越俎代庖"，另一方面防止推卸责任❶。

农村生态环境整治要注重生活垃圾处理。垃圾处理是改善农村人居环境的重要举措。2015年，"农村垃圾处理"首次被写入中央一号文件。伴随农村经济发展的快速增长，垃圾污染源和种类都不断增多，垃圾中的不可降解物越发普遍、垃圾数量明显增多。农村垃圾除小部分用作肥料外，大多数被直接扔到就近的河道、公路旁、农田里，垃圾桶的作用未充分发挥。桶内垃圾不能及时被清理、露

---

❶ 于法稳.乡村振兴战略下农村人居环境整治[J].中国特色社会主义研究,2019（02）：80-85.

天堆放，夏天蚊虫肆虐，严重影响村民生活，也给村民的身体健康带来不利影响。

村民生活水平的逐渐提高使生活污水明显增多，污水直接排入河道的现象时有发生，加之地下排水管道淤堵，导致农村污水乱排现象丛生。随着城镇化进程推进，村容村貌问题凸显。有些地方盲目撤并村庄建设集中居住区，忽视农业生产特性、庭院经济和特色景观旅游资源保护，大拆大建。另有一些村庄照搬城市办法编制规划，脱离农村实际，导致村庄整体规划混乱失调，产生村容村貌不整洁的现象。因此，重视村容规划、科学制定村容规划必不可少❶。

石泉县爱卫办在全县范围内开展村容村貌整治行动，针对部分农村环境卫生存在的"脏、乱、差"问题，石泉县爱卫办采取了"看（看环境）、听（听汇报）、访（访百姓）"的形式对部分乡镇的村容村貌整治工作进行实地督查。督促各镇村以美化环境卫生为抓手广泛开展环境综合治理，加强宣传教育，落实河（沟）长制，完善道路清扫保洁及垃圾处理办法并常态化开展工作，有效地改善农村环境卫生状况。曾溪镇高坎村的干部谈道："以前村民家的垃圾随地扔，居民环境卫生素质较差，自从开展卫生村创建后，村里添置了垃圾箱，经常性开展卫生清扫，村民也开始自觉地把垃圾扔进垃圾箱，村里越来越干净了。"石泉县爱卫办持续推进工作，探索村容村貌整治长效机制，努力夯实和扩大整治成果，不断细化城乡环境综合管理体系，健全农村生态环境管理模式，努力实现村庄面貌和城市面貌同步提升，有效解决农村"脏、乱、差"问题，改善和提高农民群众的生存环境和质量，切实提升农民群众的获得感。

---

❶ 吕建华，林琪.我国农村人居环境治理：构念、特征及路径[J].环境保护，2019，47（09）：42-46.

（二）"民生工程"助力乡村振兴

石泉县围绕实施精准脱贫、产业支撑、设施提升、生态宜居、公共服务均等化、文化引领等"民生工程",推进石泉环境保护工作,助力乡村振兴战略有序、有力、有效地落实。

实施精准脱贫工程。持续和深化"三个六"精准脱贫战略,系统抓好精准派驻、精准帮扶、精准脱贫、产业发展、资金管理、政策落实、金融支持、扶志扶智、苏陕协作、社会扶贫等重点工作,抓实"八个一批"工程,兼顾贫困户和非贫困户、贫困村与非贫困村整体发展关系,促进乡村振兴战略有效实施。

实施产业支撑工程。以发展"绿色化、休闲化、品牌化"的现代化农业为核心,统筹抓好生态旅游、富硒食品、丝绸服装等重点产业,打响农产品品牌,打造田园综合体,促进三产融合发展。坚持全域旅游战略支柱性产业地位不动摇,聚焦"四个四"重点任务,促进旅游产业由大到强,实现高质量发展。加快推进农业现代化建设,重点抓好现代农业园区提档升级;围绕"富硒""绿色"两大特色,着力打造农业品牌,注重农产品商标注册、品牌认证和"三品一标"认证工作。促进农业发展与乡村游、美丽乡村建设、工业集中区建设、移民新区(村)建设和健康养生养老产业发展相结合,加快提升农业综合效益,推进农村第一、第二、第三产业融合发展。

实施设施提升工程。把基础设施建设重点放在农村,推动城乡基础设施互联互通。加快实施县乡公路改建、建制村通畅、通村公路完善、安全生命防护、桥涵配套及危桥改造等工程。实施农村饮水安全巩固提升工程,提高农村自来水普及率和饮水卫生合格率。持续改善水利设施,加强节水农业建设,持续开展小型农田水利建设和流域治理,持续提升水利保障能力。加快"气化农村"工程步伐。推进新一轮农村电网改造升级，提高电力保障水平。实施数字乡村战略，实现宽带到村全覆盖，消除移动通信网络盲区，弥合城乡数字鸿沟。提升气象为农服务能力，加强农村防灾减灾救灾能力建设。实施农村康居工程，打造一批新型农村社区，建设和谐美丽乡村。建立健全农村公共基础设施管护养护长效机制。

实施生态宜居工程。抓好移民搬迁小区的功能配套，加快消除农村各类危房，加大农村面源污染治理力度，建立健全长效管护机制，不断改善农村人居环境。持续开展生态修复，加强生态流域综合治理和天然林保护，积极构建以城、镇、村为点，以城乡道路、沟、河两岸为线，以汉江、公路直观坡面为面的生态网络体系，森林覆盖率提高到80%。认真落实河长制、湖长制，管好江、河、湖、溪、沟。积极开展土地整治、荒地复垦、污损土地修复、山体乱开乱挖乱采治理等工程，加强农村环境监管能力建设，落实县、镇两级农村环境保护主体责任。

实施公共服务均等化工程。以办好人民满意的教育为目的，强化硬件，提升软件，优化管理，推动教育事业发展。以健康石泉为抓手，围绕"服务优、成本低、保障好"的目标，加快推进医疗集团改革（县镇村一体化），重点抓好县级医院和村级卫生室（社区服务中心）能力建设和内部管理工作，在人才引进、设施改善、经费保障上给予倾斜支持，建立覆盖城乡居民的基本医疗卫生制度。完善城乡居民基本养老保险制度，鼓励参保人员提高缴费标准，适时适度提高养老金待遇水平。创新多元化照料服务模式。健全农村留守儿童和妇女、老年人以及困境儿童关爱服务体系。加强和改善农村残疾人服务。统筹推进城乡社会救助体系，加强农村低保与扶贫开发政策衔接，确保农村低保标准动态、稳定高于扶贫标准，做到应保尽保、应兜尽兜。

实施文化引领工程。大力弘扬和践行社会主义核心价值观，培育"石泉精神"。深入推进以"六进六治六立"工程为载体的新民风建设，实现道德评议、移风易俗、一约四会、文明创建等全覆盖，提升县域文明水平。将生态环境保护融入各类文明创建行动中，以百姓喜闻乐见的文化活动形式引导居民提升环保意识，把环保思想贯穿到村民日常生活中。

实施农村基层社会治理创新工程。探索健全自治、法治、德治相结合的乡村治理体系。坚持基层群众自治制度，进一步完善党务、政务等各项事务公开制度，充分保障群众的知情权、参与权、表达权、监督权，发挥村两委的积极作用，引领村民保护生态环境热情。建立道德激励约束机制，引导村民在环境保护中自我管理、自我教育、自我服务、自我提高、干群融洽。认真落实社会综合治理责任制，扎实开展环境保护普法教育，推进法治化建设，深入开展打击环境犯罪专项行动，持续推进环保石泉建设，不断增强群众满意度。

（三）"生态 + 旅游"助力乡村振兴

石泉县自然环境优越，汉江穿城而过，水资源丰富，县域内已开发建设燕翔洞、中坝峡谷两个 4A 级景区，明清古街、子午银滩两个 3A 级景区，后柳水乡、云雾仙山、雁山瀑布等景区正在开发建设。

生态是石泉的立县之本，是石泉的发展之基。作为国家重点生态功能区和国家"南水北调"中线工程重要的水源涵养区，石泉县委县政府按照"绿水青山就是金山银山"的思路，将生态环境保护作为重中之重来抓，切实履行环境保护职责，加大农村环境综合整治力度。投资建成后柳镇污水处理厂、中坝村污水处理站后，加快完善污水管网建设。石泉县环保局积极加强汉江水质保护工作，全面提升水质污染防治智能化管理水平，率先建成安康市第一个汉江水质保护工作站，不断提高水质保护的主动性和针对性。工作站是集漂浮物打捞、环境应急、一级水源地保护和多个水质断面监控等功能于一体的监控平台，进一步丰富了"智慧汉江"内容，为水质保护和水质安全工作提供了科学依据。建成杨柳水保生态清洁示范园，该示范园以"治理农村面源污染、保护水源地水质、发展生态清洁产业、建设美丽乡村"为核心，建成以"生态清洁、产业示范、休闲旅游、科普教育"为主题的城郊型水土保持生态清洁示范园。示范园内樱桃、茶树、池塘、耕田、湿地等层叠有序，"水从高处一层层流下来，每一层都经过土壤和植被的过滤，基本上都能实现自身'净化'"。净化过的水最终达到二类地表水标准后排放至汉江支流饶峰河。这为石泉县生态环境保护提供了经验，是一次成功的探索。

石泉县坚持创新发展模式，将优质的生态资源与旅游有效地结合在一起，整体提高县域旅游的品质品位。在后柳中坝作坊小镇，磨豆腐、打草鞋、蒸杆杆酒、土法榨油等传统工艺都落户这里，在发扬传统工艺文化的同时，也为当地村民创造增收；在石泉古城，两排望不到头的古建筑可以让人看到数百年前古城的繁华，吸引大量游客前来体验。

第三节　塑造文化品牌，打造深厚人文气息

习近平总书记在文艺工作座谈会上强调："我们要善于把弘扬优秀传统文化和发展现实文化有机统一、紧密结合起来，在继承中发展，在发展中继承。"石泉县深入挖掘本地文化资源，将传统文化与发展相结合，既传承了文化又使经济得到发展。

（一）金蚕文化品牌

根据史料记载和文物考证，石泉县兴桑养蚕历史悠久，早在西汉时期，石泉就是蚕桑丝绸生产的重要产区和丝绸外贸商品出口基地，已成为闻名天下的"蚕桑之乡"。历史上，石泉县境内子午古道和西域丝绸之路相通相连，通过这条秦岭南北相通的古道，将石泉及汉江流域的蚕丝等物品源源不断地运往长安，再从长安经丝绸之路，直达西欧等国家。现如今，石泉依然是西北地区蚕桑大县。全县现有桑园面积 7.3 万亩，其中优质桑园 5 万亩，养蚕农户近万户。蚕桑丝绸现已经初步形成产、供、销、工、农、贸一条龙的产业化格局，展现出了良好的经济效益、生态效益和社会效益。2018 年 8 月，"石泉蚕丝"获批国家地理标志保护产品。

石泉县按照"文化引领、融合发展"的思路，借助国家"一带一路"建设发展契机，大力开发"鎏金铜蚕"历史文化资源，着力打造"金蚕之乡"文化品牌，充分利用地域禀赋资源，研发蚕桑富硒系列特色产品，加快推进蚕桑、文化、旅游深度融合发展步伐。精心打造的以养蚕坊、蚕桑文化室、缫丝织造坊、鎏金蚕丝绸馆、蚕桑博物馆为主体的"石泉蚕桑文化园"，目前已经成为蚕桑产业的标志性人文景观、县域旅游的特色景点。借助池河镇入选省级重点镇建设机遇，石泉县着力打造以"一园一村一街一廊"为主体的池河"金蚕"特色小镇，先后建成了大阳现代蚕桑产业示范园、五爱蚕桑旅游村，同时还在积极规划建设池河蚕桑丝绸文化一条街和蚕桑产业绿色长廊。

石泉县加快推进"石泉蚕丝"地理标志产品保护开发和蚕桑产业知名品牌创建，努力把"石泉蚕桑养殖系统"申报为国家重要农业文化遗产。县政府坚持定期举办"开蚕门"等文化旅游活动，大力弘扬蚕桑丝绸文化；依托旅游景区，结合美丽乡村建设，以发展蚕桑产业大户、蚕桑家庭农场、蚕桑园区、蚕家乐为载体，建设生态观光、桑葚采摘、养蚕体验和蚕桑美食等休闲体验旅游基地。

石泉县还与陕西师范大学、西北农林科技大学深度合作，共同建立了金蚕文化研究和教学实践基地，定期组织专家学者到石泉县开展文化调研、文物考察、学术研讨等活动，开展旅游开发和文化产品研发等工作，共同申报实施相关文化科研项目，助推以金蚕文化为主的丝路文化研究成果转化，不断壮大石泉蚕桑丝绸文化旅游产业。

（二）鬼谷子文化品牌

鬼谷子是中国历史文化名人，与先秦时期的老子、孔子、孟子等诸子齐名，是伟大的思想家、谋略家、教育家。在我国"九流十家"中创立了纵横术，被尊奉为纵横家的始祖。

石泉县政府为挖掘鬼谷子文化内涵，提升文化旅游要素，推进鬼谷子文化品牌建设，于 2003 年 8 月联合先秦史学会召开了全国首届石泉鬼谷子文化学术研讨会，参会专家学者在实地考察和论证研究的基础上得出"石泉是鬼谷子文化重要发祥地"这一权威结论，使鬼谷子文化研究工作进入一个新的阶段。石泉县通过邀请专家学者召开研讨会的方式，推动鬼谷子文化品牌建设。石泉鬼谷子文化研究会共召开大型学术研讨会 9 次，编著出版《石泉鬼谷子文化研究文集》等专著 6 部，创办了《石泉鬼谷子文化研究会会刊》，撰写学术论文 100 余篇，部分学术论文在《先秦史研究动态》等国家、省级刊物及有关网站上发表。文化旅游项目申报和招商取得初步成果。2005 年 1 月，云雾山鬼谷岭通过国家林业局批准，正式成为国家级森林公园，使鬼谷岭成为石泉县最高端、最具开发前景的精品旅游储备项目。2011 年 12 月，按照国家 5A 级景区标准打造的云雾山鬼谷岭国家森林公园旅游项目正式开工建设，景区的交通、通信、电力等基础设施建设得到进一步完善。2012年4月和10月分别组织开展的两次大的旅游战役宣传活动取得明显成效，让更多的外界人知晓了"秦巴水乡、石泉十美"宣传品牌和"中国智慧之都——云雾鬼谷""鬼谷故里——中国石泉"。借助宣传文化品牌，石泉县鬼谷文化旅游蓬勃发展，为石泉县经济增添新动能。

（三）美食文化品牌

加快提升石泉县饮食文化，是创建国家全域旅游示范县、推进全域旅游发展的内在要求。县委县政府提出旅游提档升级"七大工程"，其中就包括对饮食餐饮业的提升。将"石泉美食"特色品牌的打造列为石泉县旅游重要工作。

石泉县成立"石泉美食"协会组织，在石泉职教中心探索开办石泉美食长期培训班，培养石泉美食自己的厨师队伍，研究并编制形成石泉美食之菜系菜谱体系和统一规范。制定打造"石泉美食"特色品牌实施方案，在加快建设星级酒店的同时，大力推进石泉美食进宾馆、进酒店，逐步用石泉美食体系替换现有五花八门风格迥异的石泉菜，打造石泉特有风味，形成石泉美食风格。每年开展石泉美食厨师大赛及石泉美食之庖汤会、坝坝宴等传统民俗美食文化活动，尤其是对推陈出新创新石泉菜品的优秀厨师进行表彰和奖励，激励推广和打造石泉美食，丰富和发展石泉美食菜系。通过各类有效的节庆活动扩大石泉美食影响力，培育带动形成一批石泉美食精品厨师队伍，不断推出和培育石泉美食之精品美食菜系。注重加强市场监管，在打造"四十双百"示范店的同时，积极引导和鼓励从事餐饮店面的市场主体打造美食精品特色菜，不搞大而全，重抓小而精，甚至鼓励和支持以一盘菜为招牌菜来支撑店面的美食做法。

同时，加强店面人员餐饮服务培训，严厉打击市场短斤少两、用地沟油等不诚信不安全等违规违法行为，指导提升店面就餐接待环境，以提升硬件支撑石泉县美食业发展。

第四节 培育优良民德，打造淳朴民风氛围

2018年3月，习近平总书记在参加十三届全国人大一次会议山东代表团审议时谈道："要推动乡村文化振兴，加强农村思想道德建设和公共文化建设，以社会主义核心价值观为引领，深入挖掘优秀传统农耕文化蕴含的思想观念、人文精神、道德规范，培育挖掘乡土文化人才，弘扬主旋律和社会正气，培育文明乡风、良好家风、淳朴民风，改善农民精神风貌，提高乡村社会文明程度，焕发乡村文明新气象。"习近平总书记的讲话体现了党和国家领导人对于民心民风的重视以及要大力营造全社会至善氛围的决心。全社会范围内广泛的认同感是民心的基础，民风则体现为社会中人与人之间互动关系的总体表现❶。

（一）培育文明乡风

乡风是维系中华民族文化基因的重要纽带，农耕文明是中华民族对人类文明的重要贡献，是乡风文明的根和魂。农耕文明孕育了内敛式自给自足的生活方式、文化传统、农政思想、乡村管理制度等，与现代提倡的和谐、环保、低碳等理念十分契合。乡村文化建设要重视培育乡风文明，引导农民在思想观念、道德规范、知识水平、素质修养、行为操守等方面继承和弘扬农耕文化的优良传统，把社会主义核心价值观融入农村社会发展的各个方面，转化为农民的情

---

❶ 赵玉平.""善治"社会民风建设的基本逻辑 [J]. 重庆社会科学,2016（12）:107-109.

感认识和行为习惯，吸收城市文化乃至其他民族文化中的积极因素，形成积极、健康、向上的社会风气和精神风貌。要重视培育乡土文化人才。乡贤文化曾是我国乡村文化发展的主要方式。新时代，要更加注重引导和培养乡贤，把德高望重的老人、心系故土的有识之士、道德模范、乡村教师、经济能人等有助于乡村治理的人，纳入到乡贤群体中来，使其成为社会稳定的维护者和乡村文化的弘扬者。

石泉县坚持以培育和践行社会主义核心价值观为主题，以繁荣和发展先进文化为引领，以"美丽乡村、文明家园"建设为载体，以实施"三项教育、三项整治、三项行动、三项创评"为抓手，广泛开展农村精神文明创建活动，取得明显成效。

三项教育提素质。即广泛开展社会主义核心价值观、法律法规、形势政策三项教育。在全县成立了 12 支宣传队，组织 11 个宣讲团，深入村组开展道德规范、政策法规、卫生健康、科学技术、文化演出"五进"农家活动 200 余场次；利用石泉港等途径，宣讲解读法律常识、农技知识、惠农政策等，受众人数超过 10 万人次；累计投入资金 300 多万元，建成社会主义核心价值观主题广场 4 个、文化墙 35 面、凡人善举榜 67 处。

三项整治优环境。县委县政府深入开展整治邪教和封建迷信、整治社会不良风气、整治生产生活环境行动。重点打击邪教和封建迷信、"五霸"、黄赌毒，查处各类案件 72 起。由县纪委牵头，在党员干部中开展婚丧嫁娶大操大办专项整治。成立了道德评议会、红白理事会、民风纠察队等群众性组织，完善村规民约。由县"三创办"牵头，全面实施生活垃圾户装袋、组收集、村转运、镇县处理的城乡一体化管理体制，推行江、河、溪、沟水流"河长制"，开展噪声、油烟、大气污染专项治理，集中整治扰乱工程建设和道路交通等违法行为，从根本上优化了县域经济社会发展的环境。

三项行动增友爱。即开展志愿服务、扶贫帮困、三留守关爱三项行动。建立了政府引导、党员带头、群众主体、城乡一体的工作机制，成立了以石泉义工联、青年志愿者服务队等为代表的14支专业志愿服务组织，深入偏远贫困村组，开展志愿服务活动200余场次，资助重病家庭、贫困大学生、留守儿童4000余人次。推行"两包两联一驻一代"制度，即领导干部包村、优秀年轻干部包户，领导干部联系党代表、人大代表、政协委员，选派科级后备干部专职驻村，优化关爱"三留守"机制和方式，使得同留守人员的联系更紧密、服务更直接、关爱更常态。

三项创评树典型。即开展文明村（社区）、星级文明户、身边好人典型培树活动。城关镇北街社区、迎丰镇梧桐寺村成功创建为省级文明村（社区），有5个村荣获市级文明和谐新家园称号。采取农户自评、群众互评、道德评议会审核的方式，全县共评选表彰十星级文明户100户；开展"我推荐、我评议身边好人"活动，涌现出"中国好人"2名，"陕西好人"4名。

（二）培育良好家风

家风是社会文明的根基，家风相汇成民风，民风相融成国风，家风好则世风正。家风是家族成员长期恪守家训、坚守家规，通过家教而形成的具有鲜明家族特征的家庭文化，是一个家族最宝贵的财产，是每个家族成员自豪感的源泉。家风是融化在我们血液里的气质，是沉淀在我们骨髓中的品格，是我们立身做人的风范和格调。好家风是好家庭的血脉，好家风成就好家庭，好家庭培育好子女，好子女建设好社会。家风纯正，雨润万物；家风一破，污秽尽来。从家出发改变社会，源清流洁，强基固本。习近平总书记指出："广大家庭都要弘扬优良家风，以千千万万家庭的好家风支撑起全社会的好风气。"中华民族历来重视门楣家风的教育和传承，讲求耕读为本，忠孝传家。新时代，我们要更加注重家庭、注重家教、注重家风，让新农村呈现新家风。

为推动新民风建设深入开展，石泉县委组织部、县委宣传部、县委老干局在全县离退休干部中开展"立家规　重家教　正家风"活动，组织引导广大离退休干部带头立家规、正家风、严家教，以厚道家风涵养新民风。

开展学习讨论，立好家规家训。在离退休党支部中，深入开展学习习近平总书记关于家庭建设的重要论述及毛泽东、周恩来等老一辈无产阶级革命家的家风家规故事，切实提高离退休干部加强家庭建设的思想自觉和行动自觉。党组织引导离退休干部结合个人实际、家庭实情，召开家庭讨论会，带头制定有自身特点、廉洁修身、廉洁齐家、积极向上的家规家训。

坚持以身作则，培育优良家风。引导离退休干部坚持立言立行，带头行家规、严家教，在家庭和睦、子女教育、勤俭持家、邻里和谐等方面做表率，带动家庭成员守家规、正家风，模范遵守社会公德、职业道德、家庭美德，着力建设和谐温馨、品德高尚、充满正气的幸福家庭。

发挥独特优势，引领社会风尚。充分发挥离退休干部在家风建设中的重要作用和独特优势，向全县老干部发出倡议，从我做起，积极参与，争做好家规的制定者、好家教的传承者和好家风的践行者，示范引领全社会形成新风正气。同时，面向全县离退休干部广泛征集优秀家规家训，通过制作牌匾、编印成册及节庆活动展示等方式，积极培育和传承好优良家风。

同时，石泉县出台精神文明建设"六个一"工程，确定以"讲国学树家风"的形式，让国学讲堂走进农家，以最朴素的语言在村民当中宣讲为什么要树家风家训践行村规民约、为什么人要修身立德、何为安身立命、如何教育子嗣传承良俗等，以农村常见的人和事例让村民领悟中国传统美德、家风门风传承的重要性。要求村和社区针对践行精神文明"六个一"过程中存在的不良风气、陋习恶俗重新编审村规民约，由村级班子牵头成立红白理事会，发起"践行村规民约，弘扬社会正气，奖评先进典型"的倡议。"讲、听、行"三结合，宣传教育与积极践行双管齐下，在全县上下掀起学传统国学、传家教美德、促社会进步的热潮，取得了良好效果。

（三）培育淳朴民风

民风指的是民间教化和习俗，即社会风气。其核心是民间风尚，即民间共同体的价值取向和行为模式，如提倡道德自觉、理性、友爱等。民风建设是中国古代政治和社会治理的优良传统，对数千年中国社会政治的有秩序运转发挥了独特作用。《管子·八观》说："入州里，观习俗，听民之所以化其上，而治乱之国可知也。"指的是通过观察地方风化，可以预测一个国家的兴衰治乱的趋势。可见，民风是社会兴衰的风向标。习近平总书记指出："实施乡村振兴战略要物质文明和精神文明一起抓，特别要注重提升农民精神风貌。"厚植淳朴民风，要加强农村公共文化建设。按照有标准、有网络、有内容、有人才的要求，健全乡村公共文化服务体系。支持农村地区优秀戏曲曲艺、民间文化等传承与发展。深入开展文化惠民活动，提供更多更好的农村公共文化产品和服务。持续推进移风易俗，弘扬时代新风，遏制大操大办、厚葬薄养、人情攀比等陈规陋习。加强农村思想道德建设，加强道德意识，培育勤勉、诚朴的生活态度，为建立优良民风厚植底蕴。

石泉县利用道德评议提升村民风貌，指导全县 161 村（社区）

全部建立了道德评议会，定期规范开展道德评议活动。利用"红黑榜"对评选出来的正、负面典型进行晾晒，对正面典型褒扬奖励、关爱扶持，对负面典型进行曝光、揭短亮丑，并落实专人帮包转化，建立和完善后进典型退出机制，着力提升道德评议的威慑力。大力开展移风易俗专项活动，坚持党员干部带头，部门上下联动，制度约束管理，加大移风易俗工作的监督执行力度，下功夫破除陈规陋习。一是党员干部带头。县文明办、县纪委联合出台了《关于倡导农村移风易俗相关规定》，引导婚事新办，倡导丧事简办，组织党员干部带头签订承诺书，积极引导群众移风易俗。二是管住相关行业。组织市场监管部门管好流动酒家、厨师、餐馆行业，建立红白喜事提前备案制度，未提前报备的视为违规操办，作为惩戒对象。各镇成立民风纠察队，每季度对各村执行移风易俗相关规定进行督促检查，确保移风易俗工作落到实处。建立健全"一约四会"，指导全县所有村（社区）修订和完善村规民约（社区公约），使村规民约更具操作性。利用村"两委"换届，对村（社区）的"四会"机构进行了调整，吸纳德高望重、敢说真话的乡贤能人进入"四会"组织。召开"四会"人员业务培训会，切实提高履职能力。积极开展各类文化活动，指导和支持全县 161 个村（社区）全部建立了文化活动场所，组建文艺社团，常态化开展各类文化活动。坚持开展"一月一主题"文化活动，组织开展了"百村千场"文艺演出活动，举办以"新民风、新时代、新生活"为主题的社团大赛，开展小戏小品大赛、"鬼谷子巡游""云雾山之春""汉江之夏""水乡之秋""鬼谷子高峰论坛"等文艺专场，每周常态化演出地域文化"丝路原点·十美石泉"大型地方精品歌舞剧，为全县 18 万人送上文化大餐和视觉盛宴。组建 12 支新民风建设宣讲团，在全县开展扶志扶智巡回宣讲，穿插演出文艺节目，寓教于乐。坚持依法治理，认真贯彻落实好"四个一"任务，即建设一批法制教育阵地，培育一批"法律明白人"，创建一批"法治示范村"，构建一张基层人民调解网，使矛盾纠纷及时化解在基层。实施一村一法律顾问制度，开展法制教育活动，调解民间矛盾纠纷，建设"民主法治示范村"。坚决铲除"黄赌毒邪"毒瘤，严查各类刑案、治安案件，严惩"五霸"、封建邪教组织，集中整治"算命、看风水"摊点，群众的法治意识得到明显提升。

第六章

以健康治理为理念夯实全民生活保障

《"健康中国 2030"规划纲要》是世界上第一个健康领域 15 年的长期国家规划，"将健康融入所有政策"也是世界上第一个由国家元首提出并领导实施的健康事业发展的核心工作方针，充分体现了中国制度、文化的特点和优势。陕西省安康市石泉县属秦巴山区深度贫困县，地理位置偏僻，经济发展滞后，交通条件落后，看病就医也非常不便。此外，教育水平的落后也造成当地居民的文化水平普遍较低，甚至还存在不少的文盲，这也造成很多贫困地区居民难以树立良好健康的生活观念，为医疗卫生知识的传播造成了很大的阻碍。在贫困与健康问题相互交织的情况下，石泉县聚焦健康扶贫，以健康治理为理念，紧紧围绕"健康石泉"建设，努力解决贫困地区"因病致贫、因病返贫"问题，为实现"健康石泉"打下了良好基础。

第一节　病有所医：以健康扶贫补齐健康事业短板

习近平总书记强调，"十三五"时期是我们确定的全面建成小康社会的时间节点，全面建成小康社会最艰巨最繁重的任务在农村，特别是在贫困地区。各级党委和政府要把握时间节点，努力补齐短板，科学谋划好"十三五"时期扶贫开发工作，确保贫困人口到 2020 年如期脱贫。扶贫工作，事关千万人民的福祉，更关系到 2020 年能否全面建成小康社会的目标，因此，当下要"看真贫、扶真贫、真扶贫"，找对"穷根"，明确靶向，努力打好脱贫攻坚战。健康扶贫不仅是一场消除贫困的战役，更是一次造福人民的伟大创举，其意义不仅在于帮助群众摆脱贫困，更在于健康扶贫存在的长效机制具备很强的长效性，能够持续地释放健康红利。

健康扶贫政策不仅是一种扶贫政策，而且在帮助群众摆脱贫困后，仍会长期存在，即其具有很强的长效性，可以长期造福百姓。一方面，该政策可以防止脱贫群众因病返贫，巩固脱贫成果的作用；另一方面，健康扶贫政策具有重要的长期存在价值。健康扶贫不仅仅是脱贫的方式，更是提高人民健康水平的重要抓手，其自身作用及所带来的积极影响具有很强的长效性，将会源源不断地释放健康红利，造福百姓。

石泉县以习近平总书记在全国卫生与健康大会上的讲话精神为指导，以人人享有健康为目标，以健康促进"七大行动"，即健康知识普及行动、公众健康服务行动、健康饮食保障行动、全民素质健身行动、城乡环境整洁行动、健康产业促进行动、精神文明提升行动为抓手，全面提高群众健康素养、健康水平和生活质量，为实现追赶超越，建设"三宜"石泉创造可持续的良好环境。

（一）推进"控增减存"工作，助力健康扶贫

健康扶贫政策作为一种长效机制，具备很强的长效性，是实现脱贫的重要手段，能够持续地释放健康红利。伴随着目前医疗水平的提高、远程医疗的有效实现、一站式报销、报销比例的提高等一

系列措施成为现实，大大解决了群众看病难、看病贵的问题。但提高居民的疾病预防能力、控制患病人数增长才是预防群众因病致贫和因病返贫的最有效手段，也就是要从根源上破解健康问题，而不是在疾病发生后再做治疗。

做好疾病的预防与控制工作，从源头上降低群众的患病风险。一方面，可以有效提高群众的健康水平，极大地减少不必要的医疗花费与支出；另一方面，群众不生病、少生病在减少医疗痛苦的同时，还可以有更多的精力去脱贫致富，这是减少与增加之间的双倍效应，疾病防控工作的最大意义就在于此。在提高群众健康水平的同时，还能为群众脱贫致富提供最基本的保证，而这也是健康扶贫的初心与期望。

（二）实行"七大行动"，推动健康石泉建设

通过实施健康促进"七大行动"，在全县大力普及健康知识，树立健康生活理念，倡导健康生活方式，全县人民的健康意识和自我保健能力得到了明显提升，传染病、慢性病等疾病发病率进一步降低。总体来讲要实现以下几个目标，即公众健康知识普及率全面提高、公共健康服务水平不断提升、公众健康饮食得到有效保障、环境综合治理扎实推进、健康生活方式全面普及。

为提升城乡居民健康素养水平，加快石泉县建设，专门印发《健康石泉行动方案（2017—2019年）》的通知，全面提高石泉县人民健康素养、健康水平和生活质量，为脱贫攻坚奠定良好基础。

1. 开展健康知识普及行动

在深入开展健康石泉建设之前，普及扩大医疗卫生知识在民众生活中是十分有必要的，这关系到普通民众对政策的认知与支持。石泉县通过各种渠道加紧开展健康知识的普及与宣传。一方面，办

好健康宣传栏目，在县电视台、广播电台、政府信息网站等媒体以及公共场所电子显示屏、宣传栏等设立卫生健康专栏，定期刊播（登）健康知识和疾病防控方法，并开展健康教育咨询和健康教育巡讲，开展健康知识进机关、进农村（社区）、进企业、进学校、进家庭"五进"巡回宣讲活动，为群众提供健康指导；另一方面，普及健康教育课程，上好中小学校健康教育课，举办生理、心理卫生和健康行为教育知识讲座，结合实际情况开展"小手拉大手、健康一起走"等系列健康知识传播活动。同时也开辟健康教育基地，以健康社区、村庄建设为基础，开辟传染病、慢性病等疾病预防控制健康教育基地。除此之外，也会排演健康文艺节目，编排一批形式多样、群众喜闻乐见的健康教育题材文艺节目，并组织演出团队下农村、进社区巡回演出。

2. 公众健康服务行动

为提升石泉县医疗健康服务能力与水平，石泉县连续出台多项举措。其具体措施为：一是推行城乡居民"三个一"健康服务。开展体检车进村（社区）活动，为村（社区）65岁以上老人每人每年进行一次健康体检、建立一份健康档案、制订一个健康计划。二是深化医药卫生体制改革。组建两大医疗集团，建立双向转诊制度，加大医疗资源向农村倾斜力度，让村民就地就近享受更加优质便捷便宜的医疗卫生服务。三是搞好慢性患者群服务。对高血压病、糖尿病等慢性病高危人群提供有效干预服务，落实35岁以上人群首诊测血压制度。实施慢性病精细化管理，建立慢性病健康档案，对慢性病高危人群实施健康指导。四是促进妇女儿童健康服务。完善"六免一救助"政策，畅通危重孕产妇抢救绿色通道，落实国家免费孕前优生健康检查项目，实施营养改善计划。五是开展关爱弱势群体服务。完善社会养老服务体系，加强社会养老能力建设，逐步实现农村"五保"集中供养、城镇"三无"人员供养,老龄人口机构养老床位达到每千人 30 张以上。支持残疾人事业发展,创建全省残疾人脱贫示范县。六是推广健康保障卡服务。完善公共卫生、医疗服务、医疗保障、药品供应、综合管理等信息系统建设,提升健康管理信息化水平。实施新农合就医卡和村民就医卡"二保合一",为村民提供健康咨询和指导,实现诊疗服务、城乡医保、健康管理互联互通。七是开展心理干预服务。在城镇和农村社区设立心理咨询室,组建专兼职队伍,开展心理健康教育、心理咨询和辅导。

3. 健康饮食保障行动

饮食是日常生活中对健康影响最大的因素之一。石泉县在大量调研的基础上开展健康饮食保障行动,多渠道保障村民的饮食安全。其主要措施为:一是倡导科学饮食,制作科学膳食结构图、宣传画和警示标识等免费向公众发放,教育和引导村民合理搭配膳食结构,预防和控制慢性疾病。二是保障饮水安全,实施农村饮水安全工程,做好城镇水源地保护工作。健全村民饮用水质量检测机制,加强水质日常检测,保障食品安全,加强食品安全监测能力建设,建成区域性食品药品检测检验中心,强化对食品生产、流通、消费等环节的监管,建设国家绿色富硒农产品生产基地,保障村民饮食安全。三是保障药品安全,加强对药械销售、使用环节监管和不良反应(事件)报告监测,合理使用抗生素,普及宣传安全用药知识,引导居民科学、正确用药。

4. 全民素质健身行动

为提升村民的身体素质,石泉县开展全民素质健身行动。实施全民健身工程,加强健身设施建设,在全县各镇、村(社区)、休闲广场等配套修建公共健身设施;加强全民健身指导,组建社会公益体育指导员队伍,为村民提供健身指导,倡导全民健身运动；加强职工体育运动。建成杨柳体育场馆及县城游泳馆，完成县城老体育场改造，完善体育设施建设。组建壮大体育健身组织，开展体育健身和竞赛活动，推广工间操，办好职工运动会；开展健康创建活动，组织开展健康镇村、健康单位、健康之家系列创建活动，带动村民学习健康知识，增强健康意识，养成健康行为。

5. 城乡环境整洁行动

一个良好的环境是村民健康的重要支撑。近年来，石泉县大力开展城乡环境整治。目的就是营造一个环境优美，生态宜居的县域。一是在污水处理方面，加快建好各镇污水处理厂，完善配套管网，提升县镇污水处理能力，实现县城、集镇生活污水全收集；二是在垃圾处理方面，规范县城垃圾处理，完成3个区域性垃圾场和县城建筑垃圾场建设，实施生活垃圾分类管理，实现城乡生活垃圾无害化集中处理全覆盖；三是在大气噪声污染方面，开展大气污染综合整治，加大污染减排力度，加强县城规划区和重点镇禁煤限煤管理等专项整治，严控建筑工地、娱乐场所和交通噪声污染，保证空气优良天数达到每年300天以上。除此之外，还加快农村卫生厕所普及，推进农村旱改厕建设，加大三格化粪池式和水冲式卫生厕所建设，提高农村改厕普及率；持续推进背街小巷、城中村、城郊村综合整治工程。实施池河至两河国道沿线风貌整治，加大美丽乡村建设，全面提升绿化、美化、亮化、净化水平；实施全民控烟禁烟，实行公共场所和工作场所全面禁烟，对青少年学生进行禁烟干预，深入开展无烟机关、无烟学校、无烟医院、无烟餐馆创建活动；推进城镇功能配套建设，严格城镇规划管理，开展"道路提升、环境整治、缓堵保畅"专项治理，优化路网结构，严格县城划行归市管理，加大停车场改扩建力度，完成县城星级厕所改建，解决"行车难、停车难、乘车难、如厕难"等问题，建设宜居石泉。

6. 健康产业促进行动

经济发展始终是促进地区发展的基础，石泉县深知这一点，在开展健康石泉建设的过程中，对健康产业的建设与发展也是不遗余力地支持。在发展医疗卫生产业方面，出台扶持政策，鼓励民间资本办医，大力引进民间资本举办医养结合的康复医院、护理院、养老院等资源短缺专业机构，满足人民群众多层次、多元化医疗卫生服务需求；在发展健康养老产业方面，鼓励社会资本兴办高端养老服务项目，建设生态医养、健康养老示范基地，大力发展养老养生、健康医养和"互联网＋健康养老"产业。推广健康养生业，打造国家中药材健康旅游示范区和中国休闲养生基地；在发展健康餐饮产业方面，弘扬中医传统饮食养生文化，提倡绿色有机食品，拒绝垃圾食品，通过饮食调节机体健康，用食疗方法预防和治疗疾病；在发展体育健身产业方面，鼓励社会资本投资举办健身俱乐部，满足不同层次群众对体育健身的多样化需求，引导村民积极参加各类健身活动。

7. 精神文明提升行动

健康石泉建设不仅需要物质支撑，更需要精神文明建设相辅相成。近年来，石泉县开展多种形式的精神文明建设活动。首先，健全文化服务体系。完成县文化馆、图书馆搬迁工作，健全镇村文化站点，为村民提供健康向上的文化服务。其次，深化文明城市创建活动。以省级文明县城创建为抓手，建立"六个一"工作机制，即每个村（社区）建好一个宣传文化阵地、形成一套文明公约、铲除一切黄赌毒邪"毒瘤"、开展一系列志愿服务、推出一批好的家风家训、弘扬一批文明典型，建设文明石泉。最后，加强社会诚信建设。把个人信誉和各类优惠政策、各项限制性措施挂钩，建立守信联合激励和失信联合惩戒制度，促进市场主体依法诚信经营，维护市场正常秩序，营造诚信社会环境。

七大行动的实施使健康知识得到了普及，提高了居民的健康素养，促使居民尽可能地养成良好健康的生活方式。同时，卫生环境也得到了改善，为居民创造了一个安居乐业、生态宜居的良好生活环境。进行大规模的农村厕所改造，在改善居民居住环境的同时，也降低了传染病的发病风险。最后，公共体育设施的普及，有效地解决了缺乏健身器材的问题，为民众健康水平的提高提供了必要条件和保证。

有效提升了村民的健康素养。通过积极组建健康扶贫文艺宣传小分队，将医疗卫生健康知识融入当地的民歌文化，以老百姓喜闻乐见的方式传播给广大村民。除了演出，还开展个体化健康教育、健康讲座、公众咨询等。居民在观看演出和讲座的过程中，不仅学习到了先进的医疗卫生健康知识，提高了自身的健康素养，还在潜移默化中提升了自己的综合素质，为当地农村的精神文明建设增添了新的动力。

农村的卫生环境得到有效改善。通过加大农村厕所改建力度，减少农户自筹资金比例，最大限度地消除旱厕。过去农村的旱厕比例比较大，容易滋生细菌和疾病的传播，不仅影响村民的生活环境，而且农村的村容村貌也受到了不利的影响。在不断加大对贫困地区农村厕所改建投入的情况下，农村的旱厕正在逐步减少，卫生环境得到了前所未有的改善。

有效地解决了民众健身需求的问题。在过去，由于缺乏健身场所和相应的健身器材，民众的健身需求难以得到有效满足。在"七大行动"的帮助下，老百姓的健身需求得到了有效的满足。在锻炼身体的同时，也增强了自身抵御疾病的能力，大大降低了贫困地区的疾病发生率。

有效保证了贫困地区的饮食安全，降低了村民的患病风险。随着人们生活水平的提高，人们对于饮食健康也越来越重视。但反观层出不穷的饮食安全问题，着实令人担忧。石泉县在多个相关部门的共同努力下，市场监管越来越严格，村民的饮食安全水平得到了有效提高，为健康石泉作出了应有的贡献。

第二节　深化医改：体制改革打造健康事业新形态

没有全民健康，就没有全面小康。保障全民健康最有效的途径就是深入推进医改。当前，医改已步入深水区，到了"啃硬骨头"的攻坚期，要求卫生健康系统以逢山开路的闯劲、滴水穿石的韧劲和"钉钉子精神"，坚定不移地将医改进行下去，坚持在发展中保障改善民生，不断取得病有所医新突破。全面推进医改，事关个人身心健康，事关家庭幸福，是群众感受最直接、最敏感的领域，也是社会改革最复杂、最困难的领域。镇卫生健康系统坚持站在全局的高度，以坚强有力的改革举措，为加快推动高水平开放、高质量发展创造全民健康的和谐环境。

安康市石泉县地处安康西部，总面积 1525m²，辖 11 个镇，140 个行政村，21 个城市居民社区，总人口 18.2 万人，是国家级贫困县。为深入贯彻中省市医疗卫生体制综合改革部署，全面提升县域医疗卫生服务能力，石泉县以推进健康石泉建设为引领，按照"政府办、政府管，公益性、保基本，全覆盖、全贯通，提质量、优服务，建机制、严监管"的基本原则，建立了县、镇、村三级体制合理、机制灵活、功能完善、规范高效、服务优质的医共体结构，以"县级医院为龙头，镇卫生院为枢纽，村卫生服务中心为网底"，完善县域医疗卫生服务体系，打造了分工明确、责任共担、资源共享、优势互补的一体化医疗服务网，破除政策"壁垒"及学科发展的短板，切实解决了基层医疗机构服务功能弱化、能力不足的问题，构建了独具一格的"石泉模式"，切实解决了基层群众看病难、看病贵等问题。

（一）攻坚克难，解决医改难题

围绕"医疗机构中对县级医院吃不了，镇卫生院吃不饱，基层医疗机构看不了病；老百姓看病难、看病贵、不满意；患者无序就医导致合作医疗基金压力增大"的三大问题，石泉县在县镇村医疗服务一体化的基础上，以城乡居民医保（新农合）基金为杠杆，组建县医院和县中医医院两大医疗集团，打造紧密型县域共同体。一是管理共同体。将全县 11 个镇划分为两片，分别由县医院、县中医医院医疗集团管辖，卫生计生行政部门将人财物事权全部交由两大医疗集团分别管理，集团组建一体化办公室，将乡镇卫生院、村卫生室作为县级医院的内设科室对待管理，形成紧密型医共体。二是服务共同体。在集团内把原来分散在县、镇、村三级的基本医疗、公共卫生、计划生育、健康扶贫等职能梳理整合，统一规范管理和实施，重点落实全日制医师坐诊、专家查房等，建成远程会诊系统，实施服务包干、责任包干、检查检验结果互认、服务上下联动。三是责任共同体。明确集团内县、镇、村三级医疗机构的病种目录、县级医院下转病种、康复期下转病种等，并明确在收治目录内的病种不得随意外转，严格考核，强化责任，促使县级优质医疗资源下沉，提升镇村医疗卫生机构的诊疗服务水平，为群众提供优质高效的医疗卫生服务。四是利益共同体。实施"按人头总额预付"的支付方式，将城乡居民医保资金（新农合）提取风险金后，按人头总额预付给两大医疗集团，实行超支不补、结余留用，由集团合理分配并自主使用。此外，通过加快推进人事薪酬制度改革，加强全县 11 所镇中心卫生院、150 所村卫生室规范化建设；通过政府购买、职称晋升挂钩、科室包抓卫生院等形式解决基层医疗服务实用性人才问题，解决人才下不去、留不住、用不上的问题，特别是在薪酬待遇、职业发展等方面都建立加强了制度安排，从而真正做到强基层，续分级、促发展，质量高。

石泉县医共体工作的运行覆盖整个石泉县及周边地区，形成了"医共体"医疗服务网，按照医疗机构规划技术全面平衡的标准化，石泉县医共体根据患者的病情及各医院的优势科室按需转诊，不限制患者的就诊自由选择权，保障患者的生命健康；通过新农合、大病保险和民政医疗救助机构信息系统对接，优化住院报销流程、简化手续，建立"一站式"服务工作机制，按照"保险在先、救助在后"的原则，新农合参合患者在县域内住院时，完成合作医疗报销后，符合城乡居民大病保险、民政医疗救助标准的，各类医保政策顺次衔接、同步结算，并在协议医疗机构实行"一站式"报销结算服务；成立集团远程会诊服务中心，启动了分级诊疗、双向转诊的就医模式，在医疗行业方面加大引进人才、医德医风培养，全面提升了基层医疗卫生技术服务能力，让医疗卫生服务"多跑路"，基层百姓群众就医"少跑路"，切实缓解了基层群众以往看病贵、看病难、看不好病的问题，提高了县、镇、村三级医疗技术水平和服务能力，为基层群众的生命安全提供了有效的救治保障，切实提高了群众对医疗卫生服务的获得感。

通过一系列医疗体制改革，一方面，区域内医疗服务能力全面提升。通过市内外三级医院的技术帮扶和远程会诊系统的支撑，县级医院危重病人抢救成功率大幅提高，截至 2017 年年底可治疗病种516种；乡镇卫生院可治疗病种达103种，增加35种。农村（社区）卫生服务中心门诊量大幅提升，县域内就诊率接近90%，镇卫生院年门诊量12万人次，初步形成了"小病首诊在基层、大病诊治不出县、康复治疗回基层"的良性就医格局。

另一方面，群众就医体验得到明显改善。通过改善医疗服务，提升镇村诊疗能力、推行县域内医保报销"一站式"结算服务、绩效分配改革等措施，不断方便群众就医，切实增加一线医疗技术人员合理收入，群众和医务人员的满意度进一步双提高，医患矛盾纠纷逐年下降。

县域内医疗费用不合理增长得到有效控制。通过支付方式改革、加强绩效考核管理，使城乡居民医保（新农合）基金由"医院收入"变为"医院成本"，引导医疗机构加强自我管理，主动规范医疗行为，主动做好疾病预防控制工作，遏制医疗费用不合理增长，确保广大村民得到更多实惠。

（二）便民利民，打造医改石泉新模式

为加快实现"石泉人尽可能不到外地看病""服务优、成本低、保障好""进院如进家、见医如见亲"的医改目标，石泉县扎实推进医共体内资源、业务、管理的深度融合，在保障当地医改工作健康有序发展的同时，也积累了宝贵的经验。

1. 建立集团化管理

石泉县将全县卫生院划归县医院、县中医医院两大集团管理，建立集团决策机制和人员聘用、岗位管理等规章制度，健全责任、考核、奖惩机制，形成集团内各项事务一体化管理格局。

2. 提供便民化服务

建立"321"人才下沉机制、推行一体化诊疗、实施集团分院建设，提升农村卫生院基层诊疗能力和水平，让群众在家门口就能

享受二级医疗机构服务，让医生和技术多跑路、群众少跑路，真正实现群众就医优质、便民。

3. 实现技术设备现代化

石泉县开展网上诊疗、网上挂号、网上支付、网上询诊、结果查询等就医在线服务，建成县、镇、村（服务中心）三级区域远程心电、影像、视频系统，通过信息化带动技术下沉。

按照"质量优、不落后"原则，制定医技设备配置长远规划，财政按30%予以预算补助。建设县域医学检验中心，实行检查结果互认，扩大可诊疗病种，满足群众就医需求。

4. 降低民众医疗负担

严格规范医务人员诊疗行为，推行临床路径管理，采取处方负面清单管理，减少不合理检验、检查，控制医疗费用不合理增长，降低群众就医费用支出。

5. 建立健全医疗纠纷调解机制

建立院内调解、人民调解、司法调解有机结合的医疗纠纷调解机制，依法加强医疗市场和行医监管，完善集团内部安全防范体系，医疗服务环境进一步优化。

第三节　残有所养：健全救助体系推动残疾人脱贫

2018年9月，中国残联第七次代表大会在北京隆重召开。习近平总书记等党和国家领导人出席大会开幕式，国务院副总理韩正受习近平总书记委托，代表党中央、国务院向大会致词，高度评价了过去五年残疾人事业取得的巨大成就，系统概括了推动新时代残疾人事业发展的"五个必须"，对决胜全面建成小康社会、开启新时代残疾人事业新征程提出了明确要求。解决好残疾人脱贫解困问题，关系到整个脱贫攻坚大局。全面建成小康社会，一个都不能少，要确保农村贫困残疾人如期脱贫。持续深入学习贯彻习近平总书记关于扶贫工作的重要论述，进一步提高政治站位，全面准确把握党中央、国务院和省委省政府对新时代残疾人工作提出的新目标、新任务和新要求，持续深化对残疾人群体特性、残疾人脱贫攻坚任务、残疾人脱贫攻坚存在问题的认识，进一步增强责任感、使命感、紧迫感，不断完善和落实残疾人脱贫攻坚工作的措施，坚持精准方略，实施好扶贫助残三年行动计划，坚决打赢打好残疾人脱贫攻坚战，在决胜全面建成小康社会、完成第一个百年目标的进程中，为残疾人创造更加美好的生活。

贫困残疾人是脱贫难度最大的一部分群体，如何让这一弱势群体在脱贫攻坚战役中不掉队、共小康，石泉县在精准扶贫、精准脱贫过程中，始终把残疾人脱贫作为解决深度贫困问题的重要举措，以创建全省残疾人脱贫示范县为契机，坚持"输血"与"造血"并重，保障与扶持并举，使 1628 名贫困残疾人走出了贫困线，让越来越多的残疾人过上了幸福而有尊严的生活。

（一）坚持"四个结合"，确立残疾人脱贫思想指导

脱贫难，残疾人脱贫更难。由于残疾人受身体条件的影响，自身发展能力较弱，是脱贫人口中贫困程度和脱贫难度最大的群体，也是脱贫攻坚工作最大的难点。为此石泉县结合残疾人的实际情况，针对性地制定了当地残疾人脱贫的方案，将人民群众的利益放在一切工作的首位，给当地的残疾人带来了幸福感和获得感，也为进一步打赢脱贫攻坚战注入了强大的希望和信心。

一是坚持政府主导与社会参与相结合。以政府为主导，充分运用公共财力扶持残疾人脱贫，积极鼓励社会资本、民间资本投入残

疾人脱贫攻坚。二是坚持保障兜底与扶持发展相结合。对贫困残疾家庭进行精准识别、精准分类，符合条件的按程序纳入兜底保障，需要扶持发展的一户一法、精准施策。三是坚持普惠政策与特惠政策相结合。在用足针对贫困户普惠性政策的基础上，考虑残疾人扶贫试点工作的需要，用足用活特惠政策。四是坚持试点示范与整体推进相结合。积极探索残疾人脱贫工作措施和长效机制，通过以点带面、点面结合的方式，整体推进全县残疾人脱贫步伐，为全省残疾人脱贫提供经验。

（二）做到"四个清楚"，明确残疾人脱贫的工作思路与方法

一是思路清楚。明确脱贫攻坚"三个六"总体思路，即突出对象精准、分类精准、措施精准、项目资金使用精准、派人包抓精准、脱贫精准的"六个精准"要求，实施扶持"三业"脱贫一批、移民搬迁脱贫一批、教育脱贫一批、医疗脱贫一批、生态政策补偿脱贫一批、兜底脱贫一批的"六个一批"脱贫工程，健全一村一个扶贫工作队、一村捆绑一批资金项目、一户一名干部包抓、一户一验收销号、一套信息系统监测管理、一套严格的督考奖惩的"六个一"工作机制，确保全县贫困残疾人与全县人民一起迈进小康社会。

二是底子清楚。结合残疾人基本服务和需求数据动态更新工作，采取自下而上、自上而下的方式，对贫困系统内的残疾人户进行逐户调查摸底，摸清家庭状况、收入来源、致贫原因等，并科学分析致贫原因，按照"产业扶持户、移民搬迁户、教育资助户、医疗救助户、政策补偿户、社保兜底户"六种贫困户类型，进行精准分类，并逐户建立档案，为精准施策提供科学依据。

三是政策清楚。将全县脱贫攻坚所涉及的医疗服务、教育培训、移民搬迁、产业扶持、社会保障等普惠性政策以及所有有关残疾人

的特惠政策逐条整理，分类归并，有机结合，确保贫困残疾人所有能享受的政策都能一条不落。

四是措施清楚。根据调查摸底的残疾人户家庭情况、残疾程度、致贫原因及个人意愿，将整理的所有脱贫优惠政策分门别类，并制定《石泉县贫困残疾人脱贫措施一览表》，针对不同致贫原因，分别将所有能够享受的扶持政策逐一罗列到每户，实行一户多策，精准施策。

（三）实施"六个一批"，结合实际工作开展残疾人脱贫

"三业"扶持脱贫一批。对有劳动力但无经营能力、缺资金的贫困残疾人口，通过实施产业扶持、创业支持、促进就业、金融扶持等途径推进"三业"发展，帮助其脱贫。产业扶持。采取产业发展奖补、股金入股参与合作经济组织以及涉农企业经营的方式，扶持贫困残疾人家庭发展种植、养殖业，每户扶持标准不少于5000元，充分发挥现有的农业产业园区、龙头企业、农民专业合作社和种植养殖大户辐射带动作用。创业支持。引导鼓励贫困残疾人家庭在特色产业、休闲农业、乡村旅游、农林产品加工、商贸服务等第一、第二、第三产业融合发展，优先安排创业担保贷款，符合条件的优先申报享受人社部门和上级残联创业补贴，并依法减免相关税费。促进就业。严格落实残疾人就业保障金征收政策，鼓励企业开发爱心工作岗位，吸纳和安置符合条件的贫困残疾人口上岗工作，招用残疾人就业困难人员的企业或残疾人就业困难人员实现灵活就业的可申请社会保险补贴。

移民搬迁脱贫一批。对因自然条件恶劣，居住地域偏僻，交通不便的贫困残疾人口，采取移民搬迁摆脱贫困。在移民搬迁名额分配上，对符合政策条件的残疾人户优先考虑。对符合移民搬迁条件入住的贫困残疾人户，按照分散安置户、集中安置独栋独户、集中

上楼安置三种类型，分别给予 3 万元、4 万元、5 万元的补助，县农商行对确定的搬迁对象提供不低于 3 万元的建（购）房贷款支持，对无能力搬迁的贫困残疾人无房户、危房户，通过危房改造改善居住条件，通过"交钥匙"工程为其免费提供住房。

教育培训脱贫一批。继续大力实行学前三年到高中阶段的十五年免费教育，对义务教育阶段贫困残疾人家庭寄宿生按照每生每年小学 1000 元，走读生 400 元，初中寄宿生 1250 元的标准给予生活补贴；对高中生每人每年发放 2500 元助学金，对中等职业学校一、二年级在校学生每人每年发放 2000 元助学金；对中等职业学校学生，除享受国家教育资助政策外，每人再一次性给予 3000 元扶贫助学金；对考入大专、本科院校的贫困残疾大学生和贫困残疾人子女在校大学生，在享受其他助学政策的基础上，由县残联申报上级项目，分别给予 4000 元、5000 元的一次性资助；对在县内外自费参加培训的残疾人贫困家庭成员按政策规定直接给予个人培训费用补贴。

医疗康复救助脱贫一批。将重度贫困残疾人全部纳入重特大疾病救助范围，政府全额出资参加新型合作医疗。参加合作医疗贫困残疾人在镇（中心）卫生院和一级医疗卫生机构住院不设起付线，合规费用全部纳入报销范围；对农村参合慢性病患者报销封顶线提高 20%；新农合大病保险起付线在现基础上降低 50%。将贫困精神病患者服药治疗和贫困精神病患者住院治疗等医疗康复项目纳入城镇职工医疗保险、城镇居民基本医疗保险和新农合保障范围，贫困人口中的重症精神障碍患者，到具有资质的专科医疗机构就诊，住院、门诊费用实行全报销。全县各级各类医疗机构均设置扶贫床位，免收床位费、诊查费、注射费等费用，切实减轻贫困残疾人口医疗负担。

生态政策补偿脱贫一批。深入实施新一轮退耕还林、天然林保护、防护林建设、坡耕地综合治理等重点生态工程，提高贫困残疾人口参与度和受益水平。充分利用生态效益补偿资金和天然林管护专项资金，各镇在安排护林员等生态保护人员时，优先安排有劳动能力的贫困残疾人担任，每人每年支付3000元管护工资；完善生态补偿转移支付机制，从生态补偿转移支付资金中安排一定比例用于脱贫攻坚，增加贫困残疾人户政策性收入。同时大力引导支持有劳动能力的贫困残疾人发展特色经济林产业，加快发展林下经济，积极推广林果、林菌等复合经营模式，增加贫困残疾人收入。

社会保障兜底脱贫一批。对无劳动能力的贫困残疾人口实行社保兜底，将建档立卡贫困户家庭中生活困难、靠家庭、父母或兄弟姐妹供养且无法单独立户的成年无业重度残疾人，按照单人户纳入最低生活保障范围；在全面落实残疾人生活补贴和护理补贴现有政策的基础上，实行生活补贴提标扩面，生活补贴范围为所有建档立卡和享受低保政策的贫困残疾人，18周岁以下（不含18周岁）每人每月提高至120元，18周岁以上每人每月提高至80元。

（四）做到"四个强化"，健全残疾人脱贫制度扶持

强化组织保障。成立了由县委书记、县长任组长，县委副书记、县政府分管副县长任副组长，县政府残工委成员单位为成员的石泉县残疾人脱贫示范县建设工作领导小组，领导小组办公室设在县残联，具体负责日常工作。同时，县脱贫攻坚指挥部成立11个督考组，每个督考组由1名县级领导任组长，常年驻镇开展工作，特别是对贫困残疾人户脱贫攻坚工作进行重点督查。

强化资金保障。坚持政府主导、上级支持、部门配合、社会参与的原则，将全县各级各类扶贫项目资金重点倾斜残疾人脱贫对象，县委县政府专题研究解决残疾人生活补贴提标扩面、扶持产业发展所需资金，并积极协调筹措资金，确保所需资金有效落实。加强与

社会及民间组织的协调，建立鼓励引导社会各界参与残疾人脱贫攻坚工作机制，形成全社会参与残疾人脱贫攻坚的合力。

强化人力保障。结合县委开展的"包联驻代"活动，大力开展党员干部与贫困残疾人结对帮扶，与县委组织部共同制定并印发了《石泉县农村基层党组织助残脱贫实施方案》，全县2000余名党员、干部与贫困残疾人户结成帮扶对子，签订帮扶责任书，有针对性组织实施了畜牧养殖、黄花菜种植、蚕桑发展等技术培训，并抽调一批产业技术指导员，为残疾人发展产业提供技术支持。

强化舆论保障。充分利用报刊、电视和微信平台等媒体，大力弘扬人道主义思想和残疾人"平等、参与、共享"的现代文化理念，充分发挥夏江波、成姣两名残奥世界冠军的名人效应，广泛宣传残疾人坚韧不拔、自强不息的励志精神，大力宣传各级各部门和社会各界扶残助残的先进典型，努力营造全社会理解、尊重、关心、帮助残疾人的良好氛围。

第四节　残能自养：提升劳动技能发展残疾人事业

党的十八大以来，习近平总书记对促进残疾人和残疾人事业发展提出了一系列明确要求，深刻阐述了新时代残疾人事业发展的价值理念、地位作用、目标方向、重要任务和责任要求，科学回答了新时代怎样认识残疾人、怎样发展残疾人事业以及怎样做好残疾人工作等重大问题。2018年9月14日，中央政治局常委、国务院副总理韩正同志受习近平总书记委托，代表党中央、国务院在中国残联第七次全国代表大会上致词，从"必须坚持树立正确的价值理念、必须坚守弱有所扶的原则立场、必须完成决胜小康的关键任务、必须促进残疾人全面发展和共同富裕及必须把推进残疾人事业当作分内责任"五个方面高度概括了习近平总书记关于残疾人事业的重要论述。由此可见，促进残疾人的全面发展与共同富裕已成为当前党和国家工作的重要方面。贫困残疾人是脱贫难度较大的一部分群体，如何让这一弱势群体在脱贫攻坚战役中不掉队、共小康，是当下脱贫的重点与难点所在。石泉县在精准扶贫、精准脱贫过程中，始终把残疾人脱贫作为解决深度贫困问题的重要举措，以创建全省残疾人脱贫示范县为契机，坚持"输血"与"造血"并重，保障与扶持并举，使1628名贫困残疾人走出了贫困线，让越来越多的残疾人过上了幸福而有尊严的生活。

（一）综合施策促脱贫

通过"合作社＋基地＋残疾人"的模式带动贫困残疾人发展产业，建设各类扶贫基地20多家，年辐射带动400余户贫困残疾人发展养殖、种植产业，通过签订协议保障残疾人年收入不低于4000元，贫困残疾人实现稳定增收。国平养殖公司是省级扶贫基地，通过每年向50名贫困残疾人免费发放2头仔猪，免费提供养殖技术的指导和疾病预防培训，以高于市场价5%回收，残疾人仅此一项就增加年收入4000元以上。

加大残疾人产业奖补和贷款贴息力度，贫困残疾人产业奖补政策实现全覆盖，只要残疾人发展产业达到一定规模，县财政就给予资金奖补，激励贫困残疾人积极主动发展产业脱贫；已为550余户残疾人家庭畜牧养殖、特色种植、自主创业等产业发展贷款1598万元提供贴息91万元，为残疾人发展提供了资金的保障。迎丰镇香炉沟村汪功友夫妻俩都是残疾人，发展产业愿望强烈但缺乏资金，2018年通过5万元政府贴息贷款和残联产业发展奖补资金购买了30只山羊，种植了10亩魔芋，7.5亩粮食作物，养蚕2张，养猪1

头，养鸡 20 只，从贫困户走向了富裕户，成为自强模范。

采取"支部＋能人＋基地＋合作社＋残疾人"的发展模式，让重度残疾人实现"资源变资产、资金变股金、农民变股民"，残疾人通过贴息贷款、土地流转等形式入股进企业、进基地、进合作社，获得长期稳定分红。350 余名重度残疾人通过各类形式入股取得年收益 3500 元以上。盛禾牧业有限公司从 2019 年开始以残疾人带资入社的形式发展养牛产业，贫困残疾人以资金入股购买 1 ～ 2 头母牛，通过与公司签订代管协议统一养殖，一年周期后生产的牛犊进行销售或公司高于市场价 5% 回收，36 名重度残疾人在公司获得股金分红 16.2 万元，当年完成脱贫目标。

大力开展残疾人技能培训，培训残疾人 1500 余人次，选送 56 名贫困残疾人外出参加技能培训，自身"造血"功能得到明显增强。熨斗镇高兴村一级视力残疾人张守学，县残联选送他参加了免费盲人按摩培训，2019 年 7 月自己开了一家按摩店，彻底摆脱贫困。按比例安排残疾人就业 200 余人，公益性岗位安排残疾人就业 52 人，贫困残疾人担任护林员 36 名，每年向每人支付 6000 元管护工资。

同时，石泉县积极探索建立"三变"模式，使残疾人通过贴息贷款、土地流转、现有资产等形式入股进企业、进基地、进合作社发展产业获得长期稳定分红。

（二）残疾人脱贫的后续做法

1. 推进贫困残疾人脱贫示范县建设

在工作机制上坚持做到"四个结合"，即坚持政府主导与社会参与相结合、坚持保障兜底与扶持发展相结合、坚持普惠政策与特惠政策相结合、坚持残疾人扶贫示范基地建设与整体推进相结合；在方法上做到"四个清楚"，即思路清楚、底子清楚、政策清楚、措施清楚；在措施上，按照全县脱贫攻坚总体要求，大力实施"六个一批"工程，即产业项目扶持脱贫一批、移民搬迁脱贫一批、教育就业创业脱贫一批、康复救助脱贫一批、政策补偿脱贫一批、社会保障兜底脱贫一批；在工作保障上坚持做到"四个强化"，即强化组织保障、强化资金保障、强化人力保障、强化舆论保障。

2. 突出抓好残疾人康复服务

按照"人人享有康复服务"的目标，继续组织开展辅具适配、精神病救助、贫困重度残疾人集中托养、居家托养、无障碍改造等重点康复项目，做好0～6岁残疾儿童及贫困残疾人精准康复家庭医生签约服务工作及镇、村残疾人康复室建设等工作。

3. 持续抓好教育就业创业

全面落实残疾人就业保障金征收工作，发挥政府、残联、社会、市场、残疾人个体多方面积极性，统筹协调和整合各种资源促进残疾人就业、个体创业和灵活居家就业。坚持"扶志"与"扶智"相结合，依托残疾人培训示范基地、各镇残联、各扶贫基地、就业基地，开展大规模残疾人职业技能和实用技术培训，灵活培训内容和培训方式，转变思想观念，引导残疾人自立自强、自主创业，逐步形成"以创业带动就业，先富帮助后富"的局面。抓好两项工作：一是健全完善组织服务体系。以全面提高服务水平、不断扩大服务覆盖面为目标，继续加强基层残疾人服务组织建设，充分发挥镇、村两级残疾人专职委员作用，建强残疾人工作者队伍。二是强化舆论保障。大力宣传残疾人产业发展先进典型，形成良好的社会舆论，以点带面引导残疾人自力更生、脱贫致富。

第七章

以乡村振兴为方向实现贫困有效治理

自脱贫攻坚战打响以来，石泉县委县政府认真贯彻中央精准扶贫重大决策部署和习近平总书记扶贫论述重要精神，把脱贫攻坚当作第一政治任务，第一民生工程，创新探索了"三个六"脱贫攻坚战略，按照"严、实、精、高"工作要求，以"五个完善、一个主攻、五个提升"为着力点，统筹推进脱贫攻坚工作，取得较好成效。截至2019年年底，全县累计脱贫贫困人口12953户36673人，脱贫人口占建档立卡总人口的98.63%。但是随着脱贫攻坚深入推进，工作难度逐渐增加的同时，返贫风险也在逐渐提高。石泉县全县2017年和2018年累计返贫户共73户208人，占同期脱贫人口的2.9%。

高质量的脱贫攻坚实现了以脱贫攻坚统揽经济社会发展全局的目标，为推进乡村振兴打下了坚实基础，实现了脱贫攻坚和乡村振兴的有效衔接。本章首先将介绍在脱贫攻坚取得决定性进展，逐步迈入"后脱贫时代"的背景下，石泉县围绕乡村振兴战略所构建的"五位一体"精准脱贫防返贫长效机制。然后立足于对当地脱贫攻坚的系统把握，挖掘、梳理、提炼乡村振兴背景下实现贫困有效治理的"石泉经验"，剖析其所蕴含的重大时代价值和理论意义。最后将立足于石泉县的成功实践和相关政策与观点，讨论贫困有效治理对接乡村振兴的实现条件与路径。

第一节 聚焦乡村振兴，构建"五位一体"防返贫长效机制

习近平总书记多次强调"防止返贫和继续攻坚同样重要"，随着脱贫攻坚战取得决定性进展，众多贫困地区顺利脱贫，进入"后脱贫时代"，如何确保脱贫质量，预防返贫的长效机制，从而实现对返贫风险的"预防式"治理重要性日益加强。基于对扶贫经验的系统总结和返贫现象的综合研判，贯彻乡村振兴战略和 2019 年中央一号文件相关要求，石泉县深入总结了脱贫户返贫的风险根源并建立了预防返贫的"五位一体"长效机制，实现了对返贫风险的"预防式治理"。

（一）综合研判，深入反思"后脱贫时代"致返贫风险

基于对目前实际情况、脱贫攻坚结束后的情况变化以及可能出现问题的综合研判，石泉县对"后脱贫时代"可能会导致返贫的各类风险进行了深入的梳理与总结。经过分析，会导致返贫现象的主要风险共有以下五类。

1. 思想风险

导致返贫现象产生的最根本风险是"思想风险"，即当打赢脱贫攻坚战，脱贫攻坚不再被当作第一政治任务和第一民生工程时，贫困问题是否还能获得足够重视？如果在退出贫困县后，政府坚持纯发展主义的思路，忽视贫困问题，把各类可能导致返贫的问题置于"视野之外"，就有可能出现严重的返贫现象，让一些群体"重回社会底层"。

2. 健康风险

"健康风险"是指因为重大疾病导致家庭失去主要收入来源并承担巨大医疗负担而重返贫困的风险，还包括因意外事故致残以及因自然衰老失去劳动能力而陷入贫困的风险。这类风险不仅是目前出现返贫现象的最主要原因，也必然是打赢脱贫攻坚战后最主要的返贫风险，如果不能有效实现现代化的健康治理，会导致严重的因健康问题返贫的现象产生。

3. 市场风险

脱贫攻坚进程中，培育、发展了大量的第一、第二、第三产业，这些产业是实现贫困户脱贫致富的重要抓手。而这些产业是否稳定，是否长效，能否在市场竞争中长期保持乃至不断壮大，很大程度上影响着脱贫能否做到稳健长效。如果脱离政策支持和干部帮扶，贫困户无法独立应对市场风险与挑战，造成产业发展的失败，变会重返贫困陷阱。

4. 资源风险

在脱贫攻坚进程中，大量帮扶资金、帮扶干部投入其中，特别是连片深度贫困地区在各类政策与项目倾斜中获得大量帮扶资源，这些资源正是实现贫困地区脱贫的重要支撑。打赢脱贫攻坚战，进入"后脱贫时代"，就意味着无法再统筹相当体量的人力、物力资源应对有可能发生的贫困问题，在这种情况下继续实现有力的贫困预防与治理就成为巨大的挑战。

5. 制度风险

在脱贫攻坚的实践中，各地探索了诸多实现贫困治理的好制度。这些制度是实现长效稳定脱贫与预防返贫的重要保障。2019年中央一号文件也指出，要"坚持和推广脱贫攻坚中的好经验好做法好路子"。那么这些制度能否得到很好的坚持？是否会随着脱贫攻坚战的结束而终止？如果这些制度不能得到坚持，那么攫取发展资源，忽视群众利益等现象就会在未来的社会发展中"死灰复燃"，破坏脱贫攻坚成果，造成更大返贫风险。

（二）深惟重虑，系统谋划"后脱贫时代"防返贫机制

习近平总书记强调要"增强'造血'功能，建立健全稳定脱贫长效机制，坚决制止扶贫工作中的形式主义"。通过对"后脱贫时代"致返贫风险的综合研判，并结合乡村振兴战略要求和2019年《中共中央国务院关于坚持农业农村优先发展做好"三农"工作的若干意见》，石泉县系统谋划，在综合脱贫攻坚成效与经验的基础上，探索构建"返贫监测预警＋产业就业'三有'＋大病防治保障＋兜底保障＋责任保障"的"五位一体"巩固脱贫攻坚成果长效机制，在实现精准脱贫的同时，做到对返贫现象的有效预防。

1. 时刻保持高度重视，建立返贫监测预警

石泉县提高政治站位，强化干部思想，要求全县干部对贫困治理艰巨性、持续性、复杂性形成深刻认识，强调对已脱贫的贫困户仍要给予足够关注；并且在整县脱贫后仍然要把预防与应对贫困问题作为关键政治任务和重要民生工程看待，继续保持预防贫困的积极主动性和解决贫困问题的信心决心。为此，石泉县探索建立了防止返贫预警机制。一方面，完善扶贫对象动态管理机制，通过收集掌握贫困户返贫风险，综合预警研判，对各种原因返贫的按程序及时纳入，并建立返贫户措施保障清单，及时对应返贫原因，做到"落实扶贫政策，落实帮扶措施，落实帮扶责任主体"，通过政策叠加和差异化帮扶措施的办法，实现对返贫户的有效干预，做到应扶尽扶。另一方面，建立对已脱贫边缘群体和"档外"贫困边缘群体的动态监测机制，重点关注"档外"低保户、残疾人、独居老人、居

住土坯房者、无劳动能力者、大病患者和遭受意外灾害的特殊困难家庭，针对突发的生活性、急难性家庭困难，加大临时救助力度，及时解决困难，防止突发事件、意外伤害等各类原因造成返贫和新致贫现象发生。

2. 培养自我发展能力，实现产业就业"三有"

2019年中央一号文件强调要"巩固和扩大脱贫攻坚成果"，并专门提出要"注重发展长效扶贫产业，着力解决产销脱节、风险保障不足等问题"。不断实现脱贫产业的发展壮大是提升贫困户自我发展能力，提高脱贫质量，有效减低返贫风险的重要依托；是达到长效稳定脱贫，并推进乡村振兴，全面实现农业强、农村美、农民富的重要举措。为此在产业发展"三带三扶三长效"❶的基础上，石泉县专门研究出台了《石泉县产业就业精准脱贫"三有"实施方案》，以持续提升贫困户自我发展能力和脱贫村综合实力，推进全县全面小康建设。

"村村有集体经济"。石泉县整合资金，为每个村集体组织注资不少于100万元，以74个贫困村为重点，逐村建立机构健全、产权明晰、管理规范的村级集体经济组织。通过构建适应市场经济的村级集体经济组织形式、发展模式、推进方式，提升贫困村在市场中抵御风险和自我发展的能力，完善农村基本经营制度，引领群众走共同富裕之路。根据方案，石泉县将在2019年全面消除贫困村中集体经济"空壳村"，2020年实现所有贫困村、非贫困村都有稳定集体经济收入，2021年实现全县所有行政村集体经济组织每年收入不低于15万元。

"户户有长效产业"。以全县3440户有劳动力的贫困户为重点，

---

❶ "三带三扶二长效"产业扶贫模式。即能人产业带动、乡村旅游带动、产业园区带动，扶能人、扶企业、扶贫困户，长效产业、长期就业、长远增收。

石泉县结合全县产业发展规划，因户施策落实蚕桑、黄花等周期三年以上的第一产业，农家乐等发展相对稳定的第二、三产业，具备产业发展基础设施条件、技术保障和稳定销售渠道，能够连续经营三年以上且效益可持续的产业，以及嵌入经营主体产业发展链条，利益联结机制紧密的产业。通过持续深入推进"能人兴村"，❶培育"不走的扶贫工作队"，建立产业发展与自主就业实际收入绩效挂钩的奖补制度等举措，石泉县将到 2019 年年底实现有劳动力的贫困户每户至少发展 1 项稳定增收的长效产业，100% 落实产销对接渠道；2020 年年底 70% 的户长效产业产生收益，产业收入水平不低于当年脱贫标准；2021 年年底前所有户的长效产业都产生稳定收益，占到家庭年收入的 50% 以上。

"人人有稳定就业"。石泉县以全县 8403 名有劳动力的建档立卡贫困人口为重点，通过公益性岗位安置、企业吸纳、有组织劳务输出等方式，实现人人有稳定就业，保证合同三年以上且稳定持续，居家兼职就业月人均收入不低于 600 元，县域内全日制务工工资标准不低于 1380 元 / 月，外出务工工资不低于当地最低工资标准。力争到 2019 年年底实现有就业意愿贫困人口全部就业；2020 年年底实现所有稳定就业贫困人口收入不低于全县农村居民人均可支配收入水平；2021 年实现 45 岁以下贫困劳动力全部具备初级以上技能资质，人均收入不低于全县城镇居民人均可支配收入水平。

---

❶ 能人兴村战略。针对农村人才工作短板和贫困户内生动力不足等突出问题，按照思想有境界、投资有实力、经营有能力和致富能帮带、新民风能引领、治理能出力的"三有三能"标准，通过本土培育、分类施策、加大扶持、搭建平台等方式，引导能人创办 100 个农业产业化龙头企业，创办 100 个示范化农业合作社，兴办 100 个家庭农场，培育 1000 个产业人户，培养 1000 名技术能手，培育 10000 名职业农民，吸纳 100 名能人进村级班子。

（三）健康扶贫对接医改，落实大病防治保障

为更好破解群众健康问题，满足群众健康需求，着力减少因健康问题导致的返贫与新致贫现象，石泉县积极构建大病防治保障，推进健康治理现代化。

扎实推进健康扶贫，实现健康保障长效化。完善贫困人口医疗保障政策体系，确保贫困人口100%参加城乡居民基本医疗保险和大病保险，对参保报销后自付费用仍有困难的患者，加大医疗救助和其他保障政策的帮扶力度。石泉县全面落实农村贫困人口县域内定点医疗机构住院治疗先诊疗后付费制度，在定点医院设立综合服务窗口，实现各项医疗保障政策"一站式"信息交换和即时结算，逐步扩大大病救治范围，全面推进贫困人口大病集中救治，做实做细慢性病签约服务，有效地降低了因病致贫返贫的风险。

深入推进医疗改革，着力健康治理现代化。通过加快解决医改深层次矛盾和问题，推进医疗机构集团化改革，构建"一体化"县镇村医疗卫生服务体系。石泉县依托建立人财物由总院统管的县总院、镇分院、区域卫生服务中心、村卫生室四级医疗体系，打造管理、服务、利益、责任、发展五位一体的医疗共同体；有效推进政府医疗保障水平不断提升，群众健康获得感和满意度不断提升，患病率不断下降，因病致贫和因病返贫率不断下降；加快促进"石泉人尽可能不到外地看病""服务优、成本低、保障好""进院如进家、见医如见亲"医改目标的实现。用医疗改革搭建起能够长效常态运行的健康保障机制，从根本上应对致贫返贫的健康风险。

（四）织密夯实补助政策，巩固农村兜底保障

为帮助脱贫户应对生活中的各种困难，确保贫困户获得稳定的

生活，石泉县积极落实各类专项补助，统筹各类保障措施；建立以社会保险、社会救助、社会福利为主体，以社会帮扶，社工助力为辅助的综合保障体系；织密生活保障安全网，巩固农村兜底保障，减轻贫困群体生活风险。

落实教育保障，避免因贫辍学、因学致贫。石泉县足额兑现教育扶贫各项补助政策，降低脱贫家庭子女就学负担；全面落实建档立卡贫困家庭学生从学前教育到高等教育资助，特别是分类制定落实义务教育控辍保学措施，确保贫困家庭学生有学上、上得起。同时还积极发挥职业教育培训平台作用，提高脱贫家庭劳动力和学生创业就业能力。

落实残疾救助，保障残疾人口生活水平。石泉县健全残疾人社会救助体系，将符合条件的残疾人家庭纳入最低生活保障或特困人员救助供养范围；加强对贫困残疾人居住环境的改善，将建档立卡贫困残疾人免费纳入政府保障性住房范围；针对残疾人面对的额外生活压力和特殊生活需求，全面落实残疾人生活补贴和护理补贴制度，有效解决因残致贫和因残返贫问题。

落实生态补偿，运用资源优势稳定收入。石泉县充分发挥林大面广的自然资源优势，积极落实生态补偿，通过深入实施天然林保护、退耕还林和林业产业发展、生态护林员选聘等重点生态工程，进一步实现脱贫户的稳定收入。

落实社保兜底，建好群众生活最后防线。石泉县充分发挥民政社会救助在打赢脱贫攻坚战中的兜底保障作用，落实好民政救助各项政策，为完全丧失劳动能力和部分丧失劳动能力且无法依靠产业就业帮扶脱贫的贫困人口提供兜底保障，确保所有特殊困难群体的生活水平。

（五）压实不同主体责任，构建全面责任保障

提升脱贫质量，预防返贫现象还要落实责任保障。为实现脱贫与预防返贫中不同主体都能积极参与，主动担责，石泉县压实不同主体的具体责任，通过建立各类长效机制，构建"人人对自己负责、公民对社会负责、两委对村民负责、政府对群众负责"的责任保障体系。

建立贫困群众素质提升机制，做到人人对自己负责。石泉县坚持把扶贫同扶志、扶智有机结合，以新民风建设"六进六治六立"❶工程为抓手，实现"七个全覆盖"。❷定期开展道德评议，积极树立先进典型，坚决破除陈规陋习，综合整治不良风气，引导群众形成勤劳致富、脱贫光荣的浓厚氛围，打通群众"精神脱贫"的"最后一公里"。针对各类精神贫困现象建立反向约束机制，切实解决"等、靠、要"思想，使群众提升"对自身生活与发展的责任心"，树立摆脱贫困、远离贫困的志气与信心。

建立基础设施后续管护机制，做到公民对社会负责。强化农村基础设施和公共服务是稳定脱贫的固本之举，石泉县大力实施贫困村提升工程，加强交通、水利、电力、信息化等建设，积极提升群众公民意识，引领群众参与基础设施建设与管护。通过完善公共服

---

❶ 新民风"六进六治六立"工程，即推进社会主义核心价值观"六进"，抓好突出问题"六治"，着力实现"六立"目标。"六进"即进机关、进学校、进村庄、进社区、进家庭、进企业；"六治"即整治大操大办，高额彩礼分子、铺张浪费、奢靡攀比等不良风气，整治失信、失德、失志等不文明行为，整治算命、看风水、信鬼神等封建迷信活动，整治"黄赌毒邪霸诈闹"等违法犯罪行为，整治群众身边"四风"和腐败问题，整治城乡环境面貌；"六立"即立起社会主义核心价值观之魂，立起"诚孝俭勤和"文明新风，立起尊敬守法的良好社会风尚，立起"爱我家园·保护环境"的行为自觉，立起风清气正的政治生态，立起群众身边的文明典范。

❷ "七个全覆盖"指的是道德评议全覆盖，移风易俗全覆盖，一约四会全覆盖，文明创建全覆盖，家风家训全覆盖，文化活动全覆盖，依法治理全覆盖。

务和基础设施维护管理机制，明确项目产权和管理责任，明确后续管理责任人员，确保公共基础设施长期发挥服务功能，为贫困群众稳定脱贫致富，贫困村长远发展创造条件。

建立农村管理服务提升机制，做到两委对村民负责。石泉县推进抓党建促脱贫攻坚，全面强化农村基层党组织领导核心地位，提升贫困村村级组织服务和管理能力，推进农村基层治理现代化。通过深化"支部+X+贫困户"强基工程，以村党支部为纽带，以新型农村市场经营主体"X"链接贫困群众，推动支部破难题、能人建平台、群众立精神。深化"双培双带"活动，推动返乡能人进入村两委班子，加强村两委班子培训，让每个贫困村都有一批能够带动农村发展的"技术型"干部，切实对村民负责，承担起预防返贫的责任。

加强责任帮扶督查考核机制，做到政府对群众负责。石泉县坚定不移地落实"脱贫不脱政策、脱贫不脱帮扶、脱贫不脱责任、脱贫不脱项目"，实现贫困户由"基本脱贫"到"稳定脱贫"的转变。按照"尽锐出战"的要求，石泉县夯实帮扶责任，进一步强化脱贫攻坚工作力量，深入实施帮扶干部素质提升前沿工程，确保工作力量只增不减。同时石泉县进一步发挥督导督查的利剑作用，建立督查检查结果同步向纪委监委移交制度，健全督查检查反馈问题整改回访机制。通过对帮扶责任的有力夯实和督导督查的扎实运用，保证了政府干部投身脱贫攻坚，对群众负责。

面对"后脱贫时代"会导致返贫现象发生的思想风险、健康风险、市场风险、资源风险和制度风险，石泉县深惟重虑，系统谋划"后脱贫时代"防返贫机制。通过构建以"返贫监测预警+产业就业'三有'+大病防治保障+兜底保障+责任保障"为内容的"五位一体"精准脱贫防返贫长效机制，石泉县进一步扎实精准脱贫方略，提升了脱贫质量，同时做到对各类返贫风险的有效抵御，实现了对返贫风险的"预防式治理"。

第二节　乡村振兴背景下实现贫困有效治理的"石泉经验"

习近平总书记指出"在脱贫攻坚实践中，各地区探索了很多好经验好做法"。安康市石泉县属秦巴山区集中连片贫困地区，作为国家扶贫开发重点县和省级深度贫困县，脱贫攻坚任务多、难度大、责任重，实现高质量的脱贫是实现县域发展的重大机遇，也是能否实现乡村振兴的重要前提条件。以脱贫攻坚对接乡村振兴为指引，石泉县在"十二五"阶段"三个五"扶贫的基础上，石泉县自2016年以来，探索了以"突出'六个精准'要求、实施'六个一批'脱贫工程、建立'六个一'工作机制为核心的'三个六'精准脱贫工作法"，有效地推进了脱贫攻坚各方面工作的全面协调推进，长期处于陕西省脱贫攻坚的第一方阵。安康市石泉县在乡村振兴背景下推进脱贫攻坚的探索与实践就是一个"立得住、叫得响、推得开的先进典型"。本节将立足于对石泉县脱贫攻坚的系统把握，总结梳理乡村振兴背景下实现贫困有效治理的"石泉经验"。挖掘、梳理、提炼乡村振兴背景下推进脱贫攻坚的"石泉经验"，对于推进脱贫攻坚，提升脱贫质量，探究实现脱贫攻坚和乡村振兴的高度衔接的有效路径，乃至整体的区域经济社会发展和社会治理都具有重大的时代价值和理论意义。

（一）乡村振兴背景下实现贫困有效治理"石泉经验"的核心内涵

乡村振兴背景下实现贫困有效治理"石泉经验"的核心内涵是：在聚力脱贫攻坚、推进农业农村发展、全面建成小康社会的进程中，以乡村振兴战略要求为核心引领，以有效贫困治理为突破口；坚持制度建设为先导、人才挖掘为抓手、经济发展为动力、资源平台供给为保障、全过程精准为关键的原则，着眼脱贫攻坚的机制方法创新、整体协调推进和成果长效保持；坚持党委领导、政府主导、多方协作的多元化组织实施方式，扎实外部帮扶与激发内生动力并重，打造多层次、多途径、多主体的大扶贫格局；实现脱贫质量的显著提升。在此基础上，聚焦脱贫攻坚工作与方法的有效外扩，以脱贫攻坚推进区域产业发展、环境治理、民风治理、基层治理和健康治理，从而将贫困治理嵌入整体社会治理之中，嵌入区域经济社会发展全局之中，实现以脱贫攻坚为基点，统揽农业农村的社会与经济发展，实现高质量脱贫攻坚与乡村振兴的有效衔接。

（二）乡村振兴背景下实现贫困有效治理"石泉经验"的具体阐述

具体来讲，乡村振兴背景下实现贫困有效治理"石泉经验"主要包括以下 11 项。

1. 脱贫攻坚以乡村振兴战略为引领，实现脱贫攻坚与乡村振兴有效衔接

乡村振兴以摆脱贫困为前提，打好精准脱贫攻坚战，增强贫困群众获得感，解决乡村贫困问题本身就是乡村振兴的一部分。同时乡村振兴战略所要求的产业兴旺、生态宜居、乡风文明、治理有效、生活富裕和脱贫攻坚是有着紧密的内在联系的，在推进脱贫攻坚之中，在开展发展扶贫产业、开展农村环境整治、激发贫困群众内生动力等工作时，一定要有意识地和整体的乡村振兴联系起来，不能把乡村振兴当作脱贫攻坚之后才需要考虑的工作，要深入思考脱贫工作措施是否能够达到实现乡村振兴的要求，并以脱贫攻坚为突破

口，推进整体的农业农村发展。

2. 推进脱贫攻坚要坚持制度建设为先导

推进脱贫攻坚要坚持制度建设。最基础的是加强对中央、省市的脱贫攻坚精神、政策的深入学习贯彻，保证在县域内推进脱贫攻坚工作时有明确的方向。在贯彻上级政策精神的技术上，还要结合县域内的发展实际，制定契合县域经济社会条件和贫困状况的更为系统、更为细致、操作化更强的制度，从而更好地实现对本县脱贫攻坚工作的有序规范开展。石泉县在脱贫攻坚工作中，在"十二五"期间"三个五"扶贫制度基础上，形成了以突出"六个精准"要求、实施"六个一批"脱贫工程、建立"六个一"工作机制为核心的"三个六"精准脱贫体系架构，从而有效地保障了脱贫攻坚工作的高质量开展。

3. 推进脱贫攻坚要以人才挖掘为抓手

贫困地区持续落后的重要问题之一就是缺少能够有效带动发展的各方面人才，人才是打赢脱贫攻坚战的重要依托，在脱贫攻坚进程中要注意人才的培养与运用。石泉县依托"人才兴村"战略，让人才在产业发展、农村社区治理等各个领域发挥作用，有效推进了脱贫攻坚。

在脱贫攻坚中让人才更好地发挥作用，其一是要通过以各类政策吸引能人返乡、挖掘乡村中的各方面人才等途径找到人才。其二是要对人才分类，让人才在更适合的领域有效发挥作用。其三是注重人才作用的持续发挥，以村两委换届选举为契机，让各类人才在基层群众自治组织、党的基层组织之中更有效、更持续地发挥作用。

4. 推进脱贫攻坚要立足于实现经济发展，保障资源平台的有效供给

推进脱贫攻坚要立足于实现经济发展，要坚决抵制简单粗糙的

"输血"式扶贫，以培养贫困地区、贫困人口自我发展，持续进步的能力为目标。实现经济发展的核心就是要推进长效产业的建设与发展，通过因地制宜地选择产业发展项目，制定产业发展的系统规划，培育能起到带动作用的能人产业和龙头企业，建立保障产业长期发展、能够有效抵御市场风险的长效机制等措施，有效地保障产业的发展。同时在推动产业发展时，由于贫困地区客观条件与能力的限制，一定要保障资源和平台的有效供给，给予发展主体有力的扶持，才能让发展主体有能力、有信心参与到产业发展之中。

5. 推进脱贫攻坚要坚持精准工作法，实现全过程精准

推进脱贫攻坚过程中要坚持精准工作法，这种精准不是对某一环节的要求，而是应该作为一种理念与方法贯彻于脱贫攻坚的全过程之中。首先，要对象精准，准确地识别贫困群体，并且要对贫困群体进行精准分类，实现对贫困群体致贫原因的精准把握。其次，要措施精准，针对不同贫困人口的不同困难，采取有效的措施，特别是要实现项目资金的精准运用，避免扶贫资源的浪费。再次，派人包抓精准，针对不同镇村的不同条件、不同贫困人口的不同特点选派合适的帮扶干部。最后，实现脱贫精准，要提升脱贫进程的可视性，清晰地展现脱贫攻坚的进程与成效。

6. 推进脱贫攻坚要着眼机制方法创新和整体协调推进

推进脱贫攻坚要以改革创新为动力，立足于县域实际条件与实际问题，着力消除体制机制障碍，突破条条框框限制，敢于运用超常工作思维，勇于采取超常规工作举措，用新思路、新方法、新机制实现对贫困问题的有效解决。同时脱贫攻坚要坚持整体协调推进，脱贫攻坚是一项系统工程，包含产业发展、健康、教育等各个方面工作，要有效理顺各项工作间的关系，不能顾此失彼，不能为某一项工作的高质量完成牺牲其他工作，实现各方面工作的同步推进。

7. 推进脱贫攻坚要立足长效，实现成果巩固与提升

推进脱贫攻坚要立足于长效，否则将会造成严重的返贫和新致贫问题。只有培养起贫困群体和贫困地区的自我发展能力，建立起抵御健康风险、市场风险、各类自然灾害风险的保障机制，才能更好地保障脱贫攻坚的成果，尽可能地减少各类新致贫和返贫现象的产生。立足长效，一方面，要着眼于脱贫工作质量，通过提升产业竞争力、提升工作持续性等方式保障脱贫质量；另一方面，要着眼于"后脱贫时代"，石泉县"五位一体"防返贫机制的建立，就是应对"后脱贫时代"贫困问题的有效方法。

8. 推进脱贫攻坚要坚持扎实外部帮扶与激发内生动力并重

脱贫攻坚要实现外部帮扶和激发内生动力的有机结合。一方面，贫困地区贫困人口长期处于贫困状态，自身摆脱贫苦的能力和条件不足，必须通过外部的帮扶才能让贫困人口摆脱困境。另一方面，还需要激发贫困群众内生动力，通过制定完善家风家训、村规民约，设立"红黑榜"等方式推进扶贫扶志和新民风建设从而激发贫困群众摆脱贫困的信心和志气，实现从"要我脱贫"到"我要脱贫"的转化。

9. 推进脱贫攻坚要着力打造多层次、多途径、多主体的大扶贫格局

在脱贫攻坚进程中要推进大扶贫格局的建设。其一是多层次的扶贫格局，在贫困个人、贫困家庭、贫困村、贫困县的不同层次采取不同的举措，并实现不同层次在脱贫攻坚中的有机结合。其二是多途经的扶贫格局，综合运用产业扶贫、易地搬迁、教育扶贫、健康扶贫等各种手段，有效解决贫困人口面临的实际问题。其三是多主体的大扶贫格局。坚持党在脱贫攻坚工作中总揽全局协调各方的领导核心地位，实现政府、企事业单位、广大群众等不同主体的有效参与。

10.要将贫困治理嵌入整体社会治理之中，推进社会和谐发展。

在贫困治理中，必须进一步拓宽视角，"跳出贫困治理来看贫困治理"，要认识并重视有效的贫困治理对于整体社会治理与社会发展的重大意义。解决绝对贫困问题，是党和政府对人民的承诺的践行，是满足人民对美好生活的追求的重要举措，能够化解社会矛盾，弥合社会不平等，改善干群关系，并有效地提升党和政府的形象，提升人民群众进一步追求美好生活的信心和志气。因此，贫困治理一定要嵌入社会治理之中，理顺贫困治理与整体社会治理的关系，用有效的社会治理带动贫困治理，提升脱贫质量；并提取贫困治理之中的有效经验，为更好实现社会治理特别是基层治理提供经验，实现贫困治理与社会建设和社会发展的有效结合，有效联通。

11.实现脱贫攻坚方法的有效外扩，用脱贫攻坚统揽农业农村的整体发展

在脱贫攻坚进程中要实现脱贫攻坚和乡村振兴的有效衔接，就要实现脱贫攻坚工作与方法的有效外扩。如发展脱贫产业过程中，推进整体的农村集体经济发展；在扶贫扶志中，推进整体的乡村乡风文明建设，培养乡村新民风；在推进健康扶贫工作中，通过普及家庭医生签约服务，加强紧密型医共体建设，从而推进整体健康治理的革新。通过脱贫攻坚工作与方法的有效外扩，能够实现用脱贫攻坚统揽经济社会发展全局，推动整体的农业农村发展，让脱贫攻坚为乡村振兴打下坚实基础。

（三）对乡村振兴背景下实现贫困有效治理"石泉经验"的思考

1."石泉经验"的特点与先进性

（1）"跳出贫困治理看贫困治理"，实现普遍联系性

"石泉经验"坚持着普遍联系的思维，实现了脱贫攻坚与整体

社会发展及社会建设之间的有机联系。其一是理顺脱贫攻坚与农业农村事业发展间的联系，以脱贫攻坚拖动农村产业发展、乡风文明、环境治理等各项工作。其二是理顺脱贫攻坚与经济社会发展间的关系，以脱贫攻坚统揽经济社会发展全局。其三是理顺贫困治理与社会治理及社会建设间关系，以贫困治理的有效经验推进社会治理特别是基层治理。

（2）创新思路机制，挖掘地方力量

石泉经验做到了对实事求是思想的坚持，也坚持了创新理念。因地制宜发展产业，开展"能人兴村"，创新残疾人脱贫攻坚做法，多项措施推进新民风建设等，均体现了石泉在脱贫攻坚过程中的创新精神，通过创新做法，建立新的有效机制，成功激活了地方潜力，发掘了地方力量。

（3）经验高系统性、完整性

石泉经验具有很高的系统性和完整性。以"突出'六个精准'要求、实施'六个一批'脱贫工程、建立'六个一'工作机制为核心的'三个六'精准脱贫工作法"，涵盖了精准脱贫工作的各个方面和各个环节，能够有效地实现脱贫攻坚各项工作的整体协调推进，以及脱贫攻坚各个环节的有序衔接。

（4）可操作性、可复制性、可持续性强

石泉经验具有很强的可操作性、可复制性，因为石泉县脱贫攻坚举措更多的是注重激发自身活力，如通过发展全域旅游，宣传鬼谷子文化，推进蚕丝产业，有效地挖掘了县域实现脱贫攻坚的自身力量，而不是依靠过度的上级政府投入乃至包装。同时石泉县脱贫攻坚之中长效的制度与体系建设，提升了工作的连续性，且能够实现对脱贫成果的巩固和保持。

2.“石泉经验”的理论意义与现实价值

（1）凸显了马克思列宁主义和习近平新时代中国特色社会主义思想

“石泉经验”坚持“群众路线”“实事求是”，是对马克思主义、习近平新时代中国特色社会主义思想的生动实践。让贫困群众摆脱贫困，让贫困地区走上振兴，实现全面发展，实现共享全面小康，是对“实现共同富裕”的社会主义本质思想的坚定贯彻。

（2）彰显了中国共产党执政为民、人民政府服务人民的理念

石泉县委县政府积极投身于脱贫攻坚和乡村振兴工作中，攻坚克难，无私奉献，用高度的责任感、使命感撑起贫困群体对美好生活的追求。他们的探索、实践、奋斗使“石泉经验”彰显了中国共产党执政为民，人民政府服务人民的理念，凸显了党和政府带领全国人民脱贫致富、全面建成小康社会、实现农业农村现代化的决心。

（3）践行并丰富了脱贫攻坚思想与理论

在石泉县的实践中，探索了实现有效贫困治理的有效路径和系统机制，形成了实现贫困治理全面推进、扎实落地的有效先进经验。石泉县的探索与经验具有很深刻的理论含量，必然能够丰富我国脱贫攻坚的思想与理论，特别是能丰富思想基层贫困有效治理的思想与理论，成为我国扶贫开发思想体系中的一部分。

（4）践行并丰富了实现乡村振兴的思想与理论

石泉县在脱贫攻坚的实践之中，通过脱贫攻坚思想与工作的外扩，实现了脱贫攻坚、相对贫困治理与乡村振兴的有效衔接。目前我国处于乡村振兴的起步阶段，如何实现有效的乡村振兴，正需要基层结合实际，激发基层活力，探索可行方案。石泉的探索与实践找到了实现乡村振兴的有效路径，能够丰富乡村振兴的思想与理论体系。

（5）践行并丰富了实现农业农村现代化发展的思想与理论

实践证明、人民证明石泉的脱贫攻坚实践是成功的。在脱贫攻坚进程中，一批契合地方实际的有效举措推动了石泉农村产业的发展，一批集体经济有效地建立起来，为农村发展提供了经济动力。同时农村环境得到有效治理，一系列村规民约的建设有效地改善了农村民风。石泉县在脱贫攻坚中探索出推进农业农村发展的有效路径，有助于有中国特色的农业农村振兴之路的形成。

（6）推动乡村有效治理与社会和谐发展

石泉县脱贫攻坚的意义与价值并不局限于贫困治理领域，对于整体的社会治理、社会和谐发展同样具有重大意义，提升基层治理能力同样需要贫困治理的经验。石泉县脱贫攻坚实践中探索出了实现和贫困群体深入交流、改善干群关系、实现对群众有效动员的先进经验，这些经验对于社会治理和社会和谐发展同样具有很大价值。

第三节　贫困有效治理对接乡村振兴的实现条件与路径

乡村振兴是基于我国农业农村发展变化和基本矛盾而提出的重大战略，它与脱贫攻坚是密切衔接、高度统一的。我们需要树立辩证思维，正确处理好脱贫攻坚与"三农"问题、乡村振兴的内在联系。石泉脱贫攻坚的成功实践探索出了以高质量脱贫攻坚对接乡村振兴的有效路径。本节将基于石泉县成功实践和相关学者观点的综合，讨论贫困有效治理对接乡村振兴的实现条件与路径。

（一）贫困有效治理对接乡村振兴的实现条件

贫困有效治理对接乡村振兴的实现条件应该从树立契合观念、建立合适制度、注入充足资源三个方面进行把握。

1. 观念层

（1）坚持为人民服务，实现人的发展

实现有效的贫困治理是为了让贫困人口摆脱贫困，提振追求美好生活的能力与信心。乡村振兴的目的是促进农民的全面发展，振兴乡村的各项目标中，核心是让乡村居民的生活富裕起来，特别是让乡村的农业居民富裕起来。因此两者在核心目标上是高度统一的，都是要为人民服务，实现人的发展。因此要坚持以"人"为中心，统筹治理包括城乡区域、产业结构、人才分布、公共服务等资源配置不均问题，以脱贫攻坚和乡村振兴实现人的全面发展，提升人民群众获得感。

（2）坚持农业农村优先发展的新理念

2018年中央一号文件指出：在中国特色社会主义新时代，乡村是一个可以大有作为的广阔天地，迎来了难得的发展机遇。2019年中央一号文件明确提出了坚持农业农村优先发展。可以发现，农业农村发展在我国的经济社会发展全局中处于越来越重要的地位，农业农村的发展获得了前所未有的重视和前所未有的良机，因此，必须将农业竞争力提高战略纳入国民经济整体竞争力提高战略，必须将农村发展作为实现经济社会全面发展的关键路径。推进脱贫攻坚和推进乡村振兴都是实现农业农村优先发展的重要路径，必须坚持农业农村优先发展的新理念，凝心聚力推进农村贫困问题和农村发展问题的解决。

（3）提升对脱贫攻坚和乡村振兴意义的认识

习近平总书记指出，农业、农村、农民问题是关系国计民生的根本性问题，必须始终把解决好"三农"问题作为全党工作重中之重。打赢脱贫攻坚战是补齐全面建成小康社会短板的必由之路；而以乡村振兴战略统领未来国家现代化进程中的农业农村发展，是解决我国发展不平衡不充分问题、满足人民日益增长的美好生活需要的要求。因此必须要实现对于脱贫攻坚和乡村振兴重要意义的深刻认识，认识到脱贫攻坚和乡村振兴对于经济社会发展和国家发展的重大意义，以此为目标努力奋斗。

（4）注重提升脱贫质量，着眼脱贫机制长效性

实现脱贫攻坚对接乡村振兴就要关注于脱贫质量，提升脱贫攻坚的长效性，以脱贫质量为基点衔接脱贫攻坚相对贫困治理和乡村振兴。一方面要提升脱贫质量，如打造高质量的脱贫产业，从而为相对贫困治理乡村振兴打下坚实的基础。另一方面要将乡村振兴战略的思想原则、阶段任务、人才培育与脱贫攻坚有机结合，依托乡村振兴战略巩固脱贫成果，用乡村振兴作为实现脱贫成果有效保持和贫困风险预防的有效路径。石泉县"三个六"的脱贫攻坚实践的核心之一就是实现了脱贫质量的有效提升，用高质量的脱贫攻坚实现了和乡村振兴有效衔接。

（5）脱贫攻坚与乡村振兴统一于"三农"发展和全面建成小康社会之中

习近平总书记指出："当前我国社会各种利益关系十分复杂，这就要求我们善于处理局部和全局、当前和长远、重点和非重点的关系。"党的十九大报告明确提出实施乡村振兴战略，按照"产业兴旺、生态宜居、乡风文明、治理有效、生活富裕"的总要求决胜全面建成小康社会。要实现脱贫攻坚与乡村和振兴的有效衔接就要将两者统一于全面建成小康社会的实践之中，以全面建成小康社会为当下基点实现两者关系的协调理顺。

2. 制度层

（1）在脱贫攻坚政策设计中加入乡村振兴内容

乡村振兴对于脱贫攻坚有很大的促进作用。就如有学者指出乡

村振兴将会创新乡村发展理念，为扶贫工作开展提供发展理念和政策体系支撑。要在脱贫攻坚的政策设计中增添乡村振兴的内容，从而避免脱贫攻坚与乡村振兴"两张皮"的问题。石泉县在推进脱贫攻坚进程中，推进能人兴村战略，在产业扶贫中大力推进乡村旅游等长效特色产业，在扶贫扶志基础上开展整体的新民风建设，这就有效地将乡村振兴的目标融入了脱贫攻坚的政策设计之中，从而实现了在脱贫攻坚中推进乡村振兴。

（2）将脱贫攻坚有效做法纳入乡村振兴政策方案之中

脱贫攻坚亦能够利用乡村振兴机遇谋求纵深发展，同时乡村振兴同样可以借鉴脱贫攻坚的有效经验实现稳健推进。乡村振兴作为一项系统工程，人、财、物的有效统筹、高效运用，各部门各主体之间的协调联动，实现干部群众间有效的合作，这些都是在推进乡村振兴工作中所要面临的考验。而地方在脱贫攻坚的实践中，对于这些问题积累了较为丰富的经验和教训，因此要在推进乡村振兴工作中，充分吸取脱贫攻坚的经验教训，将脱贫攻坚中的有效做法纳入乡村振兴的政策方案中去，从而让乡村振兴工作的实施更为高效、扎实、有序。

（3）在脱贫攻坚制度设计中实现长效机制的建设

精准扶贫要发挥持续反贫困的功能，就需要具备一套长效机制。精准扶贫的长效机制是针对那种将精准扶贫"狭义化"或"短期行为化"而采取的策略，其实质上就是系统化的制度创新和制度建设，要实现脱贫攻坚对接乡村振兴，就需要在脱贫攻坚的制度设计时着眼于长效机制建设，只有提升脱贫攻坚的长效性，建立能够长效运作的工作机制，从而提升脱贫攻坚的质量和工作的长效性，实现脱贫攻坚成果的有效保持和不断发展。石泉县在脱贫攻坚工作中，注重脱贫工作的长效性，建立了包括"一村一个扶贫工作队""一村捆绑一批资金项目""一户一名干部包抓""一套信息系统监测管理"等在内的系统的"六个一"长效工作机制，从而有效地提升了脱贫质量，提升了脱贫工作的长效性，有利于工作成果的有效保持。

3. 资源层

（1）培养、挖掘、吸纳兴村人才

习近平总书记指出，"乡村振兴要靠人才，靠资源，要把人力资本开发放在首要位置，强化乡村振兴的人才支撑"，其中非常关键的一环是如何给予人才平台，让人才有效发挥作用。乡村振兴需要人才支撑，需要有效地解决农村人才流失的问题。石泉县在脱贫攻坚中着眼于乡村人才的挖掘，通过"能人兴村"挖掘、吸引了产业型能人、乡贤型能人等各类乡村能人，并通过"能人 + 基地 + 农户"、吸收能人进入村两委等途径，为能人找到了发挥作用的有效平台。在脱贫攻坚实践中培养、挖掘、吸纳人才，能够为乡村振兴打下基础，为乡村振兴工作的开展提供人才保障。

（2）加强资金投入与有效运用

2019年中央一号文件要求，建立健全实施乡村振兴战略财政投入保障制度，公共财政更大力度向"三农"倾斜，确保财政投入与乡村振兴目标任务相适应。在脱贫攻坚中，大量的扶贫资金注入贫困地区，随着乡村振兴的推进，更多的资金会注入农村地区。因此要在脱贫攻坚和乡村振兴实践中，加强资金的有效运用，保障资金的安全运行，提升资金的使用效益，在资金使用中达到"一石多鸟"的目标。

（3）实现资源向乡村聚集

有学者倡导应构建起能够促进产业转型升级、美丽乡村建设、产城融合等经济社会协调发展的机制，促进资源向乡村聚集。有效地推进脱贫攻坚和乡村振兴，就需要解决乡村发展资源短缺的问题，

打破长期存在的城乡二元体制所造成的城乡不平等，把更多的发展资源注入农村，从而为乡村发展提供支撑和动力。

（二）贫困有效治理对接乡村振兴的实现路径

党的十九大提出实施乡村振兴战略，并写入党章，这在我国"三农"发展进程中具有划时代的里程碑意义。"乡村振兴战略"的提出将为我国解决千万贫困人口的贫困问题、实现农业农村现代化提供长久的政策支持，也对我国的精准扶贫工作提出了更高的要求。要做到贫困治理有效对接乡村振兴，有以下的实现路径。

1. 整体机制

（1）党的领导机制

乡村振兴战略具有系统性。乡村振兴战略是针对乡村全面发展和城乡关系重构提出的总体规划，是农业农村发展全领域的总体部署和中国特色社会主义现代化经济体系的重要战略，在战略目标、战略内容和战略实施主体等方面均具有显著的系统性。要实现这一系统工作的扎实推进，就要有效的党的引导作用。办好农村的事情，实现乡村振兴，关键在党。必须切实提高党把方向、谋大局、定政策、促改革的能力和定力，确保党始终总揽全局、协调各方，提高新时代党领导农村工作的能力和水平。石泉县在推进脱贫攻坚中，坚持"党委领导、政府主导"，夯实党政一把手"第一责任人"职责，出台《创新和加强村级党组织建设意见》《村级党员"五有五能"目标管理办法》等制度，有效的在脱贫攻坚中发挥了党的领导作用，为乡村振兴累积了强大、高素质的党员队伍。

（2）农民主体地位有效实现机制

有学者指出，从实际出发允许和鼓励基层大胆探索，调动亿万农民的积极性、主动性、创造性、乡村振兴就会有坚实的群众基础。

在推进脱贫攻坚进程中要坚持农民主体地位，提升贫困人口积极性和主动性，有效发挥农民的主体作用，这样才能够有效地为乡村振兴中调动亿万农民积极性主动性打下坚实的基础。在脱贫攻坚中要充分了解群众需求，充分考虑群众想法，充分运用群众的智慧，实现政府和群众之间的有效合作，从而让群众更好地发挥自身的能力去追求美好生活，更积极有效地投身于农业农村发展之中。

（3）多元参与与多级联动机制

脱贫攻坚和乡村振兴都需要政府、群众、社会组织等多元主体的参与，需要县、镇、村多级的协调联动。理顺多方、多层之间的关系，实现多方与多层之间关系的有效协调、形成合力对于脱贫攻坚和乡村振兴能否实现预期目标具有关键的影响。在脱贫攻坚实践中，要探索建立契合地方实际的多方主体有效参与、多级协调联动的实现机制。如专项扶贫工作中，对口行业部门牵头、其他相关行业部门落实责任，社会有效运用自身资源和优势发挥作用；县、镇、村三级管理者与行业从业者在移民搬迁、健康扶贫等工作中的有效配合。从而为乡村振兴中的多元主体参与和多级联动打好基础。

（4）经验整理创新与外扩机制

有学者指出新时代乡村振兴战略的有效实施，需要强化改革手段和措施，破除体制机制障碍，激发农村要素活力。破除体制机制障碍，强化改革就需要加强创新并且对创新实践中的成功经验进行及时的梳理提炼，而脱贫攻坚正是开展创新实践的重要平台。在脱贫攻坚进程中，要注重改革创新，激发地方的积极性和创造力，提升地方活力。石泉县正是在脱贫攻坚实践中积极创新，探索了众多推进工作的好经验好方法。在创新探索的基础上，需要将这些经验方法及时梳理总结，形成合适、规范的制度，并且将这些方法从贫困治理领域进行适当外扩，推演到整个乡村治理或者基层治理中，从而推进整体的农业农村发展。

（5）长效巩固与风险防范机制

脱贫攻坚要注重提升脱贫成果的长效性，建立长效的脱贫与防返贫机制。同时实施乡村振兴战略也具有长期性，贯穿于基本实现社会主义现代化进而建成社会主义现代化强国战略目标的整个过程。因此实现脱贫攻坚对接乡村振兴必须要着眼于长效巩固和风险防范机制的有效建立，通过规范、稳定的机制建设，有效地避免脱贫攻坚与乡村振兴进程中的各类风险，实现所获得成果的不断巩固和发展。

（6）动员约束机制

推进贫困治理对接乡村振兴，要建立起有效的动员机制和有力的约束机制。一方面，强调动员，一是对政府干部的动员，二是对各类社会组织力量的动员，三是对广大农村社会成员的动员，保证各方的力量得到有效发挥，保证积极参与者能够得到及时的奖励表彰。另一方面，强调约束，保证各类资金、各类资源的安全，使其得到合规、高效的运用，加强对于腐败和违纪问题的督查惩戒，严厉打击各类违法犯罪问题，坚决抵制"等、靠、要"等不正之风在农村的出现和蔓延。

（7）基层提升机制

实现脱贫攻坚对接乡村振兴，就要有效地提升基层组织能力，建立有效的基层提升机制。习近平总书记强调，"做好扶贫开发工作，基层是基础"，在脱贫攻坚的进程中，"要把扶贫开发和基层组织建设有机结合起来"。在贫困治理进程中加强基层组织建设要以全面提升基层党组织组织力为重点，以组织建设、人员队伍建设、运行环境和保障建设为核心内容；以在内部进行提升与激发、从外部注入人员和资源为实现途径，从而推动脱贫攻坚与基层组织建设的深度融合与发展。只有在脱贫攻坚中让基层能力得到提升，才能为乡村振兴打下扎实的基层基础。

（8）嵌入机制

推进脱贫攻坚对接乡村振兴，要建立起脱贫攻坚与乡村社会生活的普遍联系，建立起贫困治理深度融入社会生活与社会发展的嵌入机制。一是要让贫困治理嵌入社会生活之中，在日常生活中解决健康问题。二是要让贫困治理嵌入社会治理之中，坚持贫困治理作为一项农村公共事务，在贫困治理中有效运用社会治理的技术手段，并且实现贫困治理和社会治理的有效衔接。三是要让贫困治理嵌入社会发展之中，让贫困治理与推进整体的社会发展与社会建设紧密联系起来。只有实现贫困治理嵌入社会生活与社会发展，才能让贫困治理有效地衔接整体的农业农村发展，衔接乡村振兴。

2. 具体路径

（1）打赢脱贫攻坚战补齐乡村振兴短板

打赢脱贫攻坚战是实施乡村振兴战略第一步的底线要求，不能让贫困问题给乡村振兴的开门红泼冷水，更不能让贫困问题给未来的乡村振兴拖后腿。缓解相对贫困是乡村振兴战略的内在要求，为适应这一形势发展需要，我国贫困治理迫切需要实现以可持续脱贫为导向的贫困治理战略转型。要自觉将精准扶贫置于实施乡村振兴战略中统筹考虑，扶贫攻坚战略推进力度和实施效果，必将影响乡村振兴战略实现的历史进程。落实以精准扶贫为代表的扶贫攻坚战略，可以补齐乡村振兴的发展短板。

（2）产业扶贫对接高质量农业发展

产业发展是实现脱贫攻坚和乡村振兴的重要标志，生活富裕的前提是产业兴旺，而农民富裕的前提则一定是农业产业的兴旺发达。推动脱贫攻坚对接乡村振兴，要着眼于扶贫产业，通过发展有特色、可持续、有市场竞争力的扶贫产业推动农业发展，以扶贫产业为农村产业发展提供新动能。在扶贫产业发展中探索有效发挥专业合作社、种养殖大户辐射带动作用、实现小农户对接现代农业，小农户对接企业、市场的有效路径与机制。同时，实现产业升级是实现两者有机衔接的必然要求，因此在脱贫攻坚中也应努力实现产业升级，努力探究实现三产融合的路径。

（3）环境整治与生态扶贫对接农村绿色发展

良好生态环境是农村的最大优势和宝贵财富。美丽中国，要靠美丽乡村打底色。近年来，有学者一直在研究、倡导"绿色减贫"，指出推动绿色减贫，贫困地区可以依托其自然条件优势，转变发展方式，实现绿色资源的产业化、资本化，让青山绿水成为长效脱贫致富的动力源泉，创建人与自然和谐共生的绿色发展格局。在推进脱贫攻坚中，要加强环境整治和生态保护，通过开展重点生态工程、充分利用主体功能区生态补偿资金、大力开展林下经济和多种形式的复合经营模式，理顺环境保护和农民生产经营之间的关系，推进农村绿色发展。

（4）扶贫扶志对接乡风文明建设

习近平总书记指出，实施乡村振兴战略，不能光看农民口袋里的票子有多少，更要看农民的精神风貌怎么样。在推进脱贫攻坚进程中，要激发贫困群众摆脱贫困的志气，以扶贫扶志为基点推动整体的乡风文明建设。在扶贫扶志工作中，石泉县通过以"育"是重点，以"治"为关键，以"带"为根本，以"导"为目标的导向，推进社会主义核心价值观"六进"、抓好突出问题"六治"、着力实现"六立"目标，不仅做到了"扶贫先扶志"，成功激发贫困群体内生动力，更进一步完善了村域与县域扶志体系建设，推进了农村整体精神风貌的改善，推进了乡风文明建设。

（5）驻村帮扶与基层动员对接乡村治理体系建设

2018 年中央一号文件指出，乡村治理是国家治理的基石。必须把夯实基层基础作为固本之策，建立健全党委领导、政府负责、社会协同、公众参与、法治保障的现代乡村社会治理体制。要把懂农业、爱农村、爱农民作为基本要求，加强三农工作干部队伍培养，配备管理使用扎实推进抓党建促乡村振兴，建立选派第一书记工作长效机制。推进脱贫攻坚对接乡村振兴，要在脱贫攻坚进程中通过第一书记、工作队驻村帮扶中的形式，锻炼干部，提升村两委班子能力，并推进干群关系的进一步优化，从而有效地推进乡村治理能力与治理体系现代化。

（6）贫困人口社会保障提升建设对接农村整体保障水平提升

建立完善的社会保障体系，提升社会保障水平是抵御生活风险，实现美好生活的重要支撑。在脱贫攻坚进程中，贫困人口教育、住房、医疗等各方面的保障得到有效落实，针对患病群体、残疾群体等群体的专项保障政策也得到建立和完善。在此基础上要实现农村整体保障水平的提升，从根本上解决城乡二元格局所遗留下来的农村保障水平低的问题。加强农村社会保障体系建设，按照兜底线、织密网、建机制的要求，全面建成覆盖全民、城乡统筹、权责清晰、保障适度、可持续的多层次社会保障体系。

专题调查篇

"三个六"：以脱贫攻坚统揽经济社会发展的 "石泉模式"

——基于对石泉县脱贫攻坚的调查与思考

党的十八大以来，我国脱贫攻坚工作进入攻坚阶段。习近平总书记对扶贫工作做出了一系列重大论述，创造性地提出了"精准脱贫"的理念，指明了脱贫攻坚工作前进的路径和方向。为了打赢"脱贫攻坚战"，坚决按时完成"十三五"扶贫工作的目标，更好地保障贫困群众的生活，石泉县在深入学习贯彻落实习近平总书记关于脱贫攻坚重要论述的基础上，因地制宜，具体问题具体分析，发展出了以脱贫攻坚统揽经济社会发展的"石泉模式"——"三个六"模式，即突出"六个精准"要求、实施"六个一批"工程、健全"六个一"机制。随着"三个六"模式的"茁壮生长"，"石泉模式"取得了巨大成效，人民群众动力得以激发、贫困治理水平得以提高、基层干群关系得以改善、乡村振兴战略得以落实。"石泉模式"的实践、发展和完善是落实"精准脱贫"理念的必然要求，是促进农村农业的持续发展的重要保障，是激发基层贫困治理活力的有效手段，是统揽经济社会发展全局的重要途径，值得好好探究和借鉴学习。

一、"精心筹备":"石泉模式"精准构建

为确保贫困群众如期脱贫,使石泉县人民同全国人民一道迈入小康,如期实现脱贫攻坚战的目标,石泉县在遵守党中央目标和要求的基础上,积极学习贯彻习近平总书记关于扶贫工作的重要论述,并结合当地实际情况,创造性地提出了以脱贫攻坚统揽经济社会发展的"石泉模式",为石泉县的精准脱贫攻坚工作建构了框架,指明了方向。

(一)突出"六个精准"要求:划定底线,坚固"石泉模式"

突出"六个精准"是对习近平总书记"精准脱贫"思想的落实,是建设和落实"石泉模式"的原则和底线。一是突出对象精准,确保"石泉模式"精确到人。按照国家制定扶贫对象识别方式,逐村逐户开展拉网式摸底排查,并进行精确复核,确保符合贫困户标准的一户不落,不符合标准的一户不能进。二是突出分类精准,确保"石泉模式"因类施策。在确认贫困对象的基础上,根据致贫原因和发展需求,将全县贫困户划分为"产业扶持户、移民搬迁户、教育资助户、医疗救助户、政策补偿户、社保兜底户"六种类型,因类施策。三是突出措施精准,确保"石泉模式"施策精准。充分利用精准扶贫建档立卡成果,针对每户贫困情况确定帮扶责任人、制定帮扶规划、落实帮扶措施,做到"一户一本台账、一户一个脱贫计划、一户一套帮扶措施"。四是突出项目资金使用精准,确保"石泉模式"资金到位,监管得当。严格执行精准扶贫标准,建好精准扶贫项目台账,把扶贫资金安排与脱贫成效挂钩,加大资金整合力度,强化资金监督管理,确保一分一厘都用在脱贫攻坚上。五是突出派人包抓精准,确保"石泉模式"精准发力。根据贫困程度、脱贫难度调配包抓力量,选派优秀干部驻村包户,实行定户定人定

时定责帮扶、不脱贫不脱钩的"四定两不"帮扶包抓机制。六是突出脱贫精准，确保"石泉模式"脱贫精准。对精准扶贫、精准脱贫量化考核，成熟一个摘帽一个，脱贫一户销号一户，提升脱贫过程与脱贫成果的可视化。重点考核精准扶贫工作成效，并把精准扶贫工作实绩作为评价各级党政领导班子和领导干部工作的重要内容。

（二）实施"六个一批"工程：明确项目，建设"石泉模式"

实施"六个一批"工程是建设"石泉模式"的核心，有助于明确扶贫项目，促进脱贫攻坚工作顺利推进。

一是实施扶持"三业"脱贫一批工程。由县扶贫局牵头总抓，主要对象是有劳动能力但无经营能力、缺资金的贫困人口。主要帮扶方式有以下六种：产业扶持即每年安排专项扶贫资金对贫困户发展产业进行补助；支持创业即引导鼓励贫困家庭通过第一、第二、第三产业融合发展的创业模式实现脱贫；联营互助即充分发挥现有农业产业园区等的辐射带动作用，吸收和帮助符合条件的贫困人口，以合作、联营等方式，增加贫困户经营性收入；金融扶持即按照石泉县金融扶贫实施方案，通过协调金融机构提供小额贷款和创业无息贷款等项目，帮助贫困人口发展特色产业；电商扶贫即优先发展镇级网店，在集镇开设电商服务点，为贫困户线上创业提供条件，增加农产品销售渠道，带动贫困户增收；转移就业即引导农村贫困家庭劳动力向中心城镇以及产业园区集聚，鼓励产业园区吸纳农村贫困家庭劳动力就业，帮助更多贫困户实现就近就业和稳定增收。

二是实施移民搬迁脱贫一批工程。由县扶贫局（搬迁办）牵头总抓，主要对象是因自然条件恶劣、居住地域偏僻、交通不便而致贫的贫困人口。根据村民意愿，按照与城镇、园区、中心村"三靠近"原则，建设集中安置点，统规统建，实施"交钥匙工程"，按照城市社区标准，同步配套基础设施，紧扣"三精"主题，完善社区公共设施，抓好社区垃圾污水处理，努力创建山水园林、生态宜居、文明和谐的移民搬迁新型社区，以此改善贫困户住房及生产生活条件。

三是实施教育脱贫一批工程。由县教体局牵头总抓，主要对象是因家庭困难致子女难以完成学业的贫困人口。通过大力实行学前三年到高中阶段的十五年免费教育和政府、社会、个人资助等形式，帮助学生完成学前、高中、中高职和大学阶段学业。其中，为帮助贫困家庭的在校大学生完成学业，设立了"圆梦"助学金和生源地助学贷款。除了在教育资金方面进行支持，加大"人人技能培训"力度，"一个不少"地对未继续升学的初高中毕业生以及缺乏劳动技能的贫困人口开展免费职业技能培训也是教育脱贫的重要途径。

四是实施医疗脱贫一批工程。由县卫计局牵头总抓，将 0.81 万贫困人口全部纳入重特大疾病救助范围，因病致贫户由县、镇医疗机构的医务人员一对一帮扶。除此之外，各镇卫生院建立贫困人口健康档案，每年开展一次免费健康体检；县级医疗机构成立医疗专家服务队，定期巡回各镇开展贫困人口健康咨询和义诊服务；还要全力实施贫困地区儿童营养改善工程、新生儿疾病筛查、育龄妇女孕前优生免费健康检查和母亲健康工程等卫生计生服务项目。

五是实施生态政策补偿脱贫一批工程。由县农林科技局牵头总抓，主要对象是"十三五"期间住在高山林区的 0.5 万贫困人口。通过在贫困地区深入实施新一轮退耕还林、天然林保护、防护林建设等重点生态工程提高贫困人口参与度和受益水平。例如，充分利用生态效益补偿资金和天然林管护专项资金，让有劳动能力的贫困人口就地转为护林员等生态保护人员；大力引导支持贫困群众发展特色经济林产业，增加贫困群众收入；等等。

六是实施兜底脱贫一批工程。由县民政局牵头总抓，主要对象是特殊贫困群体。通过实行社保兜底的方式使孤寡老人、残疾人以及丧失劳动能力的贫困人口脱贫。对于"三留守"人员（农村留守儿童、留守妇女和留守老人）和残疾人加大临时救助力度，健全关爱服务体系。对于因病、因残而丧失劳动能力的贫困人口，将其全部纳入重特大疾病救助范围，政府全额出资使其参加新型合作医疗。

（三）健全"六个一"机制：真抓实干，落实"石泉模式"

健全"六个一"机制是规范"石泉模式"的重要方式，有利于真抓实干，切实推进和监督"石泉模式"的建设；有利于提升基层贫困治理水平，促进基层贫困治理长效推进。

一是建立"一村一个扶贫工作队"机制，助力"石泉模式"扎实推进。助力对象是全县 11 个镇、87 个贫困村、65 个非贫困村、10 个农村社区，每个单位分别派驻一个脱贫工作队，由一名部门或镇科级领导任队长，村支部书记、村主任、驻村干部任副队长，包户部门、镇、村组干部、党员为成员。扶贫工作队到村开展工作，要从宏观上制订帮扶计划，对每个贫困户都要具体落实好"六到户"政策。

二是建立"一村捆绑一批资金项目"机制，奠定"石泉模式"的经济基础。县财政局将每年省市下达的扶贫专项资金和本级新增财力的 5% 资金以及各级机构压缩的"三公"经费归集，设立精准扶贫专户。县脱贫攻坚项目资金整合部根据贫困村的贫困程度、贫困人口数量以及实际需求，制定年度项目资金到村到户分配方案，集中解决突出问题和贫困户"三业"发展。

三是建立"一户一名干部包抓"机制，促进"石泉模式"精准落实。结合贫困人口分类情况，将县级领导、县直部门、驻石单位、镇、村所有干部全部确定为包抓责任人，确定 1～5 名包抓对象，除需社保兜底扶贫的贫困人口外，其余贫困人口要做到"帮扶不漏户、人人见干部"的全覆盖要求。每月各包抓干部要与帮扶对象联系不少于一次,确保在规定时限内帮其脱贫。

四是建立"一户一验收销号"机制,保障"石泉模式"退出有方。按照省里提出的"两不愁、四保障"标准,从收入、住房、设施、教育、医疗、养老六大方面制定数据科学、核查方便的脱贫标准。由贫困户提出脱贫书面申请,经过民主评议后开展第一次公示,若无异议,则报镇政府审核。审核后,形成拟脱贫名单,并进行第二次公示,经公示无异议后,县扶贫局邀请第三方评估机构进行评估审定,审定后在全县公告,退出贫困人口系统,实现户销号。

五是建立"一套信息系统监测管理"机制,确保"石泉模式"监督有方。建立全县精准扶贫信息管理系统,充分利用建档立卡方式,精确录入贫困人口信息,对其进行智能化、信息化管理。健全"县有中心、镇有办公室、村有服务站"的信息监测体系,及时更新贫困户信息,实行动态精准管理,形成覆盖县、镇、村三级的网格化管理模式,确保对精准扶贫的全面监督和管理。

六是建立"一套严格的督考奖惩"机制,保证"石泉模式"奖罚分明。县上成立由县级领导任组长的 11 个督考组,一月一督查,一月一通报,督促各镇各部门按时完成精准脱贫任务。同时,把精准脱贫工作实绩作为干部选拔任用、年度考核等次确定和奖惩的重要依据,对全面完成脱贫任务的先进单位和先进个人,县委、县政府将进行表彰奖励;对未按期完成减贫脱贫目标任务的实行"一票否决",严格问责。

二、"苗壮生长":"石泉模式"精准发力

"石泉模式"是在遵循习近平总书记"精准脱贫"理念的指导

下，围绕"十三五"脱贫目标逐步构建起来的。"石泉模式"的落实动员了各个政府部门、金融机构、基层干部、人民群众参与到精准脱贫的方方面面，突出"六个精准"要求、实施"六个一批"工程、健全"六个一"机制，使得人民群众动力得以激发、贫困治理水平得以提高、基层干群关系得以改善、乡村振兴战略得以落实。

（一）人民群众动力得以激发

习近平总书记多次强调"扶贫先扶志"，"石泉模式"的建构和落实都非常关注贫困群众脱贫志气的培养和参与感、获得感的提升，并采取了一系列措施激发人民群众的内生动力。石泉县深入推进新民风建设，开展脱贫攻坚主题小品巡演 50 余次，推选和树立了一批脱贫自强标兵，通过典型的带动作用最大限度地激发了贫困群众脱贫的志气和信心。另外，在开发特色产业或申请项目资金的过程中多次引导和支持贫困群众发展特色产业，通过科学规划引导贫困群众发展特色种养、乡村旅游、订单农业等产业，大力培育市场经营主体，强化龙头企业、能人大户的带动作用，促进产品销售，拓宽贫困群众增收渠道，切实提高人民群众的参与感和获得感。

（二）贫困治理水平得以提高

"石泉模式"的精准构建形成了一套较为完善的脱贫攻坚工作体系，有效提高了基层治理水平。第一，突出"六个精准"要求保证了脱贫工作质量。贫困户的识别退出以及贫困政策的实施都更加精准。第二，实施"六个一批"工程提升了脱贫工作整体效率。截至 2017 年年底，严格按照脱贫退出程序，退出贫困村 8 个，脱贫1134 户 3746 人，贫困村脱贫任务全面完成，贫困人口脱贫数量超出原本任务量的 19%，脱贫效果明显。第三，建全"六个一"机制保障了脱贫工作基本秩序。石泉县制定出台了《脱贫攻坚工作考核办法》《县脱贫攻坚指挥部"六个一"工作制度》和《脱贫攻坚项目和资金管理办法》等系列管理办法和措施，确保了脱贫攻坚工作指挥有力，务实推进。"三个六"有机统一、相辅相成，提高了基层贫困的治理水平，形成了理论指导实践的基层贫困治理格局。

（三）基层干群关系得以改善

石泉县按照"不漏一户，不少一人"的要求，落实了"石泉模式"中"一户一名干部包抓"的机制，强化了基层组织，改善了干群关系。在脱贫攻坚的第一线，石泉县将各镇、各部门以及镇、村共 1400 余名干部全部确定为包抓责任人，每人负责包抓 3～8 户贫困户（包括低保户、五保户），实行群众不脱贫干部不脱钩，确保结对帮扶全覆盖、有实效。基层组织是脱贫攻坚第一线的关键力量，干群关系是否良好关系到脱贫攻坚工作能否顺利落实和推进。以上做法不仅锻炼了基层干部的工作能力，强化了基层组织，还有助于基层干部和贫困群众加强联系。同时，石泉县基层干部也积累了大量实践经验，干群关系得以改善，为今后石泉县脱贫攻坚工作继续顺利推进准备了条件、奠定了基础。

（四）乡村振兴战略得以落实

"石泉模式"落实了我国乡村振兴战略的基本原则和要求。坚决服从党中央领导，按照党中央制定的脱贫攻坚目标，积极探索、构建和实施"三个六"模式；坚持因地制宜，在"石泉模式"的构建和落实的过程中，注重从实际出发，具体问题具体分析，制定和实施适合石泉县贫困现状的脱贫措施，对于致贫原因不同的贫困人口因类施策；坚持以农民为主体，在落实过程中始终把人民群众利益放在第一位，注重发挥农民的积极性；坚持农业农村优先发展，在因地制宜实施脱贫项目时注重优先发展农业农村，实施扶持"三业"脱贫一批工程，多渠道、多方式发展农业农村；坚持人与自然和谐共生，在实施移民搬迁脱贫一批工程和生态政策补偿脱贫一批工程时，注重把贫困人口的脱贫和自然环境的可持续发展结合起来，在两者之间建立起良性循环、共同推进。"石泉模式"的落实也是乡村振兴战略的落实，不仅有助于脱贫工作的推进，更有助于经济社会全局的发展。

三、"吐露芯蕊"："石泉模式"启示意义

"石泉模式"中"三个六"的建设，切实落实了习近平总书记"精准脱贫"理念，强化了监督考核机制，带动了经济社会的全面发展，也为农村农业的可持续发展和基层治理水平的提高提供了经验。

（一）构建"石泉模式"，是落实"精准扶贫"理念的必然结果

"精准扶贫"理念是习近平总书记的重要创新，是对我国扶贫思想的丰富和发展。构建"石泉模式"，突出"六个精准"要求，并从六个角度采取一系列措施加以落实，保证在脱贫攻坚工作中不落一人，保证贫困户的入选和退出都有具体化标准，保证对每一类贫困户都有针对性的具体措施，保证每个项目的资金都能够精准落实，保证每个贫困户都有一一对应的包抓干部，为其具体问题进行具体分析，制定符合具体情况的扶贫措施，并加以落实。经过实施和一段时间的实践后，严格遵循了"六个精准"要求，确实是落实"精准脱贫"理念的好做法，好经验，也是实施"六个一批"工

程和"六个一"机制的重要基础。"三个六"的有机统一促进了"石泉模式"的构建,所以说构建"石泉模式",是落实"精准扶贫"理念的必然成果。

(二)构建"石泉模式",是提升农业农村发展水平的重要保障

农业农村的高质量发展是事关脱贫攻坚成效和农村自然生态环境的重要问题,在产业发展过程中必须加以重视。"石泉模式"在实施"六个一批"工程中特别注意农业农村的可持续发展,这个可持续发展是多方面的,包括了生态环境和经济发展。在移民搬迁扶贫项目实施中关注生态宜居和污染防治,有利于农村生态环境的可持续发展;在实施生态政策补偿脱贫工程中进行天然林防护,并带动贫困户因地制宜发展特色经济林产业,有利于农村农业的可持续发展。"石泉模式"既注重保护自然生态又能够带动经济社会发展的政策措施,为脱贫攻坚工作可持续发展积累了好的做法和好的经验,是提升农业农村发展水平的重要保障,值得深入研究和学习。

(三)构建"石泉模式",是激发基层贫困治理活力的有效手段

基层贫困治理能力是脱贫稳定与否的关键环节,对于脱贫攻坚工作甚至之后的农村发展都至关重要。一方面,"石泉模式"的构建中建设了"六个一"机制,并严格落实,将各镇、各部门、各村的1400余名干部全部确定为包抓责任人,很好地锻炼了基层干部治理贫困的能力,落实了基层干部在脱贫攻坚中的责任。另一方面,基层干部脱贫攻坚工作督考奖惩机制的建立和严格执行,对于基层脱贫攻坚工作具有约束作用,也激发了基层干部对脱贫攻坚工

作的动力。"石泉模式"的构建，是激发基层贫困治理活力的有效手段，促进了脱贫攻坚工作的落实和推进，为脱贫的稳定性、农村贫困治理和今后农村农业经济社会发展的管理积累了经验、力量。

（四）构建"石泉模式"，是统揽经济社会发展全局的重要途径

经济社会全局的发展，离不开各方的精诚配合和措施机制的严格落实，离不开突出"六个精准"要求、实施"六个一批"工程、建设"六个一"机制，即"三个六"模式的相互支撑和配合。遵循"六个精准"原则，实施促进经济社会全局发展和推进脱贫攻坚工作的"六个一批"工程，同时建设"六个一"机制对脱贫工作的基本秩序进行保障，在推进脱贫攻坚工作的同时促进了特色农业和林业的发展，为未来农业农村的可持续发展打下了良好的基础，带动了经济社会的全面发展。除此之外，在"三个六"模式的实施过程中，政府部门、基层干部、人民群众都相互配合、积极参与，保障了政府部门责任的落实、基层贫困治理水平的提升、人民群众获得感的提高，也提高了工作效率和相互之间的合作水平，"石泉模式"的构建是统揽经济社会发展全局的重要途径。

"筑巢引凤"：全力打造一支
"带不走的扶贫工作队"
——对石泉县"能人兴村"战略的调查与思考

习近平总书记强调，要深入推进党建促脱贫攻坚工作，选好配强村"两委"班子，培养农村致富带头人，促进乡村本土人才回流，打造一支"带不走的扶贫工作队"。这为脱贫攻坚人才队伍建设规制了路径。但贫困地区尤其是贫困村大都存在基层党组织弱化、活力不强、动力不足、人才缺乏等问题。陕西省安康市石泉县积极探索"能人兴村"的有效实现方式，着力破解脱贫攻坚、乡村振兴中诸项难题。石泉县注重以党建为引领、机制相衔接，确保"能人兴村"战略"站得高"；注重以能力为导向、系统相衔接，确保能人"选得出"；注重以需求为引导、平台相对接，确保能人"有事做"；分类别为指导、政策相配套，确保战略"能长久"。通过上述举措，石泉县"能人兴村"战略高效推进，基层党建得以强化、脱贫产业得以孵化、脱贫动力得以活化、本土人才得以优化，打造了一支"带不走的扶贫工作队"，短期助力脱贫攻坚之战，长期筑牢乡村振兴之基。

一、"筑巢引凤"："能人兴村"战略精准发力

为充分发挥乡贤能人在村域经济社会发展中的示范、带动、引

领作用，破解农村发展难题、提升乡村治理能力、助力脱贫攻坚、蓄力乡村振兴，石泉县认真实施"能人兴村"战略，促进乡村本土人才回流。

（一）党建引领，机制对接："能人兴村"战略高站位

充分发挥党建引领作用，保证"能人兴村"战略高效推进。一是落实党委第一责任人制度，确保"能人兴村"战略站位。"能人兴村"战略由石泉县党委推动实施、县党委组织部牵头抓总，相关部门具体负责，着力研究和解决工作中遇到的突出困难和重大问题。县镇两级党委作为实施主体，党委书记是第一责任人，把能人兴村工作作为农业农村工作的重要任务，负责农村能人的培养、管理、激励等配套政策的制定和落实。二是发挥党支部战斗堡垒作用，确保"能人兴村"战略持久发力。把党的力量挺在脱贫攻坚最前沿，充分发挥党支部战斗堡垒作用，让支部成为会聚人才资源、凝聚人才力量的核心阵地，在确定产业发展时发挥支部集体优势，确保产业持续健康发展。三是强化党员模范带头机制，确保"能人兴村"战略长久为继。坚持"双培有渠道、双带有措施"的原则，使能人、党员双向健康流动，让年富力强、德才兼备、群众公认的能人成为村干部队伍后备力量和主要来源，确保实用人才数量增长、质量有提高，班子、党员力量有增强。

（二）能力导向，系统对接："能人兴村"战略有能人

坚持能力导向，选出能人是"能人兴村"战略的关键环节。一是严格能人选拔、引进标准。石泉县从优化引才用才环境入手，通过广泛的正面宣传引导，把脱贫攻坚作为人才自主创业、带领致富、服务农村、助推发展的主战场，把思想有境界、投资有实力、经营

有能力和致富能帮带、新风能引领、治理能出力的"三有三能"标准要求作为选好能人的标准。通过多方摸底排查，把脱贫攻坚的尖兵和表率、社会领域的标兵和楷模、农村工作的行家里手、在外经商务工的成功人士和技术能手吸引进入农村能人队伍。通过本土培育、吸引返乡、招商引进等方式，全县首批建立了1100人的能人队伍，其中本土能人730余名，返乡能人260余名，引进外地能人100余名。探索出能识才、能引才、能用才、能留才的机制，营造出爱才、护才、敬才、惜才的良好氛围。二是严把能人培训、服务过程。注重对能人的教育培训和服务管理，有效促进能人政治上的成熟、技能上的增强、经营上的进步，实现有心扶贫和有力扶贫相统一。依托各类培训机构，采取多种培训方式，以政治理论、经营管理、市场营销、信息技术等为主要内容；针对能人需求，扎实开展以党性修养、群众工作方式方法、村务管理等为主要内容的能人培训教育，增强其为民服务的意识，提升参与乡村治理的能力。三是严守能人考核、监督底线。建立能人信息库，根据能人自身优势、特长，将他们分门别类纳入能人信息。健全完善县、镇、村三级能人信息库，实行一人一档，定期更新维护，及时挖掘并发现各类型能人，将符合条件的能人及时入库，及时清退发挥作用不力、出现违纪违法等行为的能人，保证能人队伍的质量。

（三）因人施策，需求对接："能人兴村"战略有平台

坚持差异原则，搭建对接平台是"能人兴村"战略的重要一步。一是对接产业发展需求，为创业型能人搭建产业发展平台。充分发挥能人在产业扶贫上的作用，利用发展型能人有头脑、懂技术、会经营的优势，全县实施培育100家农业龙头企业，100个示范化农业合作社、100个家庭农场、1000个产业大户、1000名技术能手、

10000 名职业农民的"六个一工程"。目前，能人已创办企业 40 多家，发展农业园区 30 个、专业合作社 156 家、家庭农场 100 个、产业大户 450 户，安置 3600 余名贫困劳动力就业，发展订单农业 23000 余亩，吸纳 800 余户贫困户资源资金入股，累计分红 700 余万元，通过能人兴业的带动 10000 余名贫困群众实现稳定脱贫。二是针对村庄治理乱象，为乡贤型能人搭建基层治理平台。针对铺张浪费、贫困户等、靠、要，内生动力不足、不孝老不诚信、道德缺失等不良风气，利用能人威信高能带头的优势，村级党组织主导建立"一约四会"（村规民约、红白理事会、村民议事会、道德评议会、禁毒禁赌会），依靠能人表率示范，发挥其扶志作用，在贫困群众中逐步兴起"自强之风、实干之风、感恩之风"。针对部分群众精神贫困、旧习难改问题，发挥乡贤型能人有文化、明事理、威信高的优势，由党支部牵头，组织能人参与道德评议，协助化解矛盾纠纷。倡导鼓励能人带头当义工、献爱心、做好事，组建各类志愿服务队并持续开展志愿服务活动；建立农村公益基金，帮扶村级公益事业建设和弱势群体发展，社会风气明显好转。三是结合能人政治诉求，为综合型能人搭建政治参与平台。发挥综合型能人善组织、懂管理、群众服的优势，牵头建立志愿服务队和公益基金会，促进农村公益事业发展、解决脱贫攻坚实际困难；积极探索建立村域决策能人参与制度，邀请能人参加支委会、村委会决策村级事务，参与村域治理工作；大力吸纳能人加入党组织，择优选拔能人进村级班子，推荐选举能人担任县、镇两级"两代一委"，提升基层组织的凝聚力、战斗力和公信力。四是强化职能部门统筹，搭建"能人兴村"战略协作平台。在县"能人兴村"领导小组领导下，各职能部门认真贯彻"能人兴村"战略的核心思想，按打赢脱贫攻坚战的要求，坚持解决急需与夯实基础相结合、外部支持和内生发展相结合，整合资源、精准施策，加大对基层各类人才倾斜支持力度，促进各方面优秀人才向基层流动，激发各类人才创新创造活力，不断提高人才服务地方经济社会发展的能力。

（四）分类指导，政策对接："能人兴村"战略有保障

坚持分类施策，加大扶持力度，为能人创业、发展提供政策支持。一是兴业政策从优。加大能人创新创业扶持力度，把农村能人的创业就业计划纳入全县创业就业总体规划，严格落实"能人兴村""能人兴业"各项奖补政策，对创业兴业的能人提供优先承包资源、优先项目扶持、优先减免费用等优惠政策，实行立项审批、土地征用、环境评估、人才招聘"全托式"和"一站式"服务。二是项目政策支持。全县整合各类项目 98 个、农村发展资金 1100 万元，与能人牵头发展的产业分布相匹配，与能人创办领办的经济组织相对接，支持能人把实业做实、做大。三是奖励政策配套。科学合理的奖励政策能有效调动能人发展、带动创业的积极性。结合"争当石泉十佳、唱响石泉十美"评选、"能人兴村"表彰、"十佳"龙头企业、产业大户、技术能手、道德模范等评选活动，积极营造敢做能人、争做能人、会做能人的良好氛围。同时对能人带动贫困户脱贫能力强、成效好，达到规模以上企业标准的给予不低于 100 万元的奖励补偿，达到专业合作示范社、家庭农场、产业大户和职业农民标准的也分别给予相应奖励补偿；对能人在扩大经营规模中缺资金的给予财信担保和贴息政策。四是沟通机制衔接。建立能人联系机制，每名县级领导在所联系的镇确定 5 ～ 10 名能人作为联系对象，各部门主要领导、各镇领导班子成员在所包联村确定 2 ～ 5 名能人作为联系对象定期走访慰问、谈心交流、排忧解难。不定期召开能人座谈会，听取意见建议，商讨发展事宜。

二、"有凤来仪"："能人兴村"战略精准落地

石泉县"能人兴村"战略坚持因地制宜、因人施策、分类指导的原则，通过一系列超常规举措、拿出过硬办法，最终基层党的建设得以强化，脱贫致富产业得以发展，脱贫内生动力得以激活，本土人才得以回流。

（一）基层党的建设得以加强

围绕聚力脱贫抓党建、抓好党建促脱贫的思路，牢固树立培养一个能人就是培育一个新的经济增长点的发展意识，把政治觉悟高、致富能力强、群众口碑好的能人培养成党员，把党员培养成致富能人。每年每村至少培养 1 名能人为入党积极分子，为村级班子有序更替做好储备。2017 年以来，石泉县共培养村级后备干部 500 余名，吸收能人进入村"两委"班子 100 余人，吸纳 61 名能人加入党组织，推荐选举 52 名能人担任县镇两级"两代一委"，有效强化了基层队伍。

（二）脱贫致富产业得以发展

通过支部引领，充分利用能人会经营、懂技术、善管理的优势，培育一批村民成为职业农民、技术能人、产业大户，引导能人创办或领办农业产业化龙头企业、示范化农业合作社和家庭农场等各类经济实体，盘活本地资源，示范带动蚕桑、畜牧、种植等传统产业提质增效，促推富硒食品、文化旅游等新型产业茁壮成长，有效拓宽致富渠道。全县 5758 余贫困户 18200 多贫困人口在能人创办项目带动下，通过土地流转、订单种养、劳务用工、带资入（企）等多种方式实现了稳定增收。

（三）脱贫内生动力得以激活

积极引导支持家庭农场主和产业大户扩大农业经营规模，破解了传统家庭生产经营"低、小、散"难题，通过资金代管、产业托管、作价入股、合同务工、按比分红等方式带动贫困户发展。每个村培育 5～10 个产业大户，壮大了村域经济发展、带领贫困群众脱贫的骨干队伍。支部搭建载体平台，积极引导能人与贫困户开展结对帮扶等形式多样的帮扶活动，形成与贫困户精准对接机制，发挥能人的引领和帮扶作用。发挥能人自身优势，有效激发贫困村、贫困户的内生动力，助力乡村振兴。

（四）本土人才得以回流

通过实施"能人兴村"战略，让能人及时了解和准确掌握国家的惠农政策，组织具有相应农技专长的科技人员下乡开展服务，帮助能人厘清发展思路，激发村民发展产业的积极性，乡村能人纷纷回乡创业。相继依托资源优势，策划包装富硒产业、农产品深加工、乡村旅游等系列项目，以项目吸引返乡能人数百名，有效推动了乡村产业发展，为打赢脱贫攻坚战、实现乡村振兴提供了强大的本土人才支持。

三、"凤鸣高岗"："能人兴村"战略之启示意义

石泉县"能人兴村"战略的实施实现了乡贤能人脱贫带动效应、资源整合效应和发展引领效应，为乡土能人的回流、培育提供了可借鉴的范本。

（一）实施"能人兴村"战略，是建强基层党组织的现实要求

基层党组织是党在农村的战斗堡垒，也是党在农村执政的基础。

实施"能人兴村"战略，让政治素质高、见识多能力强、社会联系广泛的能人担任村"三委"干部，能给村级班子注入新的活力，充分发挥好村级班子中能人在脱贫致富中的领头羊作用，能有效增强村级组织的吸引力和号召力，更好发挥基层党组织战斗堡垒作用。

（二）实施"能人兴村"战略，是打赢脱贫攻坚战的有力保障

能人是经济社会发展的"排头兵"，是带领群众共同致富的带头人，是实现脱贫攻坚目标的主力军。通过能人兴业的组织带动，才能从根本上解决自身发展能力差的贫困户创业就业，实现稳定增收，加快摆脱贫困。能人兴业带动减贫是欠发达地区脱贫攻坚最有力的保障，能人队伍是真正意义上"带不走的扶贫工作队"。

（三）实施"能人兴村"战略，是实现乡村治理有效的重要途径

能人有能力、有实力、有威望，在农村群众中有广泛的说服力和影响力，农村许多公益事业、弱势关爱、矛盾化解、风气改善都离不开能人，只要基层组织引导好了，能人就是促进乡村治理的一支不可或缺的重要力量。石泉县连续被评为信访"三无县"，社会持续和谐稳定，与能人队伍作用发挥是密不可分的。

（四）实施"能人兴村"战略，是实现乡村振兴的重要保障

能人是农村经济社会发展的排头兵，是引领群众共同致富的带头人，充分发挥能人的引领带动作用，鼓励支持乡贤能人用经营企业的理念经营村庄，盘活农村的人、地、财资源，壮大集体经济，吸纳贫困村民就业增收，对于加快农业农村的发展，为乡村振兴战略的实施打下坚实而稳固的人才基础。

残有所养 + 残能自养：勇立残疾人脱贫攻坚事业"潮头"

——石泉县残疾人脱贫攻坚工作的调查与思考

习近平总书记强调，"对扶贫对象实行精准化扶持"，确保"全面建成小康社会，一个也不能少；共同富裕路上，一个也不能掉队"。解决残疾人群体的贫困问题是打赢脱贫攻坚战的重要一环。但如何有效地针对残疾人群体开展脱贫攻坚工作，并让残疾人脱贫攻坚工作与经济社会发展相适应是实践中的巨大考验。安康市石泉县在残疾人脱贫攻坚的探索与实践中，坚持系统布局，保障与帮扶相结合，建立了齐抓共管的工作体系，落实了各项保障，完善了残疾人帮扶和服务体系，保证残有所养；并积极激发贫困残疾人内生动力，引导贫困残疾人就业创业，实现残能自养。通过这一系列举措，石泉县有效地提高了贫困残疾人的生活水平，并兼顾了残疾人脱贫攻坚与经济社会发展，建立了残疾人事业发展新格局。形成了残疾人脱贫攻坚助力经济社会发展的"石泉观点"和如何高效扎实开展残疾人脱贫攻坚的"石泉经验"。石泉县的经验具有很大的借鉴意义。

一、完善基础体系，兼顾保障发展——残疾人脱贫攻坚的典型做法

针对残疾人脱贫攻坚的特点，石泉县夯实工作基础、健全帮扶

与服务体系，兼顾残疾人的救助保障与自身发展，保证了残疾人脱贫攻坚工作的扎实、有效开展，石泉县的主要做法有以下五个方面。

（一）齐抓共管、多方协作——完善残疾人脱贫攻坚工作组织体系

习近平总书记强调："打赢脱贫攻坚战，组织领导是保证。"为保障残疾人脱贫攻坚工作的有力实施，石泉县坚持齐抓共管、多方协作，建成了完善的残疾人脱贫攻坚工作组织体系。

1. 加强组织领导与部门建设，确保残疾人事业有力量开展

为使残疾人脱贫攻坚事业得到有力领导和扎实开展，石泉县加强党政组织领导和残疾人行业部门建设，根据残疾人状况，整合和配置行政资源。一是成立县委书记县长任组长的县委政府分管领导任副组长的石泉县残疾人脱贫示范县建设工作领导小组，有效发挥了政府主导作用，同时，县委县政府将残疾人脱贫攻坚纳入全县脱贫攻坚工作整体规划，并做到五个优先，即项目安排优先，资金保障优先，工作对接优先，措施落实优先，力量强配优先。二是加强县残联建设，发挥县残联牵头主抓、同时协调各方力量的作用，并建立残疾人工作联席会议制度，定期研究残疾人工作。县残工委各成员单位每年要出台 1 项惠残政策并予以落实。三是县脱贫攻坚指挥部成立了 11 个由县级领导任组长的县级督考组，在每周的驻镇三天督查中，对贫困残疾人脱贫工作进行重点督查，进行常态化考核，有力监督各项工作组织的落实情况，形成了强大的组织领导体系。

2. 部门协作、镇村联动，健全残疾人脱贫攻坚事业工作网络

为了进一步加强残疾人脱贫攻坚事业的力量投入，健全工作网络，石泉县大力推动残疾人工作中的部门联动以及镇村两级残疾人

工作队伍的建设。如残疾人医疗保险由卫计部门负责，生活补助由民政部门负责，安全住房由城建部门负责等。同时由社保部门牵头进行乡镇残疾人工作队伍建设。通过公益性岗位，各镇落实一名残联专干和残疾人专职委员，各村落实一名残疾人专职委员，有效保证残疾人各项工作在镇、村两级的开展。工作网络的形成，全面、有力地推动了残疾人脱贫攻坚事业中各项工作在镇、村中的扎实开展。

（二）夯实基础、全面保障——夯实残疾人脱贫攻坚工作各项基础

习近平总书记指出要"按照脱贫攻坚要求，明显增加扶贫投入，扶贫开发投入力度，要同打赢脱贫攻坚战要求相匹配"，为保证残疾人脱贫攻坚事业能够得到有序高效的开展，石泉县做好了充足的准备，为残疾人脱贫攻坚提供了强大的各类资源保障。

1. 提升信息保障

石泉县对残疾人数量、身体情况和贫困情况进行了明确统计。目前石泉县残疾人口占总人口的8.3%，办理残疾证的残疾人共计8256人，其中建档立卡的贫困残疾人2205人，贫困残疾人中一级残疾902人，二级残疾680人，三级残疾307人，四级残疾316人；这些贫困残疾人中低保户974人，五保户109人，一般贫困户822人。同时石泉县坚持对数据动态变化的准确掌握。村专职委员每个季度都会上报残疾人变动情况和生产生活发展情况。县残联更新数据后会与县扶贫局、各镇进行数据共享，保证数据一致。

2. 完善制度保障

石泉县结合县级各项扶持政策对移民搬迁、教育就业、医疗服务、社会保障各项政策逐一整理分类，有针对性地对残疾人实行脱

贫政策，确保残疾人能享受政策、一条不落。同时专门出台了一系列残疾人脱贫攻坚的专门政策，如2016年结合全县的脱贫攻坚工作，出台《石泉县残疾人脱贫攻坚实施意见》，2018年县委办县政府办出台《关于进一步加强和创新残疾人工作的实施意见》，对残疾人民生保障、事业发展等工作做出进一步安排。系列制度的出台保证了脱贫攻坚事业能规范有序展开。

3. 加强人力保障

为动员更多力量参与残疾人脱贫攻坚，在各镇落实残疾人专干、残疾人专职委员，各社区、农村落实残疾人专职委员的基础上，石泉县县委开展包联助带的活动，县委组织部印发《石泉县农村基层党组织助残脱贫实施方案》，开展党员干部与贫困残疾人的结对帮扶，全县2000余名党员干部深入一线与贫困残疾人、残疾人户结对帮扶。此外石泉县还根据残疾人事业发展需要，配齐配强县残疾人康复中心和托养中心人员，充分发挥群团组织作用，完善残疾人志愿者服务队伍管理机制，鼓励慈善协会、义工联等社会力量支持和参与残疾人慈善事业，让更多人员多角度、全方位帮扶残疾人群体。

4. 落实资金保障

为了保障残疾人脱贫攻坚有充足的资金支持，石泉县探索建立了稳定的残疾人事业投入机制，财政部门将残疾人事业经费列入年度预算，将全县各类扶贫资金重点面向残疾人脱贫，保证足够的残疾人工作经费，同时专门设立残疾人发展基金，通过存量资金、争取资金、财政配套、社会募集等多种渠道，每年筹措安排残疾人发展基金100万元，专门用于扶持残疾人创业就业、发展产业。

（三）有效帮扶、落实补贴——保障贫困残疾人基本生活水平

习近平总书记强调："加大重点人群救助力度。"石泉县按照"一

扶则扶，一保则保"的原则，全面推进残疾人帮扶体系的完善，以及各类救助补贴的政策落实，为残疾人提供了有效的、必要的生活保障。

1. 健全残疾人社会救助体系，解决残疾人生活困难

石泉县认真贯彻落实《国务院关于加快推进残疾人小康进程的意见》，健全完善残疾人社会救助体系，切实保障和改善困难残疾人基本生活。民政部门将符合条件的残疾人家庭，纳入最低生活保障或特困人员救助供养范围；靠家庭供养且无法单独立户的成年无业重度残疾人，全部按照单人户纳入最低生活保障范围，对于社会救助无法覆盖或救助后生活仍然困难的，给予临时救助。目前石泉县已有654户残疾人家庭被纳入五保范围，同时对98户175人收入不稳定的残疾人低保家庭，延长渐退帮扶政策不低于2年，保证稳定脱贫。卫生健康部门也将残疾人康复项目逐步纳入医保（合作医疗）范围，因病出现基本生活困难的残疾人被纳入重特大疾病医疗救助范围。残疾人全部参加新型合作医疗，报销残疾人医疗费用达700余万元。这些救助举措，有效地解决了残疾人的生活困难问题。

2. 加大残疾人住房保障力度，保障残疾人住房安全

石泉县加强对贫困残疾人居住环境的改善，将建档立卡贫困残疾人免费纳入政府保障性住房范围，保证符合保障性住房条件的城镇困难残疾人基本住房；对未享受政府保障性住房且住房需要维修改造的困难残疾人，一律纳入危房改造范围；对居住地自然条件恶劣、居住偏远出行不便的贫困残疾人采取移民搬迁安置，特别是对无能力搬迁的贫困残疾人，通过"交钥匙"工程等解决他们的安全住房。2017年211户残疾人享受移民搬迁政策，为87户残疾人进行了危房改造，218户残疾人通过"交钥匙"工程获得了免费住房，有效保障了残疾人住房安全。

3. 落实残疾人生活及护理补贴，满足残疾人特殊生活需求

针对残疾人面对的额外生活压力和特殊的生活需求，石泉县不断完善残疾人的补贴补助制度。全面落实残疾人生活补贴和护理补贴制度，逐步提高困难残疾人生活补贴和重度残疾人护理补贴标准，2017 年和 2018 年县政府每年拿出 160 万元对残疾人生活补贴实行提标活面。2019 年 1 月，1 ～ 4 级的贫困残疾人都有困难生活补贴，同时 1 ～ 2 级重度残疾人都享有护理补贴。

（四）励志扶智、就业创业——实现残疾人脱贫攻坚与经济社会发展相适应

习近平总书记强调，"脱贫致富贵在立志，只要有志气、有信心，就没有迈不过去的坎""要鼓励个人努力工作、勤劳致富，让每个人通过努力都有成功机会"。为激发残疾人群体的内生动力，实现残疾人"造血"式、发展式扶贫，使残疾人脱贫攻坚助力经济社会发展，石泉县积极进行残疾人的文化教育和技术培训，引导、帮助残疾人就业创业。

1. 加强残疾人精神宣传与典型培育

为了使贫困残疾人树立起摆脱贫困的理念和思想，石泉县加强针对残疾人的精神宣传与典型培育。一是宣传身残志坚的自强精神。石泉县充分利用广播、电视、互联网等媒体，加大对残疾人事业宣传力度，广泛宣传残疾人坚韧不拔、自强不息的励志精神，营造扶残助残社会环境。二是开展培养残疾人自强精神的相关活动。石泉县结合送文艺进社区、进企业、进校园、进农村活动，开展群众性残疾人文化活动；鼓励和支持残疾人参与艺术创作，培育残疾人文化艺术品牌。实施"残疾人自强健身工程"，推广普及残疾人体育健身项目，各镇至少配备 1 名残疾人体育健身指导员，全县至少建

设 1 个残疾人体育健身示范点，加大对残疾人运动员挖掘、培养力度，着力打造"残奥冠军之乡"。三是挖掘残疾人自强不息、脱贫致富的励志典型。石泉县深入挖掘产业发展、创业就业、社会服务等方面的残疾人先进典型，每年组织开展 1 次残疾人技能竞赛岗位能手和"创业之星"评选活动，发掘"标杆式"人物事迹，对残疾人自强模范、社会助残集体进行正面宣传和奖励。

2. 提高残疾人文化素养与加强技术培训

提高残疾人的文化素养和基础能力是实现残疾人稳定和高质量脱贫的基础，石泉县积极开展对残疾人的文化教育和技术培训，提升残疾人的文化水平和技术水平。一是提升对残疾人文化教育、体育服务的水平。严格落实各项残疾人的助学政策和措施，保障残疾人公平接受教育的权利。鼓励有条件的学前教育机构接收残疾儿童，资助保障 3～5 岁残疾儿童接受普惠性学前教育；完善随班就读支持保障体系，在残疾学生较多的学校，探索建立特教资源教室；完善送教上门服务体系，保障不能到校学习的重度残疾儿童接受教育的权利。二是开展针对残疾人的就业技能培训。产业相关技术培训紧密围绕不同乡镇的主导产业特色和需求开展；并根据残疾人特点开设了盲人按摩、计算机、电子商务、网络营销等培训。2017 年石泉县累计培训残疾人 300 人次，2018 年培训超过 300 人次，培训群体以残疾人、"五保户"为主，在培训后继续开展跟踪调查，保证培训后就业率达到 80% 以上。作为增强贫困残疾人"'造血'功能的重中之重"的文化教育与技术培训在石泉县得到有效开展，为残疾人就业创业打下坚实基础。

3. 充实残疾人就业途径及就业岗位

为了使残疾人获得更多就业机会，石泉县采取集中就业与分散就业相结合，积极充实残疾人就业途径及就业岗位。一是开展专项基地建设，引导残疾人集中就业。2016年开始，石泉县先后向省、市争取残疾人脱贫示范基地、残疾人教育基地、残疾人培训基地建设，积极开展县域内农村残疾人扶贫示范基地和集中安置残疾人就业项目的建设，登记认定集中安置残疾人就业企业，对残疾人用工比例达到25%以上的，给予项目扶持和优惠政策，并给予残疾人员补贴。2017—2018年省级扶贫基地建设有8个，辐射带动残疾人将近400人，人均月收入达3000元以上。二是落实普通单位残疾人就业岗位，推动残疾人分散就业。鼓励用人单位按比例安排残疾人就业，党政机关、事业单位就业比例不小于1.5%，对超比例安排残疾人就业的单位，县财政按每人5000元奖励。同时石泉县运用公益性岗位落实了部分残疾人就业，2017—2018年全县公益性岗位安排残疾人就业52人，每人每月工资为1190元；县农林科技局安排了36个程度较轻残疾人担任护林员，每年每人工资为6000元。此外石泉县还将残疾人辅助性就业服务纳入政府购买服务范围，解决了残疾人工作中遇到的困难。

4. 推动残疾人产业发展及自主创业

为进一步激发残疾人的奋斗精神，进一步增加残疾人收入，实现残疾人精神状态与生活水平的更大提升，石泉县积极鼓励、引导有思想、有能力的贫困残疾人发展产业、自主创业。一是明确残疾人产业方向。石泉县出台《石泉县残疾人产业脱贫措施一览表》，坚持精准施策、精准帮扶，将扶持政策逐一落实到每一户，做到一户一本台账，一户一个脱贫计划，一户一套帮扶措施，与乡镇生产的具体特点结合，因地制宜地确定桑蚕、中药材、蜜蜂养殖、苗木培育、食用菌等产业发展方向。二是多渠道筹措资金。针对残疾人家庭大多缺少产业发展和自主创业资金的问题，石泉县积极协调产业发展资金，2017年以来对300多户残疾人兑现产业发展基金近

100 万元，对 65 名自主创业残疾人奖励资金近 50 万元。对全县新发展的 11 家盲人按摩，补贴 10 万元左右；此外还额外争取项目资金对 160 名残疾人发展网络营销、便民服务、盲人按摩、规模种养殖进行大力扶持，并落实了贴息贷款，对一定规模的产业发展进行扶持。三是多行业参与帮扶。众多行业部门也采取措施助力残疾人就业创业，人社部门将残疾人纳入全县就业创业困难人员范围，享受相关优惠补贴；县供销联社免费为残疾人提供产品展销、网络信息服务、项目指导和企业经营管理等培训。县残联、县扶贫局负责，制定残疾人产业奖补办法，对残疾人家庭发展种植业、养殖业、农副产品加工等产业达到规定要求的给予奖补；对具有当地引领示范作用的自主创业者，在享受省市残疾人创新创业扶持政策基础上，给予额外奖补，并按政策要求减免残疾人自主创业税费。通过努力，众多贫困残疾人实现脱贫致富，如五爱村贫困残疾人廖元银通过帮扶学习了养鸡技术，创办家庭养鸡场，养鸡规模可达 3000只；残疾人何继伟在残联帮助下获得贴息贷款和帮扶资金，自主创业成立了宏伟广告装饰有限责任公司，事业蒸蒸日上，实现了脱贫致富。

5. 拓展残疾人资源入股及分红渠道

为进一步拓宽残疾人的收入来源，石泉县还鼓励残疾人用资金入股产业的方式获利，特别是无劳动能力的二级以上重度残疾人，可将土地或者结合产业扶持贴息贷款将资金入股于企业、生产基地、产业合作社等，从而获得长期分红。2017—2018 年累计 350 余名重度残疾人入股 870 余万元，平均人均年收益达到 3500 元以上。通过对资金、土地等资源入股有效拓展了残疾人的收入来源，进一步实现了残疾人增收。

（五）便利生活、完善供养——提高贫困残疾人日常生活质量

为更好地便利残疾人的日常生活，缓解残疾人家庭对残疾人供养上的压力，石泉县大力推进残疾人公共服务体系的建设以及残疾人托养服务的开展，帮助残疾人能相对方便、独立的生活，并得到更多生活服务，减轻残疾人的生活压力和残疾人家庭的供养压力。

1. 健全残疾人公共服务体系，减轻残疾人生活压力

石泉县全面推进残疾人公共服务体系建设，便利残疾人日常生活。一是加强县域内残疾人公共服务设施建设。石泉县严格落实《无障碍环境建设条例》，大力推进县域内无障碍环境建设。住建部门将无障碍环境建设纳入城镇化建设规划，加强无障碍设施管理，加快学校、医院、政府服务中心、市政设施、乡村旅游区公园等公共场所的无障碍环境建设和改造，为残疾人提供平等参与社会活动的环境保障。二是残疾人家庭环境改造及个人辅助器具的普及。石泉县 2017 年出台《石泉县精准康复服务行动实施方案》，大力实施残疾人辅具适配整村覆盖工程，每年确定 2～3 个贫困村作为辅助器具整村覆盖的示范点。2017—2018 年累计为全县 78 个村免费发放了辅具 1386 件，预计 2019 年实现第一轮辅具适配全覆盖。此外专门筹措 100 万元资金，为近 200 名一级、二级贫困重度残疾人实施专门的生活环境改造，通过在家庭中安装坐式马桶、床上扶手、改造门窗等途径以及配发盲杖、轮椅等生活必备辅具有效便利残疾人日常家庭生活。三是加强残疾人网上服务，大力打造"智慧残联"。石泉县通过搭建残疾人服务"大数据"平台，实施"互联网＋"行动计划，建立残疾人网上办事、实体办事、自动服务终端管理系统，逐步实现精准、有效、便利的网络化残疾人服务，使残疾人能足不出户，

网上办理相关事宜。四是优化残疾人法律救助服务。石泉县严厉打击针对残疾人的违法犯罪行为，县、镇司法机关分别建立残疾人法律救助工作站，为残疾人免费提供法律救助服务，并进一步畅通残疾人信访渠道，建立完善便捷、畅通、有序的权益保障机制，及时稳妥解决残疾人反映的问题。

2. 推进残疾人康复、托养服务，减轻残疾人家庭供养压力

为解放残疾人家庭中的健康劳动力，保证健康劳动力能高效投入生产，避免因为残疾人的供养压力导致整个家庭无法有效开展生产，甚至形成贫困传递，石泉县探索推进残疾人康复及托养服务。县镇医疗机构设立康复理疗科室，建立与残疾人托养中心双向转诊制度，为残疾人提供居家康复服务。同时注重残疾人身心健康教育，依托相关机构开展残疾人心理健康服务；县残联负责，依托残疾人托养中心建立1所残疾人"心灵 e 站"，配备或聘请心理咨询师、康复治疗师以及专业社工等人员，为残疾人提供舒缓压力和交流情感的综合服务平台，从心理上引导残疾人树立身残志坚、自尊自强、自信自立的精神风貌。石泉县从2015年起实施残疾人托养服务，完善县残疾托养中心和县敬老院服务功能，3个月为1周期。通过集中托养，近两年共200余人次残疾人享受集中托养服务；同时通过政府购买服务或共建民营等方式，开展居家托养、日间托养服务，以社区为依托提供相关服务以及依托服务公司对个人卫生、生活起居、环境卫生进行上门服务，累计250余人次享受居家托养，日间托养试点开展累计服务20余人次，同时为保证供养服务不给残疾人造成较大经济压力，政府为享受集中托养、日间托养、居家托养的残疾人分别按每年每人4000元、2500元、1800元的标准提供额外补助。通过康复服务和托养服务帮扶残疾人，一举两得，有效提高残疾人生活质量，同时有效地使贫困残疾人家庭全身心地投入脱贫攻坚

工作中。

二、工作成效显著，事业长远发展——石泉县残疾人脱贫攻坚工作取得成效

习近平总书记强调："坚持精准方略，提高脱贫成效。"石泉县残疾人脱贫攻坚工作取得巨大成功，全县残疾人享受到了脱贫攻坚与改革发展成果，生活质量得到提升，摆脱贫困，并走上致富道路。残疾人脱贫攻坚工作为建设"三宜"石泉奠定了坚实基础。

（一）残疾人帮扶服务体系得到完善，残疾人生活水平得到提高

石泉县残疾人的帮扶和服务体系得到全面的完善，残疾人的社会救助、住房安全、生活补贴、护理补贴全部得到有效落实，针对残疾人的公共设施无障碍改造、生活辅助器具覆盖、互联网服务建设等公共服务得到全面开展，残疾人康复训练和心理健康得到有效推动，以集中供养、居家供养、日间供养为主要内容的残疾人供养服务得到建立和推广，非常有效地提升了残疾人的日常生活水平，减轻了残疾人日常生活中面对的困难和压力，并有效减轻了残疾人家庭健康劳动力的供养负担，推动健康劳动力更好投入生产。

（二）残疾人工作组织体系逐渐成熟，残疾人事业整体得到发展

在残疾人脱贫攻坚工作中，石泉县逐渐形成了完善的"县委政府主导、残联主抓、多部门协作、县镇村联动落实"的残疾人工作组织体系，实现了对残疾人工作的齐抓共管、多级联动。这一工作组织体系有效地保证了脱贫攻坚工作的扎实推进，政策的有效落实。

同时这一工作组织体系更具有长远的使用价值，能够有效地保证残疾人事业各项工作的稳定、有序、高效开展，能有力地引导残疾人事业整体得到提升。

（三）贫困残疾人内生动力明显增强，大众社会认知得到转变

通过对残疾人精神宣传和典型挖掘以及残疾人文化教育和就业技术教育的提升，贫困残疾人的内生动力得到明显增强，积极进行就业、创业，参与和发展生产的能力大幅提高。越来越多贫困残疾人身残志坚、自强不息，通过生产劳动脱贫致富，产生了很好的社会效应，残疾人不再是"等、靠、要"的群体，同样能够依靠自身努力摆脱贫困，有效地改变大众对于贫困残疾人群体的社会认知，提升了贫困残疾人群体的社会形象。

（四）贫困残疾人就业创业广泛开展，经济社会发展得到推动

具有劳动能力的残疾人积极参与就业创业，不单纯靠政府救助和社会保障过日子。通过劳动实现脱贫致富，有效地实现了残疾人脱贫攻坚工作与经济社会发展相适应，残疾人脱贫攻坚工作不再是没有收益的单纯的保障兜底。通过贫困残疾人就业创业，实现了残疾人脱贫攻坚对经济社会发展的推动，残疾人脱贫攻坚工作与社会发展之间的关系被厘清，其效果与意义得到巨大拓展和深化。

三、落实残有所养，推进残能自养——残疾人脱贫攻坚工作的"石泉观点"与"石泉经验"

石泉县残疾人脱贫攻坚事业取得的成效，具有较大的借鉴与参考价值。石泉县的探索与实践一方面形成了应该如何认识残疾人脱

贫攻坚事业的"石泉观点"，另一方面形成了应该如何实现残疾人脱贫攻坚工作扎实开展的"石泉经验"。

（一）石泉观点：残疾人脱贫攻坚助力经济社会发展

石泉县对残疾人脱贫攻坚工作具有明确认识，要保证残疾人脱贫工作与社会经济发展相适应，残疾人脱贫工作同样可以推动经济社会发展。一方面，残疾人也是生产力。贫困残疾人的内生动力同样可以得到激发，贫困残疾人和其他贫困群体一样具有就业创业、发展生产的能力，同样可以用自身能力养活自己。只要注重对残疾人自强不息精神的激发，保障残疾人的基本文化教育并针对残疾人群体特点开展就业技术教育，同时挖掘、落实残疾人适合的就业岗位，就能有效地引导有劳动能力的残疾人就业创业，使其参与到生产活动中。另一方面，为残疾人提供公共服务能够解放生产力。一些残疾人家庭对残疾人的供养是家庭面临的巨大压力，导致整个家庭精力分散，无法有效开展生产，全家生活水平一直处于较低水平，甚至加剧了贫困传递的产生。通过为残疾人提供公共服务，提供生活补助，提供各类型供养服务能够有效地提升残疾人生活质量，同时有效地减轻残疾人家庭的供养压力，使残疾人家庭的健康劳动力能够更好地投入到生产之中。因此残疾人的脱贫攻坚工作不是单纯的政府兜底保障，同样可以作为助力经济社会发展的重要力量。

（二）石泉经验：完善残疾人事业相关体系，处理好两个关键关系

1.完善四大体系是实现残有所养、残能自养的重要基础

一是完善残疾人事业工作体系。残疾人脱贫攻坚工作仅凭一个行业部门是绝对无法做好的，必须形成县委政府主导、残联主抓、

多部门协作、县镇村联动落实的完善工作体系，做到对残疾人脱贫攻坚工作的齐抓共管，才能保证政策推动有力、工作实施扎实以及各方面具体工作的齐头并进。二是完善残疾人帮扶体系。要加强对贫困残疾人群体社会救助、住房保障、生活补贴等的全方面帮扶，使贫困残疾人的基本生活质量得到有效保障。三是完善残疾人公共服务体系。要通过加强公共服务设施的无障碍设施建设，发放残疾人生活辅助器具，加强互联网在残疾人服务中的运用，以及进行必要的重度残疾人生活环境改造，便利残疾人的日常生活，减轻残疾人日常生活面临的困难。四是完善残疾人供养体系。要通过供养中心建设和政府购买服务等途径建立以集中供养、居家供养、日间供养为基础的残疾人供养体系，针对不同情况为残疾人提供不同供养服务，在提高残疾人生活质量的同时，有效减轻家庭对残疾人供养的压力。

2. 进一步处理好两个关系是实现残有所养、残能自养的关键突破点

在完善四大体系的基础上要进一步处理好两个关系。一是残疾人生活保障与残疾人就业创业的关系。习近平总书记强调"要以脱贫攻坚统揽经济社会发展全局"。残疾人脱贫攻坚自然也不能与经济社会发展脱离开来。残疾人生活保障是残疾人脱贫的基础方法，但不能以生活保障包揽一切问题，在落实生活保障的基础上要大力推动残疾人的就业创业，激发贫困残疾人的内生动力，提高残疾人参与生产的能力，引导残疾人就业创业，才能有效地实现残疾人脱贫致富，提高贫困残疾人的脱贫质量，使残疾人脱贫攻坚与经济社会发展相适应。二是政府主导与政府购买服务的关系。习近平总书记强调："要动员全社会力量广泛参与扶贫事业，鼓励支持各类企业、社会组织、个人参与脱贫攻坚。"残疾人脱贫攻坚工作要发挥

政府的主导作用，才能保障政策得到有力实施，但是政府不能包揽一切工作。石泉县在残疾人就业服务、供养服务等方面通过政府购买服务的方法，引导社会组织、社会企业参与进来，有效地保证了服务质量和资金使用效率，因此在残疾人脱贫攻坚工作中，要积极使用政府购买服务的方法，提升残疾人服务水平。

敦风厉俗：谋深干实坚持群众主体系统，推进激发内生动力
——基于对石泉县扶贫扶志与新民风建设的调查与思考

习近平总书记强调，"脱贫致富贵在立志，只要有志气、有信心，就没有迈不过去的坎""只要贫困地区干部群众激发走出贫困的志向和内生动力，以更加振奋的精神状态，更加扎实的工作作风，自力更生、艰苦奋斗，我们就能凝聚起打赢脱贫攻坚战的强大力量"。作为国家秦巴山区连片扶贫开发重点县，安康市石泉县"十三五"期间共识别建档立卡贫困村74个、贫困人口10027户24290人，贫困程度较深。除交通不便、信息闭塞，基础设施薄弱等因素外，贫困主体消极懈怠、存在"等、靠、要"思想是造成贫困的重要原因。扎实开展扶贫扶志工作，形成积极向上、与脱贫致富相适应的精神风貌，对于打赢精准脱贫攻坚战至关重要。石泉县坚持群众主体地位，通过挖掘关键群体引导作用、加强贫困人口培训就业，搭建扶贫扶志工作框架、完善村域与县域扶志体系建设，做到了"扶贫先扶志"，成功激发贫困群体内生动力，并推动全县文明水平与发展环境的全面提升。

一、立足群众主体，聚焦系统长效：石泉县扶贫扶志的主要做法

习近平总书记指出，"要做好对贫困地区干部群众的宣传、教育、培训、组织工作，让他们的心热起来，行动起来，引导他们树立'宁愿苦干、不愿苦熬'的观念，自力更生、艰苦奋斗，靠辛勤劳动改变贫困落后面貌"。

（一）形成扶贫扶志体系架构，明确扶志工作方向

为实现扶贫扶志乃至县域精神文明的整体提升，石泉县委在深入总结农村精神文明建设"四个三"工程和村（社区）"六个一"工作经验的基础上，于 2017 年 8 月印发《石泉县深化新民风建设工作方案》，提出坚持系统谋划、问题导向、精准施策、务实长效的原则，在扶志上下功夫，以"育、治、带、导"为方针，大力实施新民风建设"六进六治六立"工程。通过以"育"为重点，以"治"为关键，以"带"为根本，以"导"为目标，推进社会主义核心价值观"六进"、抓好突出问题"六治"、着力实现"六立"目标，明确扶贫扶志的工作方向，搭建起扶贫扶志的工作体系，为着力形成贫困群众积极参与脱贫攻坚工作的良好氛围，着力实现贫困地区生产劳动与精神面貌全面提升打下坚实基础。

（二）挖掘关键群体引导作用，模范影响有效发挥

习近平总书记指出，"要加强典型示范引领，总结推广脱贫典型，用身边人、身边事示范带动，营造勤劳致富、光荣脱贫氛围"。石泉县把握党员、能人、先进模范等关键群体在扶贫扶志与新民风建设中的重要影响力，通过挖掘、培养、宣传，成功使其充分发挥

引领作用。

1. 党建引领，发挥党员先锋表率作用

着力加强党支部建设与党员的学习培养工作。严格扎实开展支部集体学习，对党员干部严格要求，通过禁止党员干部举办生日宴、党员干部带头签订节约办理红白喜事承诺书等措施，使党员干部在扶贫扶志中的模范带头作用得到更好发挥。

2. 能人兴村，推动各类能人焕发活力

石泉县 2017 年起实施"能人兴村"战略，通过挖掘能人在知识、技术、资金等方面的优势，使其带领贫困群体改善风貌，提升能力，进而激发贫困村、贫困户的内生动力。提出"双百双千"目标，计划挖掘培养 100 名党政精英、100 名优秀村干部，1000 名技术人才、1000 名乡贤能人。杨卫东、尤自勇、李金斗等一大批能人返乡创业，一大批本土能人也被挖掘并培养，他们或开展农业规模经营，或投身农村治理。目前已有 153 名能人进入"村五委"，22 名能人成为村主任、村支书，能人在扶贫扶志、新民风建设乃至脱贫攻坚和农村发展中的引领带动作用得到更有效发挥。

3. 奖优树模，形成石泉县独特"好人品牌"

坚持正面引领，典型示范，通过选树先进典型，引领社会风尚。石泉县定期举办"石泉十佳"评选活动，对道德模范、致富能手等先进典型大力表彰，选树了残奥冠军夏江波、成娇等 110 名各类先进典型，12 人先后入选中国好人、陕西好人和市级道德模范。评选表彰诚信村民 300 人，脱贫攻坚先进集体 75 个，先进个人 99 人，勤劳致富示范户 32 户。组建"脱贫攻坚扶志扶智宣讲团"，让优秀扶贫干部与脱贫致富典型，深入贫困农村，面对面、多角度、多形式开展宣讲，使全县形成学习先进、争当先进的浓厚氛围。

（三）推动贫困人口培训就业，志智双扶相得益彰

习近平总书记指出，"要加强贫困人口职业技能培训，授之以渔，使他们都能掌握一项就业本领"。石泉县着力加强教育引导与技能培训，提高贫困人口致富本领。通过四大机制抓培训、四大渠道促就业，成功用生产劳动实践唤醒贫困群众的脱贫斗志。

1. 四大机制抓培训，增强贫困群体"有所作为"的信心和底气

一是统分结合抓培训。建立由县人社部门统筹抓总、县职教中心负责未升学初高中毕业生的职业教育、各职业培训机构负责短期就业技能培训、县农林科技局负责农村实用技术培训、县供销联社负责电子商务培训、镇村组织人员的"分工负责、长短结合、分层分类"技能培训工作机制。二是按需定制抓培训。根据市场需求，采取送技能上门服务、在镇村设立培训点等办法就近就地开展技能培训。三是订单定向抓培训。通过政府搭台、精准对接，建立校企合作、企企合作关系，大力开展订单、定向式培训，培训合格直接安置到企业就业，确保培训就业率达 80%、培训创业成功率达 70%以上。四是依托产业抓培训。扎实开展特色农村实用技术培训、企业岗前培训、旅游服务业技能培训和电商培训，激活技能培训"乘法效应"，实现"产业发展、企业增效、贫困户就业增收"良性互动。

2. 四大渠道促就业，促进贫困群体摆脱贫困的志气与实践

一是建强基地促就业。创建创业孵化基地 3 个，就业扶贫基地 11 个，社区工厂 4 个，入驻创业实体 600 余家，提供就业岗位 3000余个，着力打造"基地＋创业户＋就业""社区工厂＋就业"和"转移就业基地＋就业"等就业创业扶贫模式，获评国家支持农民工等返乡创业试点县。二是发展产业促就业。全力支持工业企业和现代

农业发展，着力打造"工业园区＋就业""公司（合作社）＋农户"就业扶贫模式，就地就近就业岗位 2000 余个。三是全域旅游促就业。全方位支持新型文化旅游、生态旅游与休闲旅游产业和三产服务业的快速发展；成功打造"鬼谷子文化小镇、池河金蚕小镇和中坝作坊小镇"等"社区变景区，商铺变市场"的就业脱贫模式。四是公益岗位促就业。开发适合贫困人口村内"居家就业"的公益性岗位 1500 个，县内"稳定用工"公益专岗 1000 个，解决"走不出、走不远"和超劳动年龄的贫困人口就业增收难题。

（四）全面构建村域扶志体系，基层风貌整体提升

石泉县以村落为抓手，强调基层扶贫扶志的村域整体推进，通过村规民约、家风家训、"四会"组织、文化场所与文艺队伍、爱心超市等举措建立村域扶贫扶志体系，实现精神风貌整体提升。

1. 以村规民约为指导

指导全县 161 个村（社区）修订和完善村规民约（社区公约），凸显"诚孝俭勤和"的思想，把红白事操办标准、积极劳作、敬老孝亲、诚信守法等内容及相关惩戒措施具体系统地写入其中，共增加必须明确的条目 485 条，删减不符合要求的条目 599 条，使村规民约条目简单醒目，务实管用，格式规范，操作性强，成为村民群体所共同认同并遵守的行为规范准则。

2. 以家风家训为引领

开展"寻找最美家庭""挖掘好家风好家训""新民风星级家庭"等活动，各村（社区）发动群众深入开展好家风家训评选挖掘，先后挖掘并引导修缮了胡氏、冯氏、陈氏、甘氏优秀家规家训 120 条。并对已整理成型的优秀家风家训开展进村组、进社区、进家族、上墙面活动。"忠孝礼义、勤俭持家、长幼有序、修身利己"等优秀

家规家训已得到普及。在此基础上，进一步以家庭文化建设为抓手，开展"立家规、传家训、正家风、弘家德"活动，引导群众更加注重家庭教育，培育百姓好家风，用优良家规家教家风正德树人。

3. 以"四会"组织为主体

石泉县扎实开展村级道德评议会、红白理事会、村民议事会、禁毒禁赌会的建设，并利用村"两委"换届的机会，对 158 个村（社区）的"四会"组织进行了进一步完善，新吸纳近 2000 名乡贤能人进入"四会"组织，使其成为村域扶贫扶志乃至新民风建设的主体阵地。特别是道德评议会对扶贫扶志起到了突出作用。全县 161 个村（社区）都成立由乡贤能人、退休干部、党员干部代表等群众推选产生的道德评议委员会，制定道德评议规则，定期进行评议。2018 年以来，累计开展宣传教育 430 场次，开展道德评议 684 场次，设立村级红黑榜 161 个，张榜公布 400 余次，评出正面典型 610 人，负面典型 265 人，累计使 600 余人主动拿回贫困户申请书。

4. 以文化场所与文艺队伍为平台

针对农村群众文化生活匮乏、精神空虚、赌博酗酒、意志消沉等问题，石泉县坚持以文化人，着力提升贫困群众道德修养和文明素质。按照有场所、有人员、有制度、有设备、有经费的"五有"标准，石泉县的建制村和社区均建起文化活动广场和农家书屋，并定期开展道德讲堂活动。组建文艺社团 45 个，坚持常态化开展各类文化活动，丰富群众文化生活。一个道德讲堂、一个农家书屋、一支文艺队伍、一个文化活动广场为主体的"四个一"村域文化宣传平台已基本成型。

5. 以爱心超市为激励

为进一步实现对村域内扶贫扶志中表现优秀的村民的激励，石泉县还在全部建档立卡贫困村以及部分非贫困村建立起 75 家爱心超市。每月根据贫困户在脱贫攻坚、精神文明、环境卫生等 11 项考察中的表现进行评分，村民按积分换领"爱心超市"物品。截至 2018 年年底，全县已有 2000 余名贫困群众领取物品，促进民风持续向好向善。

（五）县域环境、机制完善成熟，民风民德长久塑型

习近平总书记指出，"要坚持以促进人的全面发展的理念指导扶贫开发，丰富贫困地区文化活动，加强贫困地区社会建设""加强贫困地区移风易俗工作，促进形成文明健康的生活方式"。为使扶贫扶志发挥长远影响，通过全面推进移风易俗、常态开展文化下乡、系统培养文明细胞，并加强体系与制度建设，形成完善的民风建设与监督维护机制，使新的民风民德成为长久的"石泉形象"。

1. 全面推进移风易俗

出台《石泉县市民文明公约》《关于倡导农村移风易俗相关规定》，全面推进移风易俗，引导婚事新办，倡导丧事简办，大力提倡婚事办酒席不超过 15 桌，丧事办酒席不超过 20 桌，每桌标准不超过 350 元，随礼金额不超过 100 元等规定，组织党员干部带头签订 3000 余份《节俭操办红白喜事承诺书》《不参与歪风邪气承诺书》。各镇成立民风纠察队，先后 5 次对各村执行移风易俗相关规定进行督促检查，责令整改问题 79 件，确保移风易俗工作落到实处。

2. 常态开展文化下乡

石泉县突出文化惠民，深入践行以文化人，敦风化俗。实施"百县万村"工程文化项目 8 个，坚持开展一月一主题的"送文艺下乡村、送演出到农家"活动，先后举办脱贫攻坚专题文艺活动 1000 余次，开展"用金蚕精神推动新民风建设"专题讲座 11 场，脱贫攻坚和孝老爱亲主题小戏小品巡演 50 余次，家风家训书法创作巡

展 10 余次，服务群众 19.7 万人次。

3. 系统培养"文明细胞"

以文明县城创建为统揽，全面推进文明单位建设。2018 年按照全县文明村镇及文明单位创建规划，将文明村镇创建与"美丽乡村·文明家园"融合同步推进，加大创建力度，新申创省级文明单位 12 个，市级文明单位 57 个，县级文明单位 44 个。这些文明单位成为石泉县重要的"文明细胞"，在县域整体的环境氛围建设中发挥着重要作用，有力带动了全县各类组织、群体的进步。

4. 强力打击失信违法

以构建"诚信石泉"为目标，建立信用平台共享机制和诚信"红黑榜"定期发布机制，完善落实信用联合激励惩戒制度，深入开展重点领域严重失信行为专项整治活动。县电视台、政府网站、各广场显示屏设置曝光台，累计曝光社会不良风气、群众不文明行为 232 条。县法院及各镇、各行业主管部门公开发布诚信"红黑榜"，公布红榜 130 人，黑榜 110 人。同时，围绕贯彻落实"七五"普法规划，依托"互联网＋普法"，石泉县让居民社区、乡村院坝、田间地头、学校单位成为普法教育阵地，形成群众在家学法、出门见法、抬头念法、处处有法的立体化法治环境。法治约束和道德教化"双管齐下"，推进了信仰法律、崇尚法治社会氛围的形成。

5. 形成完善的体制机制

一是抓点示范机制。巩固原有新民风建设示范点，培养新的新民风建设示范点，精心打造后柳中坝村、喜河档山村等样板村，点面结合、整体推进。二是分工负责机制。成立了县委书记任组长、分管县级领导为副组长，相关部门主要负责人为成员的新民风建设领导小组，定期听取工作汇报，适时开展调研督导。宣传部每季度到村检查指导一次工作。三是工作推进机制。每年召开一次新民风建设培训会、一次现场观摩会，每半年召开一次推进会，每季度召开一次点评会，集中研究重、难点问题，建立销号台账，实行清单化管理，强力推进工作落实。四是考核奖惩机制。出台考核细则，把新民风建设纳入年度综合目标责任制考核，考核结果与单位的评优树模、干部绩效相挂钩。五是督查督办机制。将新民风建设作为县委的重要督办事项，建立月督查、季通报的督查制度，发现问题及时处理。通过督导检查，倒逼工作推进。

二、激发内生动力，实现脱贫致富：石泉县扶贫扶志的主要成效

（一）实现七个覆盖，扎实开展扶贫扶志

在扶贫扶志与新民风建设过程中，石泉县在村（社区）实现了七个全覆盖，即道德评议全覆盖、"一约四会"全覆盖、家风家训全覆盖、文明创建全覆盖、移风易俗全覆盖、文化活动全覆盖、依法治理全覆盖，实现了扶贫扶志的全域、全面、深度、长效开展。

（二）扭转社会风气，凝心聚力脱贫致富

石泉县的社会风气明显改善，狠狠刹住了铺张浪费风、低俗恶搞风、打牌赌博风与盲目攀比风。2018 年与 2017 年相比，全县群众办酒席数量下降了 60%，收礼金减少了 80%，群众的人情支出下降了 90%。贫困群体主动投入更多的财力和精力干事创业、发家致富，争当贫困户、"缠闹访"等现象也得到显著遏制，勤俭节约的风尚逐渐成为主流，形成了强大精神动力。

（三）提升道德素养，文明举止蔚然成风

通过深入持久的文明创建、文化熏陶，涌现出各类先进典型近

1000人。在典型人物的感召引领下，向善向美已成为群众的自觉行动，群众的道德观念、公德意识明显增强，社会文明素质、道德素养有了整体提升。村民之间矛盾纠纷少了，和睦的气氛浓了；抓脱贫促生产奔小康的人多了，无所事事、"等、靠、要"的人少了。文明举止蔚然成风，文明秩序明显好转，县域文明水平整体提升。

（四）提高治理水平，发展环境全面优化

县域社会治理水平全面提升，干部为民办事效率和服务质量明显提高，政务环境与营商环境显著优化，法治、德治、自治"三治融合"的治理体系基本形成。有效的社会治理推动了发展环境的全面优化。近年来，石泉县全县未发生重大刑事案件和恶性社会治安案件，"两率两度"位居全市前列，公众满意度更荣获全市第一。同时石泉县连续六年荣获全市综合目标责任考评"优秀"等级。

（五）激发内生动力，脱贫攻坚成效显著

扶贫扶志的扎实开展，为全县营造了良好的脱贫攻坚氛围，充分激发贫困户内生动力，让贫困群众树立摆脱贫困的信心、鼓足摆脱贫困的志气，从"要我脱贫"变"我要脱贫"，用自己勤劳的双手主动摘掉贫困的"帽子"。2016—2018 年全县已脱贫退出 14 个贫困村，4114 户，13360 人，连续两年获得全省"扶贫绩效考核优秀县"。

三、立足文化引领，对接乡村振兴：扶贫扶志的石泉经验及深化

石泉县在开展扶贫扶志工作中，坚持系统推进、做到立足长远、抓住关键群体、依靠群众力量，探索了激发群众内生动力，助力打

赢脱贫攻坚战，实现县域经济社会全面发展的有效路径。在脱贫攻坚与乡村振兴叠加期，要进一步实现扶贫扶志的谋深干实。

（一）深远谋划、各方联动，激发群众内生动力要坚持系统推进

在扶贫扶志工作中，要进行深远谋划，确定工作目标与框架，明确奋斗方向。要切实发挥各级党组织的主导作用，有效地凝聚人心，为扶志扶智提供强大政治保障。同时要有效调动社会各方的积极性与能动性，形成宣传部门牵头抓总、相关单位履职尽职、社会组织踊跃参与的多方力量有机结合、联动协作的推进格局。

（二）搭建体系、形成机制，激发群众内生动力要做到立足长远

在扶贫扶志与新民风建设中，石泉县构建了完整的扶贫扶志村域体系，形成了县域内整体的良好环境氛围，建立了完善的工作机制。只有搭建起成熟的工作体系和完善的工作机制，才能有效实现扶贫扶志成果的长久保持与维护，实现民风民德的长久型塑。

（三）挖掘先进、奖优树模，激发群众内生动力要抓住关键群体

关键群体的模范引领作用对于激发内生动力至关重要，要重视把握关键群体，积极挖掘、培养先进模范人物，并为先进模范人物搭建起进一步发挥作用的宣传平台与实践平台，让关键群体能带动贫困群众在精神上站起来，奋发有为，摆脱贫困。

（四）以群众为主体、全民参与，激发群众内生动力更要依靠群众力量

扶贫扶志工作必须以群众为主体，群众参与和支持是扶贫扶志

的根本力量源泉。坚持充分征求意见，广泛宣传动员，并通过"一约四会"等有效形式，将群众的力量与智慧激发出来。只有实行群众监督群众、群众教育群众、群众帮扶群众，才能使扶志扶智工作落到实处，真正实现群众自我管理、自我教育、自我服务、自我约束。

（五）深化举措：持续发力谋深干实，落实乡村振兴文化引领

《中共中央国务院关于实施乡村振兴战略的意见》指出乡村振兴，乡风文明是保障，要繁荣兴盛农村文化，焕发乡风文明新气象。要凝聚乡村振兴正能量，要求突出抓好农村思想道德建设、弘扬农村优秀传统文化、加强农村公共文化建设、深入开展移风易俗行动。

移民（脱贫）搬迁"三精"管理模式值得推广
——"石泉经验"调查研究❶

  易地搬迁是打赢脱贫攻坚战的一种有效实现形式，也是脱贫攻坚最难啃的一块硬骨头。习近平总书记指出，"贫困人口很难实现就地脱贫的要实施易地搬迁，按规划、分年度、有计划地组织实施，确保搬得出、稳得住、能致富"。2016 年以来，陕西省在总结"十二五"期间易地搬迁工作的基础上，实施了"升级版"的易地（脱贫）搬迁工程，受到各界的广泛关注和好评。随着大规模易地搬迁工程的推进，在基层实践中如何做到"精准搬迁、精细管理、精准施策"以提高易地搬迁质量，是一个有待破解的重要课题。

一、"三精"管理：石泉县的实践与做法

  安康市石泉县北依秦岭、南接巴山，位于秦巴腹地、汉江之畔，

---

❶ 此报告先后获时任陕西省委副书记毛万春同志以及时任陕西省人民政府党组成员、陕西省扶贫办党组书记、主任王卫华同志的肯定性批示。2017 年 3 月 20 日《陕西脱贫攻坚》简报 2017 年第 7 期专门刊登了此报告，题为"精准搬迁　精细管理　精准施策——石泉县移民（脱贫）搬迁调查研究"；需要指出的是，该"简报"的"编者按"明确指出，石泉县在移民（脱贫）搬迁实践中，探索形成了一套机制科学、效果明显的移民（脱贫）搬迁"三精"管理模式，对于更好地推进移民（脱贫）搬迁工作具有较强的借鉴意义。

辖 11 个镇，总面积 1525km²，总人口 18.2 万人，属国家扶贫开发工作重点县和国家连片特困地区秦巴山区覆盖县。"十二五"以来，该县紧抓陕西易地搬迁和国家易地扶贫搬迁的重大政策机遇，切实把易地搬迁作为脱贫攻坚的重要措施，作为城乡一体化发展，扩投资、调结构、转方式、惠民生的有力抓手，围绕"搬得出、稳得住、能致富"的总体要求，共实施易地搬迁 14105 户 4.53 万人，建成集中安置点（小区）122 个，集中安置 12932 户 4.13 万人。在易地搬迁过程中，通过不断探索实践，总结创新，形成了一套机制科学、措施得力、效果明显的整套易地搬迁"三精"管理模式（即精准搬迁、精细管理、精确施策），对今后推进易地（脱贫）搬迁工作具有较强的指导意义。

（一）精准搬迁：实现公平、高效的迁移

在工作实践中，要实现精准搬迁主要弄清二个问题：搬谁、搬哪、咋搬。只有如此，才能更好地实现"搬得出"的目标。

1. 确定搬迁对象

根据笔者的观察，主要要做好两件事：一是确定重点。要框定扶贫户、地质灾害户、洪涝灾害户、生态搬迁户和工程搬迁户五大重点对象，实行一次摸底，建档入库，并进行家庭全员信息采集、全家实景合影、权益保障登记、增收致富规划，分项录入一户一档，做到对象精准，底子清楚。二是精准识别。采取"三级联审、三榜公示"方式，公开透明确定搬迁对象，即"村评议、镇审核、县审批"县镇村三级三榜公示，接受群众监督，做到公平公正。

2. 统筹规划，科学选址

（1）多规融接。将易地搬迁规划与城镇建设规划、土地利用规划、产业发展规划、脱贫攻坚规划及县域"十三五"规划有效衔接，

多规融合，统筹谋划，防止脱节冲突。

（2）科学选址。为避免从一个灾区落到另一个灾区、一个穷窝挪到另一个穷窝，坚持做到"四避三靠、两评四有"，即避开地质灾害、洪涝灾害、生态保护、基本农田四个区域，靠近城镇、园区和中心村（社区），做好洪涝和地质灾害两个评估，有房产升值、增收保障、基础配套、公共服务。以便解决发展潜力和空间预备、生产生活更方便的问题，以良好的立地条件和居住环境增强搬迁吸引力。

3. 分期轮候，分类安置

移民搬迁是一项复杂的系统工程，但是主要抓好以下五个环节。

（1）明确搬迁计划。将搬迁户分年度、分类型按需排队，先急后缓，三类优先（贫困户、危房户、两灾户），分批建设，批次搬迁，明确时序，有序推进。

（2）限定建房面积。按照不超过 25m²/人，根据家庭人口情况，设计 60m²、80m²、100m²、120m² 四种户型，实行以户定建、以人定量、先定后建、秩序不乱，确保实用够用。

（3）确定安置方式。主要采取分散安置统规自建、小点集中（30～100户）统规联建、大型社区（100～1000户）统规统建（占90%以上）三种方式。

（4）控制建房成本。采取建安成本上限控制，依照用足政策、税费减免、决算审计、限价交房，同时严控建房成本不超过1200元/m²，贫困户人均自筹不超过 2500元/m²，户均自筹不超过1万元/m² 的政策红线。

（5）签订三项协议。对确定的各类搬迁户按照扶贫类、避灾（生态）类、其他类在搬迁前分别签订了搬迁协议、旧宅基地腾退协议和脱贫致富增收协议，进一步明确搬迁时间、安置区域、后续增收等内容，实现有序搬迁，精准搬迁。

（二）精细管理：确保群众"稳得住"

扶贫搬迁不是简单地帮困难群众"挪个窝"，而是要给他们的生产生活"铺好路"。扶贫搬迁，重搬更要重扶。在"扶"字上下足功夫，才能搬得出、稳得住。"扶"是牵涉上学、看病、就业甚至生活习惯等一揽子问题的系统性工程，环环相扣、事事相连。精细管理让群众有奔头，也能留住他们。精细管理涉及资金管理、用地管理、项目管理和社区治理等多方面的内容，如果从时间顺序看重点要抓好以下三个关键。

建设前的规划管理：要严格落实县规划、市评审、省备案的规划要求，达到建有规划，做有依据。要做到搬迁协议、旧宅拆除复垦协议、脱贫致富协议"三项协议一起签"，让百姓搬迁脱贫心中有底。

建设中的项目管理：要加强易地搬迁项目过程管理，强化质量监管。特别是要紧扣三条主线：一是选址、用地、灾评、环评，二是立项审批、办证招标、监理验收、决算审计，三是成本监管、资金监管、安全监管、质量监管、廉政监督。所有统归统建项目要全部实行"一个安置社区、一个项目主体、一个项目法人"的管理模式。

建成后的社区管理：高度重视移民安置社区治理，健全社区的组织机构和治理机制。以"党建引领、物业管理、便民服务"为重点，在安置区组建社区党支部、物业管理公司、便民服务中心，逐步配套幼儿园、卫生室、文体中心、体育场，垃圾污水处理、公厕、绿化等公共设施，达到物业化管理、人性化服务。在提供优质社区服务的同时注重培育新型农民，提高搬迁群众的满意度和获得感。

（三）精确施策：增强搬迁群众的发展能力

安居只是基础，乐业才是保障。通过精确施策的方式，可以更好地推进易地（脱贫）搬迁工作，特别是增强搬迁群众的发展能力。

分类施策。将搬迁户分为两类，并实施分区建设：一类为买得起的搬迁户，以户定建、统规统建，以有业安置为主；一类为买不起的搬迁户，按需定建、政府包建交钥匙，以有土安置为主。

分区配套。按照"小型保基本、中型保功能、大型全覆盖"，用足用好中央和省级配套补助资金，搞好小配套、大型配套和公共服务设施。对接专项规划，整合项目资金，统筹分年建设，中型安置点一年到位，大型安置点两年到位。

实行"一区一策、一户一法"。一是"三集促三业"，富民保稳民，采取"集约土地发展产业、集中培训促进就业、集成政策鼓励创业"，以户定业、以业定扶，确保了每户均有稳定的增收渠道。二是因户施策，套餐扶贫。对扶贫户采取"一户一法、一人一策"，使每户享受 1～2 个扶贫政策，落实 1～2 个增收项目，掌握 1～2 门技能技术，力求收入恒定，并实施"3+X"套餐扶贫模式，即："3"为每户一套房，扶持一万元，发展一产业；"X"为教育、健康、救助、养老等，落实到人。

二、移民（脱贫）搬迁工作中的探索与创新

在工作推进中，石泉县还进行了 3 个方面探索和创新，具有较强的借鉴价值。

（一）探索权益保护机制

坚持因地制宜和便民服务的原则，实行"原籍管理林和地，现

居管理房和人"的"人物分管"的管理模式，使搬迁户以物为主的权益在原籍地享受，以人为主的权益在现居住地享受，消除了搬迁户的后顾之忧。

（二）创新致富增收模式

1."有土安置、以土兴业"增收模式

对离家不能离土的搬迁户，依托现代农业园区，集约土地反租倒包，采取有土安置，以土兴业，确保增收致富。其做法有以下三点。

（1）集约土地，发展产业。所有搬迁户可加入现居地产业专业合作社，利用集中流转的土地，户均可返租五亩土地发展"桑畜菜"三项产业，以保有土兴业。

（2）带资入社，聚集要素。一是解决发展资金。每户扶持1万~5万元贴息贷款，资金互助集中使用，入股产业专业合作社，作为风险金抵押，与农村商业银行协商，放大十倍担保贷款，解决产业发展缺资金的难题。二是提供生产技术。由合作社聘请农业专业大学毕业生、镇发工资、合作社考核使用，统一负责生产技术指导和服务（产业项目选择、品种确定、种养技术、疫病防治），降低产业技术风险。三是统筹市场销售。合作社实行产品统一收购、统一加工、统一销售且于年终进行利润分红，化解市场风险。

（3）分工分业，确保增收。一是对有生产技能的搬迁户实行"五统一"。即统一提供种苗、统一技术指导、统一预病防治、统一加工销售、统一分段结算。采取记账制供应，分段式生产，分期还本，一次返利。（如林下养鸡：鸡苗集中脱温、大鸡分户饲养，饲料统一供应，只记账不付钱，合作社统一销售后分项扣除成本，下余利润一次全额返还到户，每只成本42.5元，下余利润20元以上。）二是对有体力无智力的搬迁对象实行集中劳力、聚集资金、集约产业、公社化管理。（池河镇大阳模式）由合作社指定专人全日制安排生产，统一组织生产劳动，按月记工，以劳取酬。（池河镇大阳村 32 户，2014 年共养蚕 100 张，养鸡 3 万只，实现纯利润 90 万元，人均领取报酬与红利 9000 多元。）

2. "有业安置、增收致富"模式

对家庭成员有一定文化的健全劳动力搬迁户，采取集中培训，促进就业，实施有业安置。

（1）集中培训，提升技能。按照一户至少一人、一人必学一技，对 50 岁以下的健全劳动力，一个不少一个不闲，进行培训和输出。

（2）立足两地市场，提供就业信息。尊重群众就业意愿，全程服务代办手续，外地就业组织输出，本地就业公司中介，签订就业劳务合同，司法签证维权服务。

3. 建立就业基金，实施带资入企

在实践中，石泉县有以下主要做法：一是户均扶持一万元贴息贷款，集中使用成立基金。二是实施带资入企，鼓励吸纳就业，凡本县企业聘用搬迁户用工一人，带资一万元，无息使用，到期返还。由县镇就业服务中心按季度核定人数，每月统计报酬，以激励本县企业用工优先使用搬迁户，促进就业，稳定增收。三是资金使用，动态监管，人在钱在，人走钱还，人随钱走，统一结算。

（三）易地搬迁要把握的几个原则

政府规划与群众意愿相一致。要在充分调研发动和引导群众的基础上，进行利弊分析，趋利避害，消除群众后顾之忧，使政府政策与群众利益和意愿相契合，并要循序渐进，让群众眼见为实，转变观念，积极响应。

搞好三个结合。将易地搬迁与扶贫、产业、城镇化相结合，必须跳出移民来谋划移民，把"搬得出、稳得住、能致富"三者融合，方能见成效、可持续。同时，还要超前引导群众发展产业、提供就业、鼓励创业，让已搬迁的能致富，未搬迁的先致富，增强搬迁户致富信心，激发起内生动力。

处理好三个关系：一是分散安置与集中安置关系。实践证明集中安置才是最佳的途径，有利于降低基础设施、公共服务投入成本，发挥更大效益；分散安置公共服务难以覆盖，基础设施成本太高，有造成二次灾害、二次搬迁恶性循环的可能。二是原籍地与现居地关系。以物为主原籍地，以人为主现居地，两地权益必须充分保障，才能消除搬迁户后顾之忧，实现"稳得住"的目标。三是供给与需求的关系。既要准确把握好 $25m^2$/人的政策要求，又要实事求是地确定 $60m^2$、$80m^2$、$100m^2$ 房屋面积的客观需求，满足搬迁户的基本需要。

三、"三精"管理的"石泉经验"与启示

当一方水土难养一方人的时候，易地搬迁就成了精准扶贫、精准脱贫的重要抓手。易地搬迁工作是一项系统性很强、涉及面很广的工作，必须从战略上、战术上和体制上抓好统筹，破解难题，建立机制，只有如此才能更好地推进易地（脱贫）搬迁。精准搬迁、精细管理、精确施策的"石泉经验"带给我们的启示至少有三点。

（一）战略上要作好顶层设计

更好地推进易地（脱贫）搬迁必须从纵向和横向上搞好五大统筹：统筹力量、政策、规划、资金和工作，五者缺一不可，因此必须是党政主要领导亲自挂帅，方能强力推进。

（二）战术上要作好攻坚克难

要有效提高易地（脱贫）搬迁实效必须分类破解工作难题：在"搬得出"上要破解土地、资金、技术难题；在"稳得住"上要破解政策、保障和权益难题；在"能致富"上必须立足"三业"增强"造血"，扶贫兜底"输血"。

（三）体系上要作好力量提升

要实现易地（脱贫）搬迁的追赶超越必须达到"三专"：专职机构抓，专门资金做，专项考核促，才能使易地（脱贫）搬迁提速度、上水平、高协同。通过易地搬迁与地方发展共济互补，脱贫成效将更加明显、更加牢固。

民声通达：拉近干群关系，实现民众诉求落地的石泉路径

——基于对石泉县民情"三本账"工作的调查与思考

近年来，石泉县根据自身经验与情况总结出来了民情"三本账"制度，通过设立意见建议账，保证决策科学民主。及时了解工作中存在的问题，减少决策上的失误，保证了决策的民主性与科学性。设立利益诉求账，保障人民群众利益。保证群众的每一件合理诉求都能落到实处，维护好群众切身利益，让群众时刻感受到镇党委、政府的关怀和温暖。设立投诉举报账，树立廉洁政府形象。确保权力在阳光下运行。民情"三本账"是反映社情民意、解决群众诉求、化解社会矛盾、促进和谐稳定、建设服务型政府的重要举措。

自民情"三本账"制度建立以来，石泉县积极推动，取得了良好的效果，县、镇两级党委书记亲自协调处理、督促回复，保证群众反映的所有问题均能得到答复和解决，有效提高了群众的满意度，赢得了群众的信任与支持。该制度落实到基层，不仅仅是一个简单的"民情账"，更是一个抓落实的"效能账"，一个提高政府威信的"民意账"，一个人民群众和谐稳定的"满意账"。石泉县坚持和突出县、镇两级党委书记对民情民意的关注，对民诉民怨的化解，对民声民心的凝聚，极大地保障了底层民群民意的通达，拉近了广大

干群之间的"血肉"联系。它把"以人民为中心"的思想落在实处。面对人民群众最关心、最急切的问题，县、镇两级党委书记用民情"三本账"制度秉承"件件都要办、件件有结果、件件要回访、件件需满意"的理念，并将其落实到日常工作中，极大地拉近了基层干部与广大群众之间的"血肉"联系，促进了基层社会的和谐稳定，为乡村振兴打下了坚实的基础。

一、民情"三本账"制度的构建

针对新时期群众工作出现的民情收集不及时、掌握不精准，导致各级党政主要领导不能把民意导向贯穿民主科学决策的全过程；来信来访处理不彻底，从而诱发缠访、闹访、集体上访、越级上访影响社会和谐稳定以及群众投诉举报难以有效解决，直接损害群众切身利益等问题，石泉县委经过广泛调研，在全县正式推行县、镇书记民情"三本账"制度，出台了相关配套文件，成立了党委统揽、上下衔接、权责明晰、运行高效的群众工作机构。通过实现群众工作管理服务部门专职化、民情收集渠道多样化、工作流程规范化、考核奖惩刚性化，切实做到群众意见建议能畅通、遇到困难有人帮、合法权益受保护、监督举报见实效。

（一）建立民情"三本账"，确保民情民意畅通

保持民情民意能够畅通抵达政策法规制定者的手中是保证政策制定有效的重要方面。基于这一点，首先，石泉县大力拓展民情民意收集渠道，共建立了七类民意民情收集主渠道，即县联系服务群众办公室通过书记信箱主动受理、全面收集意见建议、投诉举报、利益诉求；县委、人大、政府、政协"四办"负责常态化收集对决

策部署有较大参考价值的意见建议和利益诉求；各镇各部门在联系服务群众工作中重点收集提请研究决定的民情民意；县政府信息中心依托网络平台动态收集重大舆情信息；县政务服务中心通过接待群众、问政于民调查收集无权处置的民情民意；县纪委通过"民情直通车"、来人来电来信收集重要民情民意；县信访接待中心通过信访渠道收集涉及干部敏感问题线索和可能影响社会稳定的信访问题。其次，在收集到民情民意的基础上对其进行分类整理，分层级建好民情"三本账"。成立由县委书记任组长的直接联系服务群众领导小组，由县委政法委书记兼任常务副组长，并抽调5名工作人员专职办公，直接向县委书记负责，统筹做好县委书记民情"三本账"建账和管理工作。各镇党委在镇综治办设立镇党委书记民情"三本账"日常管理机构，按照"属地管理"原则，参照县委书记民情"三本账"运行规则，办理辖区群众意见建议、投诉举报及利益诉求。通过上述举措，确保了"群众意见建议""群众利益诉求"和"群众投诉举报"不漏一件、不缺一环，实现了有账必建、有求必应、有难必解。

（二）办好民情"三本账"，促进制度有效发挥

一项制度在制定之后最重要的就是执行，确保政策执行的完整性与不变形是极其重要的。石泉县谨记这一点，通过制定一系列配套的措施保障政策的执行。一是规范办理流程。制定出台了《关于推行县镇书记民情"三本账"制度的暂行办法》以及《县委书记民情"三本账"办理流程》，探索建立了"收集→报批（书记批示）→交办→承办→回复→报告→回访→书记阅示→销号→归档→考评"为主要环节的规范性办理流程，并严格执行"1个工作日内交办""7个工作日内办结"的高效运行模式。二是夯实书记第一责任人制

度。贯彻落实书记"四个亲自"的责任机制，即：书记亲自搜集民意、亲自把关建账、亲自协调办理、亲自督促回复，努力实现"件件都要办、件件有结果、件件要满意"的目标，形成了县、镇两级上下对接，县、镇党委书记"零距离"联系服务群众的工作格局。三是做好"转账""销账"过程。对收集的社情民意建立了明细台账，进行分层分级办理处置，根据诉求事项类型科学分类，设立台账并编号，并定期召开镇村书记及镇班子成员参加的民情交办分析研判会，把每项民意诉求通过"民意交办（办理）单"落实到具体单位及责任人，明确办理时限。村支部能办的事由村支部书记负责主办落实，联村领导负责督办；村级办理不了的，报镇党委由镇党委书记亲自落实办理；镇党委仍旧无法办理的，报县委书记亲自落实办理，做到问题诉求办理情况一目了然。在问题解决之后还需要做到"销账"，从而保证社情民意得到完整的解决。石泉县各镇各部门建立了销号台账，努力做到"一账一销号"，主办人亲自上门回复，听取受访群众的反馈意见，并认真倾听诉求人对办理结果的意见建议，同时将办理和反馈结果进行公示，接受群众监督，并及时报送县委书记、镇党委书记。对于因个人原因、办理不及时且达不到要求的、群众不满意的，对责任人及责任单位严厉问责，并纳入单位和个人的年度考核中，做到民意诉求化解，群众满意。

（三）管理民情"三本账"，配套建立多种机制

制度往往是以集合的形式出现的，一项优秀的制度往往有多个配套制度为其保驾护航。石泉县在实行书记民情"三本账"制度的同时，配套建立多个制度作为辅导和补充。一是实行"民情账"办理情况定期报告制度。县委书记民情"三本账"由县联系办会同县委督查室督办落实，收集反馈；各镇书记民情"三本账"办理情况

和数据当月 25 日前上报县联系办，由县、镇两级情况汇总后，呈送县委书记批阅，实行定期通报，力推县、镇书记民情"三本账"制度落实常态化。二是建立完善"满意度"抽查回访制度。县联系办通过当面走访、书面函询、电话回访等方式，对民情"三本账"办理情况和结果按照"很满意、满意、基本满意、不满意"四个层级进行回访管理，记录入档，基本满意的力促达到满意，不满意的督促整改直至满意。三是细化民情"三本账"年终考评制度。对具体承办县委书记民情"三本账"的镇和县直部门实行百分制考评，承办事项逐一赋分，综合考察"限时办结"效率如何、"回复情况"是否及时、"群众满意度"水平高低、"档案管理"是否规范，并按照"优秀、良好、一般、较差"四个档次进行评定，直接计入其年度综合考核总分，实行评优评先"一票否决"，倒逼各级领导干部勇作为、敢担当，真正把民情"三本账"打造成暖民心、惠民众的民心工程。

"为什么叫书记民情'三本账'，就是要求各级书记亲自抓，让关键人抓最关键的事。最关键的事是什么？就是老百姓的事！现在重要的工作很多，脱贫攻坚、扫黑除恶等。但这些工作，归结到最终都是群众工作。以书记民情'三本账'为统揽的直接联系和服务群众工作，就是我们最重要的工作，再没比它更重要的了！"2019年 8 月 9 日，石泉县召开直接联系和服务群众暨安全稳定工作会议。市委常委、县委书记李启全指出，以书记民情"三本账"为总揽的"13N"直接联系和服务群众工作机制，是统领县域治理的龙头，既是民意账、民生账、民心账，也是发展账、稳定账、党建账；推行书记民情"三本账"制度，是践行党的根本宗旨和群众路线、顺应群众呼声、解决现实问题、促进科学民主执政、增强群众参与县域发展积极性、促进全面从严治党的需要，要进一步深化认识提高站位，认真落实好书记亲自安排部署、亲自协调办理、亲自督促回复、亲自审定把关"四个亲自"，以关键人抓关键事，将民情"三本账"真正办成老百姓拍手称快的实事、好事，将民情"三本账"长效制度打造成新时代的"枫桥经验"，形成以人民为中心发展的品牌。

二、民情"三本账"的理论依据与实践检视

如同马克思主义的思想来源是德国的古典哲学、英国的古典政治经济学与法国的空想社会主义。一项制度的建立不是凭空产生的，它有其诞生的源头。民情"三本账"制度也是一样。究其来源，我们可以看到有民本思想、群众路线融入其中。同时，制度的建立本来就是为了解决问题，只有通过实践的检验，才能作为一项长效机制运行下去。

（一）民情"三本账"的理论依据

1. 民情"三本账"体现的是民本情怀

"民本"一词最早出自《尚书·五子之歌》，原句是："皇祖有训，民可近，不可下。民惟邦本，本固邦宁。"民本思想在孟子那里又被进一步发展，他说："民为贵，社稷次之，君为轻。"接着，荀子又提出"水则载舟，水则覆舟"的千古名言。儒家学者对民本思想的著述虽多，但中心思想只有一个，那就是人民是国家存在的基础，也是统治者的统治基础。民本思想的核心内涵是"人民是政权的统治基础"，民本思想是把人民看成是社会的基础，就像一个建筑物的地基。统治者和君主是在这个基础之上建立起来的光鲜可见的建筑物。近代民本思想更进一步诞生了"爱民、利民、听政于民、与民同乐"的理念。从制度制定的目的来看，民情"三本账"

制度是为了解决广大群众最关心的问题；从制度的执行过程来看，民情"三本账"反映的是民情，汇集的是民意；从制度执行的结果来看，仅 2018 年，县委书记民情"三本账"交办各类事项 961 件，截至当年 12 月 31 日，办结 949 件，办结率 98.75%，整体满意率 98.42%。这体现了石泉县委县政府的一种民本情怀和担当精神。

2. 民情"三本账"制度是走群众路线的真实写照

习近平总书记在"不忘初心、牢记使命"主题教育工作会议上强调，各级党员干部要牢牢把握守初心、担使命，找差距、抓落实的总要求，努力实现理论学习有收获、思想政治受洗礼、干事创业敢担当、为民服务解难题、清正廉洁作表率的具体目标。所谓守初心，就是要牢记全心全意为人民服务的根本宗旨，以坚定的理想信念坚守初心，牢记人民对美好生活的向往就是我们的奋斗目标，时刻不忘我们党来自人民、根植人民，永远不能脱离群众、轻视群众、漠视群众疾苦，坚定不移地走群众路线。为民服务解难题，重点是教育引导广大党员干部坚守人民立场，树立以人民为中心的发展理念，增进同人民群众的感情，自觉同人民想在一起、干在一起，着力解决群众的操心事、烦心事，以为民谋利、为民尽责的实际成效取信于民。

习近平总书记同时指出，中国共产党人的初心和使命，就是为中国人民谋幸福，为中华民族谋复兴。必须坚持人民立场，始终站在人民立场上担起初心使命。人民立场是中国共产党的根本政治立场。我们党来自人民、植根人民、服务人民，党的根基在人民、血脉在人民、力量在人民。人民是历史的创造者，是决定党和国家前途命运的根本力量。坚持以人民为中心，是中国共产党治国理政的逻辑遵循和价值追求。我们要始终把人民立场作为根本立场，把为人民谋幸福作为根本使命，坚持全心全意为人民服务的根本宗旨，贯彻群众路线，尊重人民主体地位和首创精神，始终保持同人民群众的血肉联系，凝聚起众志成城的磅礴力量，团结带领人民共同创造历史伟业。这是尊重历史规律的必然选择，是共产党人不忘初心、牢记使命的自觉担当。

石泉县牢记习近平总书记的教诲，坚持将群众路线完美地与时代发展相结合，创新走群众路线的方式方法，形成书记"民情三本账"制度。纵观整个民情"三本账"制度，可以发现该制度一开始就坚持深入群众听取意见和建议，问政于民、问需于民、问计于民。急民之所急，解民之所扰，忧民之所忧。一是广开门路收集意见，突出民意导向，真心听民心。为保证群众诉求能及时反映，石泉县采取"线上线下"两手抓的做法，线上充分发挥现代媒体优势进行大力宣传，并在微信公众号中开设民情"三本账"专栏，群众只需通过手机便可快速向书记反映问题。线下定期值班坐班，集中听取民情民意，面对群众的问题诉求，一一进行答复，面对合理的建议，逐一记录在案，全力落实"以人民为中心"的发展理念，提升群众的满意度。二是关注群众民生重点，发挥书记作用，用心解民忧。县、镇党委书记，在处理民情"三本账"方面，始终保持强烈的责任意识与群众意识，认真履行县委提出的"四个亲自"要求。为保证群众诉求得到快速解决，在办理过程中由书记亲自负责督办，党委委员负责办理落实。三是严格规范办理程序，确保及时到位，件件有结果。在办理方面，严格按照相关文件要求规范办理流程，确保群众合理合法诉求得到及时有效落实。此外，还定期召开镇村两级书记民情"三本账"培训会、规范民情"三本账"办理会等，将民情"三本账"的要求与制度的意义，层层传达，提高各级干部对此项工作的重视度与责任心，全力实现"件件都要办、件件有结果、件件有回访、件件都满意"的工作目标。

（二）民情"三本账"的实践检视

能否落地执行是检验规章制度是否有效的重要标准。一项规章、制度、政策的落地执行的确是不容忽视的一个重要方面，但最重要的却是它所能达到的目标和取得的结果。倘若一项制度原本是为了解决某一问题而建立的，实际执行起来也没有任何问题，但最后取得的结果却与预期大相径庭的话，这样的制度可以说是失败的。因此，检验一种制度是否有效的关键在于看其是否能够真正解决广大群众所关心的问题。石泉县民情"三本账"制度的建立与推行不仅很好地解决了与人民群众息息相关的争执、纠纷、矛盾与问题，还把人民群众的利益诉求考虑在内，更把无法解决的陈年旧事提升到日程表，的确在很大程度上解决了广大群众所关心的问题，做到了想人民群众之所想，急人民群众之所急，达到了制度建立的初衷。

自 2016 年起，石泉县针对民情民意收集掌握不及时、群众利益诉求处理不彻底、群众投诉举报难以有效解决、群众的发展积极性难以调动等现象，通过深入调研在全县创新建立了"群众意见建议、群众利益诉求、群众投诉举报"县镇村（社区）三级党委书记民情"三本账"制度，通过三年的制度实践，创新了县域治理新路径，县域管理经济发展取得了明显成效。

相关资料显示，2018 年以来县委书记民情"三本账"制度机制进一步健全，办理时效和质量全面提升。真正实现了群众合理合法诉求及时得到落实，监督投诉及时得到核查回复，合理意见建议及时得到采纳。全年共收集"群众意见建议账"365 件。其中，人大代表建议 154 件，政协委员提案 89 件。全年解决"群众利益诉求账"438 件。全年共接到群众投诉举报 158 件。其中，处置侵害群众利益问题线索 89 件，立案 53 件。全年通过民情"三本账"办理信访事件 258 件，网络舆情 89 件。及时受理率达 100%，按期办结率达 100%，系统应用率达 100%，群众满意率达 98.75%。

总体来看，2016—2018 年，仅县、镇两级书记受理各类民情 3715 件，办结率达 98.45%，回访率 100%，群众满意率达 98.51%。石泉县通过建立县、镇书记民情"三本账"制度，促进了科学民主决策、密切了党群干群关系、推进了全面从严治党、维护了社会和谐稳定、推动了追赶超越发展。2018 年，全县实现生产总值 96 亿元，增长 11.8%，城乡居民人均可支配收入分别为 25190 元、9693 元，分别增长 8.8%、9.6%，在全省县域经济社会发展监测考评排名第 19 位，经济社会发展连续多年处于全市第一方阵，在全市目标责任考核中获得"六连优"，从群众工作实践中总结出的 20 余项创新成果得到省市肯定推广，并先后荣获全国休闲农业和乡村旅游示范县、全省县域经济社会发展争先进位奖、全省扶贫绩效考核优秀县、全省生态建设强县等省表彰和荣誉 20 余项。

三、民情"三本账"制度的执行分析

作为一项重要的制度安排，石泉县建立民情"三本账"制度的初衷是为了完善县委县政府对社情民意的把握，及时解决广大民众所关心的问题。但究竟能否达到这个初衷，就不仅仅只是建立制度的事情，更关乎制度的运行。一项制度建立之后，运作过程是怎样的，运行情况如何以及在此基础上的完善才是保持制度竞争力的重要环节。

（一）民情"三本账"制度的办理流程

民意收集。为全县每个村（社区）选聘一名民情联络员收集上报的关乎群众切身利益、影响重大或有较大参考价值的民情民意；开通民情"110"收集群众反映的重要民情；县镇村书记公布手机号码和工作调研中直接收集；县群众工作部门在日常工作中直接收集；人大代表意见建议和政协委员提案；县政府信息中心收集网络舆情信息；县民调中心开展民意调查收集到无权处置的民情民意；县纪委依托民情信访直通车收集重要的民情民意；县信访接待中心通过信访渠道收集涉及干部问题线索和可能影响社会稳定的问题。

初审建账。经县联系办主要领导初审，填写《石泉县群众"意见建议、投诉举报、利益诉求"批办单》。呈报县委书记批示后，纳入"意见建议、投诉举报、利益诉求"县委书记民情"三本账"归类登记管理。

书记审批交办。县联系办接到书记批办单，登记建档后，在1个工作日内，以交办函方式移交承办单位或承办人。

告知。以电话或网络或信函方式将受理交办情况告知建言人、投诉人、诉求人。

承办。承办单位或承办人应在7个工作日内办理完毕。如确需延期的，需向县联系办书面说明情况或理由。明确办理计划或承诺办理时限。属重大网络舆情的，要同时报告县委外宣办和县政府信息中心，并跟踪舆情，随时向分管领导和县联系办报告动态，防止引发舆情事件。

督办。县联系办对超过办理时限或承诺时限的，以电话或发函督办，责令限期办理到位。

回复。实行"谁办理，谁回复"的原则。必须做到件件有回复。凡是实名建言、实名投诉的，倡导现场面对面沟通回复，对非实名的实行网络书面回复；对重大复杂或者社会敏感问题，先报告办理情况和处置意见，经书记审阅或者有关部门会商后，再予以回复。

报告。承办单位或承办人对交办的民情民意办理结束后，及时形成书面报告，并附回复件和有关印证资料，一并报送县联系办，联系办初审。对办理程序到位、依据充足、事实清楚、处理得当的，经联系办回访后呈送书记审阅。对办理敷衍了事，报告应付塞责的，予以退回，再次交办。

回访。对已办结回复的事项，县联系办以电话或当面征询的方式，对办理情况及结果进行满意度回访测评。属于网络舆情的，依据网络舆情原帖正负效应及效果作为回访测评结论。回访测评结果分为满意、基本满意、不满意三个等级。

书记把关审定。县联系办将办理报告及回访情况一并呈送书记审定，书记注有新批示的，及时转交承办单位予以执行，并将执行情况报告县联系办。

销账归档。回访对象对办理情况办理结果满意的，予以销号处理；对办理情况及结果基本满意的，回访对象所提意见或要求符合政策且具有合理可行性的，及时反馈给承办单位或承办人予以改进或补救，力争做到满意销号；回访对象对办理结果要求过高难以满足，经调查核实，不符合政策和工作实际的，依据政策法规经再次当面解释解答仍然坚持的，转交其所属单位镇党委做好对回访对象教育引导工作的，必要时可采取现场查看获群众评议等方式综合测评，视情况予以销号。

考评及结果运用。根据《县委书记民情"三本账"办理考核办法》(石办发(2016)108号)对各承办单位进行考核，分别纳入单位目标综合责任考核和主要领导个人年度考核。

(二)民情"三本账"制度中的问题与改进

民情"三本账"制度在基层执行的过程中也有诸多问题的出

现，比如：从办理情况来看，部分镇、部门"一把手"重视程度不够、解决问题不彻底等问题仍然不同程度存在，导致部分民情"三本账"交办事项办理久拖不决、质量不高，群众有意见；从汇总情况看，土地林权纠纷、扶贫信访、城镇管理、民间借贷、劳资纠纷、会议营销、环境保护等问题数量攀升，解决这些群众最关心最直接最现实的难点问题往往是"应急性、灭火式"，未能从"根"上治理，亟待各镇各单位举一反三，建立标本兼治的长效机制，从源头上解决；从县委书记民情"三本账"制度运行情况看，县联系办在抓统筹协调上力度不够，初审把关办理结果不严，督查考核通报不敢动真碰硬，一定程度上影响了制度的规范高效运行。

针对上述问题，安康市委常委，石泉县委书记李启全强调，要充分认识到民情"三本账"制度在执行上还存在不平衡、不到位、不达效、在管理上还存在宽、松、软的问题，要切实加以改进，不断加强民情"三本账"制度建设。一要更加认真落实"一把手"亲自抓的责任，把民情"三本账"作为全盘工作的重中之重抓细抓实抓到位，明确要求各级各部门主要负责同志要把民情"三本账"制度落实作为执政为民的根本抓手和推动经济社会发展、促进全面从严治党的重要方法，始终根植在心、抓牢在手、落实在行动上，坚持"四个亲自"（亲自谋划、亲自抓办、亲自督导、亲自解难），做到组织、措施、服务和保障"四个到位"，确保书记民情"三本账"制度不折不扣落到实处；二要敢于动真，县联系办、县委组织部要严督实考，对落实不力的单位实行"一票否决"并刚性问责；三要将民情"三本账"作为"不忘初心、牢记使命"主题教育的主抓手贯穿全过程；四要畅通民情"三本账"收集渠道，坚持全纳入不遗漏；五要切实发挥县联系办的统筹作用，坚持上下左右联动解决群众难题，确保群众"小事不出镇，大事不出县"；六要提高反馈答复水平，凡纳入民情"三本账"的事项，都要做到事事有结果、件件有回音，反馈答复到位、意见征求到位，与群众形成良性互动；七要加强对民情"三本账"制度及案例的宣传，提高群众的知晓率和参与度。

（三）民情"三本账"制度的定位

纵观石泉县近几年的制度发展，可以发现，书记民情"三本账"制度是两大政策制度的交汇点，并同时占据核心位置。

其中，一大政策是"1、3、N"制度。近年来，石泉县通过不断探索和实践，创新建立了直接联系和服务群众工作"1、3、N"机制。"1"就是县委常设一个联系和服务群众工作办公室来统筹各方面力量和相关制度的落实；"3"就是常设县政务服务中心、县政务信息中心、县信访接待中心三个直接联系和服务群众工作窗口体系；"N"就是县委、县政府先后出台的县镇书记民情"三本账"、民情直通车、干部包联、代办服务、信访包案、领导接访下访约访、矛盾排查化解、实事暖民、民意调查等若干项直接联系和服务群众工作制度。通过"1、3、N"机制的实施，特别是以县委联系和服务群众工作办公室为代表的联系群众制度的实行，收集到群众大量的意见建议，促进了科学民主决策，激发了广大群众参与县域治理的积极性；方便了群众办事，解决了一系列群众热盼的民生实事；畅通了社情民意渠道，解决了一系列影响改革发展稳定的突出问题；引导群众积极参与社会治理，发挥群众监督作用，促进了全面从严治党；加强了党委政府与人民群众的良性互动，密切了党群干群关系，为推动追赶超越发展和全面建成小康社会凝聚了强大合力。而县联系办也正处于书记民情"三本账"制度的枢纽位置，居于统筹位置，发挥统筹作用。

另一大政策是平安石泉建设"2、5、8"机制。为提高县域社会治理体系和治理能力现代化，打造共建共治共享的社会治理格局，确保"五个不发生"，持续提升人民群众的获得感、幸福感和安全感，为实现追赶超越、建设"三宜"石泉创造安全稳定的社会环境，县委、县政府制定了建设更高水平平安石泉"2、5、8"机制。"2"指的是两项制度统揽。一是书记民情"三本账"制度。以书记民情"三本账"为统揽，充分发挥各级书记统筹协调和示范带动作用，进一步规范办理流程，从源头防范化解矛盾纠纷，全面提升基层社会治理能力。二是平安建设责任制度。按照"易操作、重结果、群众评"的原则，进一步健全完善"平安石泉"建设考评体系，运用责任追究、"一票否决"等刚性措施，压紧压实各镇各部门推进"平安石泉"建设责任。"5"指的是聚力"五防"重点。一是防范发生政治安全事件；二是防范发生暴力恐怖事件；三是防范进京非访和群体性事件；四是防范个人极端和宗教势力事件；五是防范公共安全事故。"8"指的是"八大"长效机制。一是宣传教育机制；二是安全防控机制；三是矛盾调处机制；四是法律服务机制；五是民生保障机制；六是村（社区）自治机制；七是风险评估机制；八是应急处置机制。从上述阐释中可以看出，书记民情"三本账"制度正是建设平安石泉县的统揽制度，发挥统揽责任。

四、民情"三本账"制度的启示

（一）实施民情"三本账"，拉近了广大干群关系

民情"三本账"制度的实施，使得以人民为中心的思想更加凸显，拉近了广大干群的关系。县、镇书记民情"三本账"推行以来，

县、镇两级党委书记率先垂范，以上率下，勇于担当，直面矛盾，将回应群众关切、体恤群众冷暖、解决群众困难落实在行动上。自民情"三本账"推行三年来，使得"以人民为中心，群众利益无小事"的群众观点、群众路线成为各级党委书记的自觉担当和共识。同时，进一步提高了党委政府公信力。县、镇书记民情"三本账"运行半年以来，凡纳入民情"三本账"的所有事项，都在第一时间受理、第一时间回应、第一时间办结，实现了民情"三本账"件件有回音、件件有落实、件件都满意的目标。县、镇两级党委公信力明显提升，党的群众路线得到生动实践，党群干群关系更加融洽，党的群众基础更加牢固，广大干群关系更加紧密。

（二）实施民情"三本账"，促进了社会和谐稳定

通过推行民情"三本账"制度，县、镇书记亲自抓，真心为群众办事，努力把群众的事办好，获得了群众的信赖，无论是久拖未解的历史遗留问题还是群众生产生活中的细微小事，都受到足够的重视和关切，真正实现了群众"小事不出镇，大事不出县"的目标，有力地促进了社会和谐稳定。从书记民情"三本账"中的问题来看，群众反映的问题大多集中在土地林权纠纷、扶贫信访、城镇管理、民间借贷、劳资纠纷、会议营销、环境保护等方面，而这些方面也都是人民群众在日常生活中会经常遇到的关乎切身利益的事情，这些问题的良好解决不仅能够增强人民群众的幸福感，更可以在全社会营造一个良好的氛围。而且，群众与群众之间矛盾与纠纷的解决更可以促进社会的和谐稳定。

群众利益无小事。"群众意见建议""群众利益诉求""群众投诉举报"台账中的一些问题看似是小事，但实际上是关乎民生改善、关乎社会稳定的大事。各地社情民意自有不同，对于地方党委

和政府而言，群众的利益问题究竟是什么，有时候未必非常明晰。除了党委和政府工作人员的基层调研，群众的主动发声也是反映社情民意的重要渠道。但是，因为渠道不够畅通、干部重视不够等问题，群众发声有时面临不能被充分听取、充分采纳。石泉县的做法无疑为解决问题提供了一种有效探索。对于党委和政府而言，及时倾听群众发声，能够更加全面、深入地了解民生状况，掌握群众最关心、最直接、最现实的利益问题，也能够从群众的呼声中汲取智慧，从而提升决策的科学性、针对性。石泉县实行书记民情"三本账"制度，保证了群众的诉求落地有声，让群众直接感受到党委和政府正视具体问题、切实改善民生的态度，直观地看到党委和政府关注群众利益、主持公平正义的行动，从而增进对党委和政府干部的信任，越来越愿意通过规范的渠道表达自身诉求，这就从源头上化解了许多社会矛盾。

党的十九大报告指出，保障和改善民生要抓住人民最关心最直接最现实的利益问题，一件事情接着一件事情办，一年接着一年干。把对群众利益的关切放在心上、落实到行动中，秉持着这样的理念，党委和政府才能切实做到为民、便民、利民、惠民，不断满足人民日益增长的生活需要，不断促进社会公平正义，不断增加人民的获得感、幸福感、安全感。石泉县以探索建立书记民情"三本账"制度的实际行动深刻落实党的十九大精神，促进了县域经济快速发展、社会和谐稳定、人民幸福。

（三）实施民情"三本账"，提升了基层的组织力

石泉县在实施基层治理中，创新建立群众"意见建议、利益诉求、投诉举报"县镇村书记民情"三本账"制度，牢牢抓住基层党组织关键人，办好民心关键事，在凝聚民智民力、做好群众工作中

提升了基层党组织的组织力。

抓住关键人，在夯实民情"三本账"责任中提升组织力。党组织书记是提升组织力的核心和关键，县委紧抓"关键人"，坚持书记抓、抓书记，成立了党委统揽、上下衔接、权责明晰、运行高效的领导工作机构，在村支部书记强素质提能力上，实行"能力专业化、岗位专职化、待遇工薪化、考核绩效化"的职业化管理模式，做到县镇村三级无缝对接，构建了三级书记责任体系。全面落实书记亲自搜集民意、亲自把关建账、亲自协调办理、亲自督促回复的"四个亲自"责任，第一时间跟进办理并及时答复，历经三年的实践检验，增强了基层党组织的引领力和战斗力。

抓住关键事，在增强"办账"实效中提升组织力。坚持群众意见必听取、群众利益必维护、群众举报必查办，使群众意见及时通达、难题有效解决、监督全面到位，在赢得民心中提升了组织力。一是拓展渠道汇民意。畅通了"群众意见建议账"十种收集通道，截至2018年底，累计收集群众意见建议895件，精准梳理后快速、直接传递给各级书记并得到了及时办理，"意见建议账"成为党委、政府民主决策、科学决策的重要依据。二是规范程序解民忧。为切实解决事关群众切身利益的突出问题，真正把"以人民为中心的发展理念"落到实处，建立了"分类建账→书记批示→快速交办→严格督查→结果反馈→回复征询→书记把关→销号归档"规范性的办账流程，实行"1个工作日内交办、7个工作日内办结"的高效运行模式，截至2018年底，累计办理"群众利益诉求账"1407件，排查化解矛盾1378件，让群众合理合法诉求及时得到落实、急难困苦及时得到帮扶救助。三是用好账本安民心。通过"群众投诉举报账"，充分发挥群众"监督员"作用，累计办理"群众投诉举报账"256件，处置侵害群众利益问题126件，立案38件，党纪处分 42 人，有效化解了民怨、遏制了"四风"反弹和腐败问题，推动了全面从严治党向基层深入，切实增强了基层党组织的执行力和公信力。

抓住关键点，在健全"办账"机制中提升组织力。创新完善运行机制，配套出台了书记民情"三本账"制度暂行办法、办理考核办法、运行管理指导意见等一系列制度，建立了民情"三本账"定期通报、"满意度"抽查回访和从严考核等制度。将民意评价和群众满意度作为衡量县、镇、村书记民情"三本账"办理质量的重要依据，通过当面走访、书面函询、电话回访等方式，开展群众"满意度"调查。年终对具体承办的单位实行百分制考评，考核结果与党组织书记实绩考核、单位年度目标责任考核双挂钩，实行评优评先"一票否决"，以严厉的机制来倒逼各级干部担当作为，不断提升了基层党组织的凝聚力和落实力。

（四）实施民情"三本账"，促进了基层治理转型

自民情"三本账"推行以来，不仅解决了一批人民群众关切的衣、食、住、行等具体问题，也彻底解决了一批久拖不解的历史遗留信访问题和"疑难杂症"。书记民情"三本账"制度实行以来，从 2016—2018 年信访受理量来看，不仅呈现出直线下降趋势，还杜绝了进京上访、群体上访和恶性信访事件。实现了基层治理朝着井然有序的方向迈出了重要一步。

石泉县在实施县镇书记民情"三本账"制度的过程中，坚持强化问题和民意导向以改进治理，在进一步打通群众投诉举报渠道，及时遏制群众深恶痛绝的"四风"反弹和发生群众身边腐败问题的同时，转变"信访"思维为"治理"思维，注重从个性矛盾发现共性问题，注重从问题表象反思问题根源。架起干群密切相连的桥梁，

努力把社情民意"最初一公里"贯通，石泉各级党政主要领导自觉把民意导向贯穿民主科学决策的全过程，开辟以民为本、想民之所想、急民之所急、谋民之所谋的社会治理新路径，为追赶超越注入了强大的内生动力。

诚然，民情"三本账"也成为社会综合治理新法宝。石泉县将民情"三本账"制度纳入"大综治"工作范畴，把社情民意的收集办理回复等处置工作作为疏导理顺社会情绪、增强党政亲和力、凝聚社会共识、推动社会发展的起点，作为社会治理"治本"的基点、支点，县、镇书记将民情"三本账"作为联系服务群众的总抓手，亲自抓，抓早抓小抓细抓实，无论是群众久拖未解的历史遗留问题，还是生产生活中的细微小事，都受到重视和关切，群众合理合法诉求及时有效落实，监督投诉及时核查回复，急难困苦及时帮扶救助，合理意见建议及时采纳，负面不实信息及时澄清。这些措施的实行，让广大群众"高不可及"的县镇父母官可以与普通民众"面对面"，矛盾、纠纷、问题的解决的时间也有了极大的缩短，直接促进了基层社会治理的井然有序格局的形成。民情"三本账"创新了社会综合治理方式，撑起了平安石泉建设的一片天，真正成为助推社会和谐稳定的有效举措和重要途径，为进一步推进社会综合治理能力和体系现代化积累了宝贵的实践经验。

机制重塑：实现健康治理体系与治理能力现代化的基层探索
——基于对石泉县健康扶贫与医药卫生体制改革的调查分析

　　健康治理是全球治理的重要组成部分，健康扶贫是破解贫困人口健康问题，全面提升国民健康水平，实现社会公平，为社会发展与社会建设注入更充分动力的重要举措。习近平总书记指出，"健康是促进人的全面发展的必然要求，是经济社会发展的基础条件，是民族昌盛和国家富强的重要标志，也是广大人民群众的共同追求"。深化医药卫生体制改革，加快医药卫生事业发展，适应人民群众日益增长的医药卫生需求，不断提高人民群众健康素质，是贯彻落实科学发展观、促进经济社会全面协调可持续发展的必然要求，是维护社会公平正义、提高人民生活质量的重要举措。习近平总书记强调：中国政府坚持以人为本、执政为民，把维护人民健康权益放在重要位置。我们将迎难而上，进一步深化医药卫生体制改革，探索医改这一世界性难题的中国式解决办法，着力解决人民群众看病难、看病贵，基本医疗卫生资源均衡配置等问题，致力于实现到 2020 年人人享有基本医疗卫生服务的目标，不断推进全面建设小康社会进程。

一、制度失效：健康扶贫与医药卫生体制改革的背景

为解决贫困群众基本医疗保障的问题，我国深入实施健康扶贫。在相关资金和政策上进一步向深度贫困地区倾斜。贫困人口大病集中救治病种扩大到 25 种，对慢性病患者落实家庭医生签约服务，取消建档立卡贫困人口大病保险封顶线，鼓励地方研究提出对收入水平略高于建档立卡贫困户的群众的支持政策。加强贫困地区县医院医疗诊治能力建设和城乡医院对口帮扶，支持鼓励通过农村订单定向医学生免费培养、全科医生特岗计划、"县管乡用""乡聘村用"等方式，着力解决一些乡镇卫生院和村卫生室缺乏合格医生的问题。截至 2019 年 6 月底，全国 1435 万贫困大病和慢性病患者得到基本救治和健康管理服务。石泉县先后建立基本医保、大病保险、医疗救助、政府兜底保障机制，实行县域内住院"先诊疗、后付费"和"一站式"即时结算，切实解决贫困群众看病难问题，实现贫困群众有基本医疗保障。

石泉县严格依照"保基本、强基层、建机制"的要求，不断推进医疗卫生体制改革的深化，成立了以县医院、县中医医院为龙头的两大医疗集团，"医疗共同体"初步形成。将全县 11 个镇卫生院及村卫生室分别划归两大集团，初步实现了全县医疗卫生服务资源的整合优化。通过推进农村医药卫生体制改革，进一步优化卫生资源配置，完善两大医疗集团管理体制和运行机制。不断提升农村医疗卫生服务的效率和效能，先后出台了《石泉县医疗集团卫生服务一体化管理办法（试行）》等 7 个办法，强化了对医疗卫生机构的人事、资金、绩效等方面管理。完善了法人治理结构和治理机制，实行公立医院管理委员会领导下的院长负责制。按照"抓两头、带中间"的扁平化建设思路，加强了农村（社区）卫生服务中心和村

卫生室的建设，不断提高基层医疗服务水平。建立了分级诊疗体系，打通了双向转诊就医渠道。新建了新生儿科、重症监护室等重点科室，购置了一批医疗设备，诊疗能力有所提升。推进了"互联网＋医疗"建设，建立了县、镇、村三级远程会诊系统。组建了270支责任医师团队，与贫困户建立帮扶包抓联系机制，定期入户宣传健康扶贫政策、提供基本医疗和公共卫生服务，健康扶贫工作位列全市前茅。

二、体系失衡：健康扶贫与医药卫生体制改革的问题

（一）高度保障诱发扶志问题

目前贫困人口实际发生的"合规"医疗费用的报销比例达到95％以上。这给贫困人口以强烈的"保障"和"实惠"感，以致许多非贫困户都希望被评为贫困户；而已识别的贫困户不愿意"摘帽"。然而，如此高的保障水平很容易诱导一系列"道德风险"行为。一方面，贫困人口会因为看病费用的"自付"比例很小（不足5％）而觉得"很合算"，从而更倾向于多看病、多住院、多检查、多治疗。另一方面，医生也会觉得贫困人口"补偿高""要求高"等，因而会给予特别的"关照"。据我们对部分病种的住院服务统计，与非贫困人口相比，贫困人口同病种人均住院次数高出约30％，次均住院费用高出约20％。两项合计相当于贫困人口相同病种的住院费用高出非贫困人口66％。入户走访中也发现了许多因"脑梗塞""面瘫"等住院，但无明显后遗症的病例。不仅如此，贫困人口每次就诊都会发生一定的差旅、陪护费用，特别是"目录外"诊疗费用，产生额外的"自付"负担。

（二）不抓重点，忽视疾病管理

精准的健康扶贫可能是所有扶贫工程中专业性最强、难度最大的工作。正是因为这种高专业性及高难度，以非专业人员为实施主体的各地健康扶贫存在较明显的"治标不治本"的倾向。因病致贫及因病返贫的根本原因是疾病和残疾。因病致贫人口虽然非常需要经济帮助，但更需要一些特殊的或专业化的帮助。例如，长期卧床的患者需要给予其家人一定的护理知识培训；患有慢性病的患者需要更加具体详细的长效管理方案。而各地现有的健康扶贫措施则集中在经济补偿政策的落实上，忽视了疾病管理，尤其是疾病的预防。

（三）缺乏动力，医改推进缓慢

目前石泉县医疗改革工作中"四项改革"进展缓慢，信息化、扁平化、法治化建设推进不力，五大保障机制尚未破题，相关职能部门对县委县政府《关于加强医疗卫生服务体系建设的实施意见》（以下简称《实施意见》）落实没有完全到位，相关部门和公立医院管委会对《实施意见》落实情况督查不够有力。医改战略路线图虽已明确，但各相关职能部门、医疗集团对各阶段、各时期的目标任务缺乏细化和落实，考核奖惩和解决问题的办法不清晰，整体推进缓慢。

（四）主动意识不强，内生动力不足

两大医疗集团对于进一步深化医疗服务体系改革认识不到位，深化改革、提高医疗服务水平主动意识不强，内生动力不足，缺乏主动创新工作机制、探索有效工作方法的积极性，"等、靠、要"的思想严重，片面强调医疗集团本部的"稳定"和"收益"，忽视了基层卫生院和村卫生室的生存和发展，导致基层卫生机构发展缓慢、面临困境，对群众就医缺乏"吸引力"。

（五）人才流失，保障落实不够

目前医疗改革的五大保障机制落实不够到位。农村卫生服务中心建设缺乏资金，两大医疗集团在编在岗人员的职业年金未交纳，队伍不稳定。镇村医疗技术人员严重缺乏，村医队伍普遍年龄偏大，后继乏人。

（六）合作医疗基金入不敷出

目前石泉县农村合疗基金入不敷出，严重超支，各医疗机构垫付合疗报销款导致运转困难。同时药品"三统一"政策亟待完善，群众在县级医院、镇卫生院就医需要的药品买不到、能买到的药品明显高于市场价格的现象时有发生。

（七）群众满意度亟待提高

医疗卫生队伍建设和医德医风建设还需进一步加强，医疗服务行为还需进一步规范，开大处方、过度医疗、"打包检查"等现象还时有发生，"看病难、看病贵"的问题依然不同程度地存在。

三、扶贫深化：健康扶贫的重要举措

健康扶贫最直接的作用就是解决贫困人口的健康问题。习近平总书记多次谈到因病致贫、因病返贫问题。2015 年 11 月 27 日，他在中央扶贫开发工作会议上的讲话中指出："要大力加强医疗保险和医疗救助。从贫困发生原因看，相当部分人口是因病致贫或因病返贫的。俗话说要建立健全医疗保险和医疗救助制度，对因病致贫或返贫的群众给予及时有效的救助。"

（一）贫困人口住院费用全报销彻底化解贫困人口住院负担

积极探索健康扶贫机制，出台并实施《石泉县贫困人口医疗费用报销办法》，通过整合新农合、大病救助、民政救助等资金，对贫困人口看病就医实行全报销。在县内一级医疗机构住院治疗，执行新农合直通车报销制度，不设起付费，合规费用全额报销；在县内二级医疗机构住院治疗，起付费减半，其他合规费用全额保销；住院报销可达 22.5 万元／人，大病保险可达 30 万元／人。

同时，在全县各级医疗机构建立贫困人口就医"绿色通道"，设立"一站式"综合服务窗口，实现医保政策、救助制度"一站式"信息交换和即时结算服务，尽可能地方便贫困人口看病就医。

（二）贫困人口免费药柜切实减轻贫困人口日常服药负担

自 2016 年以来，石泉县在 11 个镇卫生院设立贫困人口免费药柜，对贫困人口中确诊患有慢性阻塞性肺疾病、支气管哮喘、高血压、脑血管病、冠心病、消化性溃疡、慢性胆囊炎、慢性肾炎（肾病综合征）、糖尿病、甲亢、甲减、类风湿性关节炎、癫痫、肺结核这 14 类慢性病的，可免费使用规定提供的药品。切实解决贫困人口的服药问题。

（三）分类施治，精准施策，医患牵手解决贫困人口就医难题

在健康扶贫方面，石泉县实施大病集中救治一批、慢性病签约服务管理一批、重病兜底保障一批。对患儿童急性淋巴细胞白血病、儿童急性早幼粒细胞白血病、儿童先天性心脏房间隔缺损、儿童先天性心脏室间隔缺损、儿童先天性动脉导管未闭、儿童先天性肺动

脉瓣狭窄、食管癌、胃癌、结肠癌、直肠癌、终末期肾病这 11 种重大疾病的贫困人口建立台账、有计划地组织到省、市、县定点医院集中救治，实行销号管理。

卫生系统发挥行业优势，开展健康扶贫行动，石泉县计划当年脱贫村中因病致贫人口 672 户 870 人，安排全县医务人员 870 人进行一对一包抓帮扶。医疗工作者参与到健康扶贫工作中来，发挥自身专业优势，对需帮扶对象进行指导"合理诊疗，合理转诊，合理用药"，使贫困群众了解掌握一些常见疾病预防知识，改变不良生活习惯及不健康的生活方式。促进他们早日摆脱因病致贫状态。跟上全县脱贫致富步伐，不因病掉队。

（四）"互联网+"云服务大数据让贫困人口数据深度融合

为更好地管理与服务贫困人口，石泉县积极推广贫困人口家庭医生签约服务管理信息系统的使用。该系统以云计算、大数据为基础技术支撑，通过家庭医师签约将诊疗服务与贫困群众的健康管理工作深度融合，为其提供集预防、诊疗、康复和健康管理为一体的全程健康管理服务云平台。

在工作中务必把贫困人口数据，做到线上线下数据一致，切实夯实精准识别、精准帮扶和精准脱贫的基础工作。通过有进有出的动态管理系统，确保信息系统中扶贫对象的基础数据更加精准，更加真实反映健康扶贫工作的成效。

（五）"天使健康扶贫行动"破解因病致贫返贫问题

深入开展"天使健康扶贫行动"，为因病致贫返贫对象提供精准卫生计生服务，达到"减少频发、控制突发、预防多发、病时有法"的医疗服务。

一是精准对接。县医院、县中医院、县妇幼保健院及全县 11 所乡镇卫生院坚持发挥专长，突出实效原则，按照包扶对象所患疾病专业对口原则，分类施策，实行"一对一"结对帮扶，积极施治，力争使包扶对象早日康复，恢复劳动能力，达到脱贫致富奔小康的目标。

二是健康帮扶。整合扶贫、民政、卫生、合疗等惠民政策，按照政策上限、优惠减免等服务内容，优先保障贫困户就医、子女上学、创业就业、生活、生产困难等问题。向包扶对象提供健康咨询指导、大病慢病主动干预、爱心资助及健康教育四大健康服务，对包扶对象疾病情况及时掌握并提供诊治方案，对治疗效果好能迅速恢复生产力的，避开绿色通道，送医送药，提供最适宜的医院和治疗方案，帮助其尽快恢复健康和劳动力。同时向大病慢病患者有针对性的提出干预措施和防控措施，广泛开展卫生知识、疾病预防、健康教育宣传，倡导文明健康的生活方式，鼓励包扶人对包扶对象提供资金、药品和其他物资救助，努力为患者减轻救治负担和生活压力。

三是产业帮扶。按照"一户一业、一户一册、一人一法"的方式，积极实施"雨露计划"、扶持发展药用种植养殖业和提供实用技术就业技术培训和信息服务。组织贫困村、贫困家庭"两后生"参加家庭护理、推拿按摩、月嫂等实用技能培训，培养一批推拿按摩师、理疗师、药膳员、护理员、收费员、保安等。并把地道药材种植，药用植物种植和药用动物养殖纳入精准扶贫计划，引导群众通过药用种植养殖发展产业实现增产增收，帮扶贫困户"宜种则种、宜养则养、宜工则工、宜商则商"增加收入。

四、医制革新：医药卫生体制改革的措施

2017 年 10 月 18 日，习近平总书记在党的十九大报告中指出，

要实施健康中国战略。要完善国民健康政策，为人民群众提供全方位全周期健康服务。深化医药卫生体制改革，全面建立中国特色基本医疗卫生制度、医疗保障制度和优质高效的医疗卫生服务体系，健全现代医院管理制度。石泉县针对镇村医疗机构看不了病、看不好病等问题，认真学习贯彻党的十九大报告和全国医改电视电话会议精神，及时研究制定措施，加快深化医改步伐。

（一）强化体制机制建设

石泉县制定完善《石泉县公立医院管理委员会章程》《石泉县医疗集团医疗卫生服务县镇村一体化管理办法（试行）》《石泉县医疗集团人事管理办法》《石泉县医疗集团资金管理办法（试行）》《石泉县医疗集团绩效考核分配管理办法》《石泉县医疗集团院长绩效考核办法（试行）》等文件，督促两大医疗集团制定出台《医疗集团组建工作实施细则》，完善绩效分配制、全员聘用制、人事管理制、群众评议制等体制机制，健全集团内部运行机制，确保医疗集团在正确的轨道上良性运行，切实打造县、镇、村紧密型医疗服务一体化模式。

（二）强化基本医疗服务

在组建两大医疗集团的基础上，按照"扁平化建设"的原则，做强县级公立医院和农村卫生服务中心，夯实县、镇、村三级医疗机构服务职责。同时，结合易地搬迁、景区建设，以抓点示范、逐步实施的原则，在每镇启动1个以上农村（社区）卫生服务中心建设，健全职责职能、运行机制，合理调配人员、设备、技术等医疗资源，探索可复制、可推广的农村（社区）卫生服务中心建设和运行模式。

（三）强化信息化建设

与中兴公司签订合作协议，尽快建成覆盖县、镇、村三级的远程会诊系统及医疗卫生计生服务管理监控系统，并抽调技术骨干、科室带头人组成远程会诊专家团队，通过远程会诊信息平台，搞好基本医疗服务工作。同时，加强与上级对口医疗机构的联系协作，指导县域内医疗机构开展疑难重症的诊疗工作，让群众在身边能享受到更好的医疗服务。

（四）强化监督管理

坚持以病人为中心，制定《石泉县医疗集团方便群众就医实施办法（试行）》，优化服务流程，严格药品"三统一"制度，严厉打击药品购销中的商业贿赂行为；加强对医疗集团执业行为的日常监督，强化对收费和支出的监管，规范用药、检查和医疗行为，纠正和查处损害人民利益的不良行为，保证其依法、合规、安全、有效，建立群众监督评议机制，制定《石泉县医疗集团监督评议管理办法》，完善医疗服务评价考核体系，注重日常督导与年终考核并重的原则，引入群众满意度调查，不断提升群众对卫生计生行业的满意率。

五、对症下药：健康扶贫与医药卫生体制改革的建议

石泉县通过健康扶贫和医药卫生体制改革满足了贫困群众对基本医疗的需求，真正做到了让群众看得起病，实现了各级医疗机构协同合作，提升了医疗服务水平，精准回应了当前医疗服务体系的弊病和痛点，增强了人民群众的幸福感和获得感。

（一）将健康扶贫纳入常规医疗卫生体系

首先，组织专门技术小组重新界定健康扶贫的目标，强调在保障医疗费用足够补偿的基础上，最大限度地降低贫困人口的疾病危害，增进其生存质量，提升其获得感与满意度。其次，由该技术小组把重新界定的目标分解成具体的分别由不同医疗卫生单位分工负责的任务。最后，由政府出台文件，把健康扶贫纳入各级各类医疗卫生单位必须完成的职责、纳入现有的基本公共卫生及签约服务、纳入各级各类医疗卫生单位的绩效考核体系。

（二）加强贫困地区医疗卫生与公共卫生体系建设

加强医疗卫生和公共卫生体系建设，从对疾病的预防、控制、诊断、治疗和患者康复的全过程进行系统建设与提升，才能从根本上改善贫困地区和贫困人口的健康问题，达到健康扶贫的目的。一是加强贫困地区医疗机构标准化建设，加大财政投入，完善基础设施建设，引进高水平人才，从而提升基本医疗卫生与公共卫生服务水平。二是进一步加强医院对口支援，加快信息化建设与远程医疗，使大型三甲医院带动贫困地区医疗机构发展与医疗水平提升。三是加强贫困地区公共卫生服务网络建设，使每个贫困地区达到"三个一"目标，即每个县至少有1所县级公立医院，每个乡镇建设1所标准化的乡镇卫生院，每个行政村有1个卫生室。加强地方病与传染病防治、母婴保健等工作。

（三）建立多路径健康保障体系

建立包括基本医保、大病保险、医疗救助、疾病应急救助的多路径健康保障体系，从多方面、多角度提高贫困地区和贫困人口的健康保障水平，切实降低贫困人口医疗自付费用和疾病经济负担。

一是基本医疗保险要根据社会经济的发展，逐步提升保障范围与保障水平。在城乡居民医保整合以后，仍然需要对农村贫困地区和贫困人口进行倾斜，以保证健康保障的公平性。二是要通过逐步降低大病保险起付线、提高大病保险报销比例，提升贫困人口受益水平。由于大病县外转诊率较高，应适当提高县外大病就诊患者的保险报销比例，从而减轻大病患者的经济负担。三是进一步完善医疗救助制度和疾病应急救助，明确救助对象与支付政策。医疗救助制度可以与我国精准扶贫政策相结合，通过扶贫办建档立卡系统，将我县贫困人口全部纳入救助范围，以提高贫困人口的健康保障水平。四是各项健康保障措施之间，需要设计良好的制度衔接，在保障对象、实施程序、标准、信息等方面进行有效的衔接，初步形成贫困人口就医"接力"保障机制。

（四）加强督导，促进医改有效落地

要加强对《关于加强医疗卫生服务体系建设的实施意见》贯彻落实工作的专项督查，县政府相关部门要进一步完善相关督查考核和激励办法，组织人力，定期组织督查，确保部门医改职责履行到位、各项政策落实到位。

（五）提升认识，强化医共体建设

两大医疗集团要提升认识，主动作为，大胆实践，克服"本位主义"思想，真正把下属的镇卫生院、村卫生室和农村医疗卫生服务中心统管起来，管人管钱管事管发展，建立向基层倾斜的薪酬分配制度和考核制度，拿出"本部的部分盈利资金"对镇村卫生院的职工进行绩效奖励，保障和提高基层医务人员的薪酬待遇，调动其积极性，从而打造职能明确、分级诊疗、优势互补、密切协作的医

共体。

（六）提高医疗服务水平，提升群众满意度

两大医疗集团要完善并落实监督管理机制，加强日常监管和考核评议，严格落实医德医风建设的相关规定，强化医疗质量管理，稳步提升医技水平和服务水平，健全医疗集团社会评价体系，广泛听取人民群众意见，不断提升医疗卫生事业满意度。

易地搬迁社区治理创新的 "石泉探索"
——池河镇西苑社区治理调查研究

《中共中央国务院关于加强和完善城乡社区治理的意见》指出，城乡社区治理事关党和国家大政方针贯彻落实，事关居民群众切身利益，事关城乡基层和谐稳定。陕南地区已迈入"后搬迁时代"，如何更好地加强搬迁社区治理是一项重要而紧迫的课题，需要引起更多的关注和研究。安康市石泉县池河镇西苑社区以深化社区自治为内核，构建"社区党组织领导、社区社会组织齐抓共管、搬迁群众共同参与"的社会治理合力，探索建立易地搬迁新型社区多元主体参与社区共治和居民自治相结合的"54321"社区治理新模式，有效提升了搬迁社区社会治理以及服务水平，并创造了可移植性的易地搬迁型社区治理经验。

一、搬迁社区治理创新的动因

衡量易地（脱贫）搬迁工作质量的主要标准是"搬得出、稳得住、能致富"。搬迁居民迁移安置工作的完成并不意味着搬迁工作的结束，更加重要的课题要认真破解。一方面，因易地搬迁而形成的特殊社区"由乱而治"需要科学的社会治理模式来保障；另一方面，民生问题的根本解决才是社会和谐稳定的前提和基础。由于新时期人文需求和社会管理的需要，传统的社区治理管理方式已难以适应发展的需求，社区治理往往陷入了"老办法不顶用，硬办法不敢用，新办法不会用"的尴尬局面。在这样的情势下，为实现"搬得出、稳得住、能致富"目标，促进农村居民尽快适应城镇生活环境，同时达到促民生、促和谐的目标，石泉县池河镇西苑社区不断探索新型搬迁社区管理方式、方法，社区群众生活方式得以改变，基本上完成了由"农民"向"市民"转变，给社区治理带来了许多有益的经验。

二、"五位一体"社区治理模式的特点

西苑社区是石泉县池河镇自实施陕南易地搬迁工程以来形成的新型社区，2015 年正式批准设立西苑社区居民委员会为城镇社区。总占地面积约 220 亩，投资 2.56 亿元，规划安置群众 1250 户 5845 人。截至 2018 年安置群众 875 户 4092 人。从 2016 年开始，西苑社区群策群力、大胆尝试，探索和完善了"五位一体"社区治理模式。这种治理模式，坚持以人为本、服务群众为宗旨，以实现"自我管理、自我教育、自我服务、自我监督"的居民自治为目标，努力构建一个以党组织为核心，以社区居委会、社区社会组织、个体经济组织、社区居民为补充的社区事务共同协商的工作平台，探索一条社区事务共同解决的有效途径，建立健全一种社区事务共同参与的长效机制，协调好"五位"之间的关系，实现好"五位"之间的沟通，发挥好"五位"在社区治理中的功能作用，形成社区治理的合力。

特点之一：构建了党建引领的共同治理体系。通过理顺社区关系，强化社区功能，形成社区负责、社会协同、公众参与的新型工

作格局。其中社区党组织总揽全局、协调各方；社区居委会去行政化，主动适度放权；社区社会组织按照市场规律运作，实现社区服务社会化；个体经济组织主动参与，建言献策；社区居民在社区党组织的引导下参与社区建设，发挥民主自治作用。

特点之二：突出了群众充分参与。通过从服务、自治入手，以构建社区居民情感认同，解决需求、化解矛盾为着力点，引导社会组织、个体经济组织在社区治理中积极发挥作用。通过发动群众参与，充分了解群众所想、所需，以群众生产生活需要来制定社区工作和服务内容，由以前"我要让群众做什么"变为"群众要什么我做什么"，使社区工作真正做到群众心里去、乐到群众心里去。通过调动社会组织、个体经济组织和居民三个积极性，形成社区和谐人人有责、和谐社区人人共享的生动局面。

特点之三：突出了品牌塑造。从组织建设、网格管理、便民服务、基础设施建设、文化建设和精神文明建设等入手，推进和谐社区建设标准化，不断扩大西苑社区的凝聚力、影响力和辐射力，切实提升了移民搬迁社区为民服务水平和品牌效应。

三、探索"五位一体"模式的主要做法

（一）加强组织建设，充分发挥党建引领作用

在建立健全社区、楼栋、单元、搬迁户的网格化管理服务体系中，充分发挥社区党支部基层组织建设作用，把党小组建在志愿服务队上，成立了社区志愿服务站，设立志愿服务队5支，将社区14名党员根据个人自身特长爱好分别编入老年儿童关爱志愿服务队、创业就业指导志愿服务队、平安建设志愿服务队、文体娱乐志

愿服务队、水电维修志愿服务队。在党员服务志愿服务队的管理方面，将服务时间进行及时管理，年底进行考核，并将考核成绩作为民主评议党员的重要内容。社区志愿服务队实行规范化管理，将社区志愿者进行注册管理。同时开展活动常态化，围绕关心社区内的弱势群体、空巢老人、留守儿童的关爱帮扶，社区创业孵化基地建设，社区平安稳定及社区群众文化娱乐，每月开展一次活动。同时，深入开展党员帮扶结对活动，定期上门走访社区困难家庭，了解他们的生活状况，在思想上引导他们，切实为社区内生活困难的居民排了忧、解了难、救了急，使他们感受到社区是个温馨的家，进而促进整个社区的和谐稳定。

（二）加强配套建设，提升社区现代化水平

在西苑新区中心位置投资 600 余万元建起一处占地 30 余亩的文体活动中心。其中文体中心楼共 2000 余平方米，集多功能活动厅、影剧院、图书阅览室、信息资源共享服务室等多种服务功能为一体，为群众提供免费服务。体育场设有 200m 标准跑道、2 个灯光篮球场、2 个羽毛球场、露天舞台和健身器械区各一处，为群众开展文体活动、消遣娱乐、丰富业余文化生活提供了良好的环境和条件，该地已成为社区居民休闲锻炼主要场所。同时，随着新区配套的滨河北路、金蚕公园建成投入使用，将会为群众提供更广阔的休闲活动场地，使社区居民可以享受到同城市一样的基础文化服务。

（三）加强便民服务，切实做到一站式代办

按照移民搬迁社区"原籍管理地和林，社区管理房和人"的权益分流管理模式，设立了"一站式"社区便民服务中心，突出抓好"教育培训、全程代办、移风易俗、文化娱乐、志愿服务"五大服

务，充分利用宣传橱窗、电子显示屏、宣传彩页，大力开展法律法规、形势政策、文明习惯的教育宣传。建立搬迁群众创业孵化基地，集成各项优惠政策，实行一站式代办制度。配建日间照料中心，落实专人管理，全天候免费开放。

（四）加强精神文明建设，创建文明和谐新社区

以农村精神文明建设"六个一"为抓手，以社会主义核心价值观进社区统领全局，以"文明社区""十星级文明户""好媳妇、好婆婆、好丈夫""最美家庭""石泉十佳"等评选活动为载体，开展积极向上的社区文化教育党员、引导群众，丰富社区文化生活加快村民向市民转化的过程，2019年在社区共评选十星级文明户88户、九星级107户、八星级29户，星级家庭均实行楼道挂牌公示动态管理。开展道德讲堂4次，评选出"好媳妇""好婆婆"等先进典型13人。

四、"五位一体"社区治理模式的启示

"五位一体"社区治理模式是居民区党组织在构建和谐社区、服务人民群众、巩固党在社区基层执政基础的实践中所作出的有益探索。它变自上而下的社会治理为上下结合的社区治理，解决了社区行政化管理中薄弱环节和工作盲区；在理顺管理体制、健全管理制度、创新服务内容、建立长效机制上探索出了具有可复制性的移民搬迁社区治理模式。该模式对于易地搬迁社区治理能力提升有重要的启示。

一是加强和完善搬迁社区治理要以深化社区自治为内核，以创新治理机制为保障，积极探索和建立易地搬迁新型社区多元主体参

与社区共治和居民自治相结合，以加快实现社区治理由单一主体到多元主体的转变。在"五位一体"多元共治过程中，党组织、易地搬迁社区居委会、社区社会组织、个体经济组织、社区居民在社区治理中融合为一体，通过协商、合作、整合、互动、监督、创新的方式，达到由全社会来共同参与治理搬迁社区事务。

二是要更好地实现社区治理由政府与居委会双向互动到多元互动的转变，积极构建"社区党组织领导、社区社会组织齐抓共管、居民共同参与"的社会治理合力。在建立社区组织体系过程中，通过制度设计，创新"三社"（社区、社团、社工）互动机制，"三方"（社区居委会、业主委员会、物业公司）联动机制，"两会"（居民成员代表大会，协商议事会）参与机制和"两长"（楼长、中心户长）引领机制，调动社区治理主体参与社区共治，优势互补，协同治理，实现社区治理由政府与居委会双向互动到多元互动的转变。

三是既要开展对口帮扶，承接政府行政部门依法延伸在农村社区的医疗卫生、环境卫生、文教体育、计划生育、社会保障、治保等基本政务服务及有关公共服务，也要采取有效措施实现行政化管理到居民自治的转变。深入开展群众性精神文明创建活动。社区要定期开展文明家庭、好邻居、道德模范、见义勇为、助人为乐等文明风尚评选活动，使社区居民正确处理个人与家庭、他人、集体和社会的关系，树立良好的社会风尚，构建和谐的人际关系，推动社区精神文明建设。以开展"五星级社区"创建活动为载体，大力开展普法教育，增强广大干部群众法制观念，推进依法管理社区，促进搬迁社区健康发展。

四是要树立以人为本理念和多元参与治理的理念，积极推动和实现由"村民"向"市民"转变。要更好地保障居民代表大会制度，居民协商议事制度，居民评议制度、居务公开制度的落实。进一步改进完善社区居民自治章程，开展"自治家园"建设。更好地保障知情权、表达权、参与权、监督权的落实。进一步畅通民意诉求渠道，利用便民服务大厅，为居民群众当家做主提供平台，引导居民群众以理性、合法的方式表达个人意愿，从根本上减少治理过程中出现的矛盾冲突。更好地保障民主选举、民主决策、民主管理、民主监督的落实。探索成立楼栋自管委员会等自治组织，做到居民的事居民自己做主，居民的问题居民自己解决。

五是要切实强化社区服务功能，积极构建由单纯的共同生活到有力彰显特色的共筑精神家园的转变。通过开展文化宣传活动、科教文化活动和全民健身活动，引导搬迁社区居民转变思想观念，改变生活方式，提高生活质量，提升社区文明形象。以社区服务中心为载体，进一步完善党员服务、民主监督、为民服务、社会保障和社会事务、卫生医疗、文体娱乐、警务综治、综合管理、基础设施等服务功能，全力打造社会管理和公共服务的新平台，让广大群众充分享受到身边的贴心服务。同时，要通过召开居民会议讨论、举办社区精神签名仪式，弘扬社区精神，把这种精神形成一种理念，入心入脑，让社区全体居民认同、认可，并将社区精神变成社区居民的共同价值追求。

及锋而试：将脱贫攻坚作为县域经济的"发展良机"
——基于对石泉县产业扶贫的调查与思考

习近平总书记在 2018 年打好精准脱贫攻坚战座谈会上强调："产业扶贫是稳定脱贫的根本之策，但现在大部分地区产业扶贫比较重视短平快，考虑长效效益、稳定增收不够，很难做到长期有效。如何巩固脱贫成效，实现脱贫效果的可持续性，是打好脱贫攻坚战必须正视和解决好的重要问题。"自党的十六大第一次提出"县域"的概念以来，县域经济的问题就受到了前所未有的关注，发展县域经济作为繁荣农村经济的重要保障，离不开地方特色产业的发展和壮大。为此，陕西省安康市石泉县以市场为导向、以经济效益为中心，因地制宜积极探索具有地方特色的扶贫开发产业，形成了"三带三扶三长效"产业扶贫发展模式，在保证脱贫成果长期有效的同时，带动当地县域经济的发展。利用"能人兴村"战略充分发挥党在基层自治的领导作用，创新产业扶贫模式带动当地特色产业规模化发展，是石泉县精准扶贫攻坚战取得成就的重要因素。

一、"砥砺琢磨"：探索"三带三扶三长效"，产业脱贫有路径

近年来，石泉县通过实施"能人兴业"、乡村旅游、产业园区

带动，扶能人、扶企业、扶贫困户，着力培育长效产业，促进贫困群众长期就业、长远增收，积极探索"三带三扶三长效"产业脱贫新路径，推动了脱贫攻坚由"输血"向"造血"转变。

（一）"三带动"："强带弱、大带小、点带面"破解产业扶贫发展难题

习近平总书记指出："推行扶贫开发、推动经济社会发展，首先要一个好思路、好路子。要坚持从实际出发，因地制宜、厘清思路、完善规划、找准突破口。"为此，石泉县深入挖掘能人在知识、技术、资金等方面的优势，大力实施"能人兴业"、乡村旅游、产业园区带动工程，通过土地流转、入园务工、产业托管、订单回购、利益分红等方式，把龙头企业、旅游景区、产业园区等新型经营主体与贫困户联结在一起，形成"强带弱、大带小、点带面"的产业发展模式，使贫困群众真正融入产业富民中。

1. "强带弱"："能人兴业"，助力产业脱贫

石泉县确定的"能人兴村"标准是"三有三能"，即思想有境界、投资有实力、经营有能力和致富能帮带、新风能引领、治理能出力。据此，全县确立了1100个能人队伍，分类造册，建档立卡，在"服务上从优、项目上支持、经济上奖励、政治上鼓励"。石泉县还为综合型能人搭建了政治参与平台，把善组织、懂管理、群众服的综合型能人吸纳进村级班子和党组织。结合"双培双带"活动，石泉县先是能人加入党组织，选拔部分能人进入村级班子，再推荐选举部分能人担任县、镇两级"两代一委"，有效强化了基层队伍。实践表明，石泉县实施的"能人兴村"战略，既是建强农村基层组织的客观需要，也是打赢脱贫攻坚战的有力保障，让能人的力量像大树一样在农村牢牢扎根，为基层固本培元，成为脱贫攻坚

源源不断的内生动力。利用能人的知识、技术、资金方面的优势，通过"能人兴业＋脱贫攻坚"的战略为当地农村经济发展注入新活力。

2. "大带小"：党建引领，创新经营主体

习近平总书记在河北省阜平县考察扶贫开发工作时说："农村要发展，农民要致富，关键靠支部。"为着力加强党的建设与精准脱贫深度融合，石泉县鼓励能人创办龙头企业，领办农村专业合作社，通过党支部的引领带动，贫困户采取土地流转、劳务用工、订单销售等方式与市场主体结成利益共同体，"＋"进全产业链中获得稳定收益。形成了"支部＋X＋贫困户"的新型经营主体带动模式，"X"代表市场经营主体，主要以"支部＋企业＋贫困户""支部＋合作社＋贫困户""支部＋产业园区＋贫困户"为主，为解决农民作为市场弱势主体在营商环境中的弊端，村支部采取"一站式服务""跟踪式服务"等方式负责规划、用工、市场等环节的统筹，贫困户只负责"种植和收钱"，采用合同收购、股份分红、利润返还等形式将贫困户牢牢地吸附在产业链上。为推动"三变"进程，构建产、供、销一体化生产格局，石泉县正在不断扩"X"的范围，创新推出"支部＋景区＋贫困户""支部＋社区＋贫困户"的带动模式，对贫困户进行从业技能的培训和易地搬迁后从商租金的减免，遵循宜工则工、宜农则农、宜游则游的原则，让贫困户在党组织的带动引领下实现稳定增收脱贫。

3. "点带面"：文旅扶贫，发掘地方资源

"金蚕之乡，鬼谷故里，秦巴水乡，石泉十美"是多年来着力打造的石泉名片。多年来，石泉县坚持把全域旅游作为战略性支柱产业，依托秦巴山水独特禀赋，坚守绿色本底，打造水乡特色，建设绿色家园，围绕"景区带村、能人带户"与"党支部＋园区＋贫困户"模式，扶持景区周边贫困户大力发展农家乐、农家宾馆和蔬菜瓜果、土特山货、特色旅游商品等配套产业，促进贫困群众增收。

专题调查篇

一是以强化技能培训推动实现就业。"授人以鱼不如授人以渔。"为增强贫困群众创收能力，该镇围绕旅游产业发展，开展定期、不定期的对贫困群众开展旅游从业技能培训，全面提升贫困劳动力的服务技能和服务水平，引导贫困户转变就业观念，推动贫困群众实现就业增收的同时，为旅游发展提供人力支持。二是以参与景区建设推动多元增收。围绕"旅游＋扶贫"模式，充分发动贫困群众以房屋、土地、技术、劳动力等元素参与景区建设，增强景区带贫益贫能力，推动实现贫困群众就业有岗位、创业有项目、增收有门道，助力脱贫攻坚。三是以改善景区环境推动树立新风。大力推进"三改三治"，全面治理车辆乱停、垃圾乱倒、污水乱排、秸秆乱烧等陋习恶俗。全面推行无害化厕所，设立护河员、清扫员等公益性岗位，充分运用新民风道德评议等手段，推进农村人居环境整治，保证景区环境优美。石泉县积极推进生态旅游和文化旅游的发展并取得明显成效，借文旅扶贫的契机深度挖掘乡村旅游产业资源，带动县域经济的发展壮大。

（二）"三扶持"：资金扶持、技术帮扶、产业奖补激发脱贫内生动力

1. 资金帮扶：项目管理，提升脱贫质量

为加快产业脱贫步伐，石泉县对能人带动贫困户脱贫成效好的，达到农业产业化龙头企业标准的，通过整合项目资金给予100万元的一次性扶持；达到示范专业合作社、家庭农场、产业大户标准的，分别给予3万元、2万元、0.5万元的一次性奖补。通过对带贫益贫的新型经营主体进行项目资金设立，为自发脱贫的乡镇集体扫清产业脱贫道路上的资金障碍，提升产业脱贫工作质量。

2. 技术帮扶："授人以鱼不如授人以渔"

为了让更多的农村劳动力实现就业创业，极大地增强贫困群众脱贫致富的信心和能力，石泉县政府加大了产业免费技能培训。除了就业技能培训，石泉县政府还设置专业服务部门"产业脱贫技术服务 110"，为贫困户提供技术指导。当前，石泉县产业脱贫技术服务 110 指挥中心在 11 个镇实现了全覆盖，县级专家团队、县级技术服务队、新型经营主体技术团队、农村能人技术服务团队等 5 类技术服务人员随时接受"指挥""调度"人员安排的技术服务任务，确保"24 小时值班电话"及时接通，并在 3 日内完成技术服务，不少农民遇到的农技"疑难杂症"通过热线电话得到了及时解决。

3. 产业奖补：激发贫困户内生动力

石泉县坚持"大搞大补，小搞小补，不搞不补，奖增量不奖存量"的原则，根据《石泉县产业就业精准脱贫"三有"实施方案》制定相应的奖补制度，主要的奖补对象是"十三五"建档立卡贫困户（包括已脱贫户）、县域内带贫益贫及当年新增新型经营主体、发展集体经济效益突出的村级组织、产业就业精准脱贫"三有"成效突出的镇，其奖补标准主要是：贫困户发展产业和自主就业奖补，各类新型经营主体带贫益贫奖补，落实"能人兴村"战略奖补，农村集体经济发展"十佳"村奖补，"三友"工作先进镇奖补。石泉县通过建立收入绩效奖补机制，聚力发展稳增收，提质增效防返贫。

（三）"三长效"：长效产业、长期就业、长效增收保障长效脱贫成果

石泉县坚持用系统性、创造性思维持续抓好产业发展，通过精准实施产业扶贫到村到户到人，努力实现产业扶贫项目对有劳动力的贫困户全覆盖，切实把构建长效产业、长期就业、长效增收作为长效脱贫和防止返贫的有力保障。

1. 长效产业：持续提升贫困村综合实力

石泉县结合实际，相继制定出台了石泉县产业精准脱贫三年行动方案、产业就业精准脱贫"三有"实施方案和"三有"奖补办法，分年度落实好产业精准脱贫任务；注重产业发展长短结合、优势互补，基本形成了"全域旅游抓龙头，北桑南茶川道菜，特色种植养殖保增收"的产业总体布局；为推动农业农村经济建设，落实共享发展理念，实现脱贫效果的可持续性；针对每镇每村不同发展情况和不同的资源环境制定切合实际的发展规划，努力实现村村有集体经济、户户有长效产业、人人有稳定就业的发展格局。

2. 长期就业：努力实现人人就业稳定

针对整县脱贫摘帽目标，石泉县还精准实施了脱贫攻坚"1135"稳定增收工程，即通过开发 1000 个左右村内"居家就业"公益性岗位，1000 个左右县内"稳定用工"岗位，组织实现 3000 个左右县外"稳定务工"岗位，组织 5000 户左右贫困户发展特色订单种植养殖产业；建立了创业孵化基地、返乡创业示范园、就业扶贫基地、新社区工厂 4 个创业就业平台，着力推进大众创业和城乡劳动力稳定就业；全县累计注册企业 2129 家，个体工商户 10711 个，农民专业合作社 296 户，稳定带动就业近万人。

3. 长效增收：切实提高脱贫质量

对有产业发展能力的贫困户，石泉县逐户规划建立长短结合的特色种植养殖项目台账，统一组织种苗（源）调运，统一技术指导，统一生产管理，统一签订 2 年以上的订单种植养殖合同，着力构建中长线产业、技术服务、主体带动、订单回收"四个全覆盖"，确保每个贫困户有 1 ～ 2 项稳定增收产业，掌握 1 ～ 2 项实用技术，有 1 ～ 2 人稳定就业增收，做到贫困村特色产业全覆盖，贫困户中长线产业全覆盖。

二、"显露锋芒"：落实"三带三扶三长效"，产业脱贫显成效

2018 年，石泉县上下认真贯彻落实习近平总书记扶贫重要论述精神，坚持精准扶贫、精准脱贫基本方略，持续深化"三个六"脱贫攻坚思路，按照"严、实、精、高"工作要求，以"五个完善、一个主攻、五个提升"为着力点，全面夯实脱贫攻坚工作，在开发扶贫过程中推进农村第一、第二、第三产业交叉融合，加快发展根植于农业农村、由当地农民主办、彰显地域特色和乡村价值的产业体系，推动乡村产业全面振兴。

（一）村级集体经济发展壮大

通过村支部的引领，遵循市场规律，推动乡村资源全域化整合、多元化增值，增强地方特色产品时代感和竞争力，形成新的消费热点，增加乡村生态产品和服务供给。利用"能人兴村""订单式生产"以及"一站式服务""跟踪式服务"等多种扶贫战略，石泉县探索出了"支部 +X+ 贫困户"的创新产业经营模式，因地制宜，结合多种"X"的农村市场经营主体助力精准扶贫事业，按照"系统化思维、全产业开发、产加销一体化"工作思路，采取"政府扶龙头、龙头联合作社、合作社建基地、基地带大户（贫困户）"方式发展多种适度规模经营，打造农村产业融合发展的平台载体，促进农业内部融合、延伸农业产业链、拓展农业多种功能、发展农业新型业态等多模式融合发展，将贫困户牢牢地拴在了村级集体经济产业链上，充分发挥了新型经营主体的帮扶带动作用。当前，石泉县以桑蚕、魔芋、黄花菜、养蜂为主要脱贫产业，全年贫困户栽桑3304 亩、养蚕 4717 张，种植黄花菜 1000 余亩、魔芋 2482 亩、订

单蔬菜 5385 亩、特色林果 2946 亩，养蜂 4216 箱。除了农业种养产业扶贫以外，为推进农业循环经济试点示范和田园综合体试点建设，以生态旅游和文化旅游为主打的特色小镇建设也是石泉县推动农村产业深度融合的一大特点。2007—2018 年，全县年旅游人数、旅游综合收入以 20% 以上的速度增长，石泉县旅游"一业兴百业"的带动作用凸显，旅游产业已成为石泉县富民强县的战略性支柱产业。石泉县已有 7 个省级旅游示范村，10 个市级旅游重点扶贫村和 14 个国家乡村旅游扶贫重点村。石泉县共发展农家乐 150 余家，旅游村镇农民人均收入突破 8000 元，带动创业就业 1300 余户3400 余人，占全县脱贫人口总数的 31.21%。

（二）特色扶贫产业持续增收

石泉县利用当地资源禀赋优势和独特的历史文化基础，有序开发县域优势特色产业，逐步将特色产业做大做强。通过结合全县产业发展规划，因户施策落实第一、第二、第三产业，形成了特色鲜明、优势集聚、市场竞争力强的特色农产品优势区；确立奖补制度鼓励特色扶贫产业经营主体帮助贫困户脱贫致富，实现了扶贫资金、扶贫资源的有效运用，提高了扶贫资金、扶贫资源的使用效果，激发脱贫内生动力；践行乡村振兴发展战略，实施产业兴村强县行动，培育产业融合强镇，打造一乡一业、一村一品的发展格局，保证扶贫产业长期有效，防止各类原因导致的"返贫"现象发生。2018 年石泉县实现了 5个贫困村的 1885 户、6101 名贫困人口退出，贫困发生率由 2017 年年底的 11.2% 下降至 7.3%，完成了年度减贫计划，脱贫质量为历年最好。通过落实"三带三扶三长效"产业扶贫模式，进一步完善产业奖补政策，大力推行订单式生产，兑现产业到户直补资金 1533 万元，累积带动 6700 余户贫困户发展产业，其中，5389 户贫困户落实了中长期产业，户均产业增收 2650 元，产业脱贫取得了一定成效。

（三）贫困人口就业率逐步覆盖

石泉县认真总结脱贫攻坚经验，注重扶志扶智，引导贫困群众克服"等、靠、要"思想，逐步消除精神贫困。该县充分发挥产业园区、创业就业孵化基地等带动作用，建成创业孵化基地 7 个、就业扶贫基地 9 个、社区工厂 4 个，入驻创业实体 600 余家，创造就地就近就业岗位 3000 余个。与园区富泉纺织、利民船舶等企业建立用工协议，并创建贫困劳动力信息库和重点企业用工信息库，将岗位信息发布至每位贫困户，协助贫困群众找到适合自己的工作。发展乡村旅游业，培育中坝作坊小镇等新型旅游景区，带动贫困劳动力就业 296 人。在《石泉县产业就业精准脱贫"三有"实施方案》关于"人人有稳定就业"的发展规划中，石泉县计划到 2019 年年底实现所有有就业意愿的贫困人口全部就业；2020 年年底实现所有就业贫困人口收入不低于全县农村居民可支配收入水平；2021 年实现 45 岁以下贫困劳动力全部具备初级以上的技能资质，人均收入不低于全县城镇居民人均可支配收入水平。研究建立促进群众稳定脱贫和防范返贫的长效机制，探索统筹解决城乡贫困的政策措施，确保贫困人口稳定脱贫。

三、"继往开来"：实现"三带三扶三长效"，产业脱贫出经验

（一）政府主导，发挥基层干部的带动作用

要充分发挥党组织在基层的建设作用，由县政府牵头，依托镇政府、村支部，深入群众，搭建龙头企业与扶贫产业的合作契机，

提高贫困户作为弱势经营主体在市场经济中的话语权。利用"能人兴村"战略的实施，深入发掘乡村建设人才，发展壮大党的基层组织队伍，充分发挥党组织在农村建设作为指向标的作用，在为村级领导班子储备干部的同时，充分利用能人优势特长帮助贫困群众脱贫致富。并且由政府主导成立扶贫工作队伍驻扎贫困地区，既能够因地制宜结合实际发展当地特色扶贫产业，又能够对带贫益贫产业经营主体进行监督，维护贫困户脱贫利益。

（二）合理规划，发挥扶贫资金的引导作用

直接将财政扶贫资金下发到贫困户对于改善贫困户生活水平的效果是有限的，这种短期行为不利于贫困户的自我发展，且贫困户的脱贫意愿不强，最终的脱贫效果难以持久。而扶贫资金直接投资到扶贫企业也不能实现扶贫资金的持续增值，且资金使用的监督和管理工作也较难开展。通过对各类扶贫资金进行整合，落实到户后作为股权投入龙头企业和专业合作社等新型经营主体中，获得扶贫资金的持续稳定增值，并对贫困户的收益和分红有兜底保障。并且利用扶贫设立扶贫项目基金和确定奖补制度，激发新型经营主体的发展活力和扶贫积极性，还能将政府、贫困户和产业经营主体联合起来组成利益共同体，最大限度地发挥财政资金的杠杆作用。

（三）产扶互补，激发经营主体的扶贫动力

在产业扶贫过程中，当地龙头企业、农村产业合作社、产业园区等新型经营主体是参与扶贫开发的主要市场主体。通过土地流转、土地入股、签订订购合同、园区就业等方式带动贫困户脱贫，并鼓励这部分新型经营主体延伸产业链，覆盖农业产前、产中、产后环节，形成全产业链服务。利用新型经营主体市场配置功能，实

现农户小生产与大市场的对接，发展壮大新型经营主体，切实提高区域特色产业发展增殖能力、吸纳有能力的劳动力和提高专业技能能力，从而推动县域经济的发展。

（四）对症下药，尊重扶贫对象的主体地位

依据贫困对象的致贫原因和现状，坚持从群众的内心愿望和发展实际出发，充分征求贫困群众发展特色产业的意见，因人而异制定帮扶措施。坚持"扶贫扶志""扶贫扶智"的原则，将尊重农民主体地位、增进农民福祉作为农村一切工作的出发点和落脚点。地方在帮扶过程中要对帮扶对象实施精准识别、精准帮扶和精准管理，产业扶贫开发精准到户、精准到人。结合贫困户个人实际情况和地区特色进行产业帮扶，通过参与式扶贫，发挥贫困户的主体作用，对症施策，有利于提高贫困农户参与扶贫开发工作的积极性和主动性，激发其内生发展动力，优化精准扶贫项目的实施效果。

（五）保护环境，建设绿水青山的美丽乡村

紧密结合特色小镇、美丽乡村建设，深入挖掘乡村特色文化符号，盘活地方和民族特色文化资源，走特色化、差异化发展之路。在开发乡村旅游资源，发展特色扶贫产业的同时，以生态环境优美和资源永续利用为导向，推动形成农业绿色生产方式，实现投入品减量化、生产清洁化、废弃物资源化、产业模式生态化，提高农业可持续发展能力。牢固贫困群众树立和践行"绿水青山就是金山银山"的理念，坚持尊重自然、顺应自然、保护自然，统筹山水林田湖草系统治理，在开发地方生态旅游和文化旅游资源助推脱贫攻坚战的同时，加快转变生产生活方式，推动乡村生态振兴，建设生活环境整洁优美、生态系统稳定健康、人与自然和谐共生的生态宜居美丽乡村。

"四个三"工程：农村精神文明建设的有效实现形式
——石泉县的实践与启示

　　积极探索农村精神文明建设有效实现形式是实现中国梦的需要，也是陕西追赶超越的需要。石泉县坚持问题导向，以培育和践行社会主义核心价值观为主题，以繁荣和发展先进文化为引领，以"美丽乡村 文明家园"建设为载体，创新实施以"四个三"工程❶为抓手的农村精神文明建设工作。统筹协调、纵横联动，虚事实干、软事真干，取得了明显成效，其有益做法和宝贵经验对深入推进农村精神文明建设具有借鉴作用。

一、农村精神文明建设"四个三"工程主要做法

　　石泉县属国家连片扶贫开发工作重点县，农村人口占全县总人口的80%以上。党的十八大以来，该县认真培育和践行社会主义核心价值观，紧抓农村精神文明建设的薄弱环节不放松，取得了群众思想道德素质提高、乡风文明水平提升、幸福指数跃升的显著效果，但农村精神文明建设成效距离群众期盼仍有一定差距。譬如，

---

❶　即三项教育提素质、三项整治优环境、三项行动增友爱和三项创评树典型。

部分群众政策法规意识不强；部分留守人员精神空虚而沾染"黄赌毒"；由于价值取向的偏离，邻里互助的道德观念不强。

聚焦破解农村精神文明建设存在的突出问题，为真正使社会主义核心价值观内化于心、外化于形，石泉县统筹谋划、精准施策，创新实施以"四个三"工程为抓手的农村精神文明创建活动。

（一）"三项教育"：提升群众素质

建立宣传教育长效机制，广泛开展社会义核心价值观、法律法规、形势政策三项教育活动，从根本上夯实精神文明的基础。

1. "六个一"优化载体

即办一套专项广播电视节目，印制一套综合宣传资料，组建一个巡回宣讲团，组建一支文艺宣传队，建立一个凡人善举榜，开办一个道德讲堂。通过灵活宣传方式，常态长效坚持，扩大群众参与，真正使社会主义核心价值观融入百姓生活，让法律法规和党的惠农政策家喻户晓、入脑入心。

2. 抓典型示范引领

把深化法治教育、推进农村精神文明建设作为突破口，总结推广"五个坚持"的经验。❶编印《干部普法读本》《村居民普法读本》等 5 万余册，深入开展"法律服务进万村、推进法治到基层"主题月活动，干部群众学法用法的意识明显增强，为三项教育活动的深入开展起到示范带动作用。

3. 施良策真抓实干

借助纵向互动横向联动，多种手段并用，目前全县成立 12 支

---

❶ 坚持求真务实，让普法工作责任"实"起来；坚持因人施策，让重点对象学法"活"起来；坚持与时俱进，让法治氛围"浓"起来；坚持形式多样，让法治宣传活动"多"起来；坚持普治并举，让法治信仰"立"起来。

宣传队，组织 11 个宣讲团深入村组开展道德规范、政策法规、卫生健康、科学技术、文化演出"五进"农家活动 300 余场次，利用广播电视、微信公众号等大众传媒方式，宣讲解读法律、农技、惠农政策等常用知识，受众超过 10 万人次；建成社会主义核心价值观主题广场 7 个，设置公益广告牌 1000 余幅，建设文化墙 61 面，凡人善举榜 72 处、宣传栏 500 余个；村村成立文化活动队伍，常态化组织开展文艺活动。

（二）"三项整治"：优化农村环境

以"无邪教镇村"创建为切入点，深入开展邪教和封建迷信、社会不良风气、生产生活环境三项整治，从源头上净化社会环境。

1. 深入开展社会治安综合整治

由县公安局、民政局牵头，制定专项整治方案，严厉打击邪教、封建迷信、"五霸"和黄赌毒，以及破坏生态环境、扰乱工程建设和道路交通等违法行为。共查处门徒会、全能神案件 10 起，捣毁聚点 18 处，涉案人员 43 人，制止非法迷信活动 1 起；查办"涉霸"、"黄赌毒"、扰乱工程建设、醉驾等案件 170 余起，有效防范和消除社会不稳定因素。

2. 深入开展社会不良风气整治

建立和完善村规民约、开展道德评议和监督、整治违纪违法行为多措并举，在党员干部中全面开展婚丧嫁娶大操大办专项整治。健全公开曝光机制，在电视台、网站通报典型案例；多数村成立道德评议会、红白理事会、民风纠察队等群众性组织。通过教育引导、治理规范、公开曝光等手段，警示教育干部群众遵守道德法纪，倡导农村文明新风尚。

3. 深入开展生产生活环境整治

认真开展"美丽乡村、幸福家园"建设，重点强化对村民卫生习惯的教育和引导，增强健康意识；全面实施生活垃圾户装袋、组收集、村转运、镇县处理的城乡一体化环境卫生管理体制。推行江、河、溪、沟水流"河长制"；加大造林绿化力度，美化乡村环境；采取"一控两减三转"措施，控制农业面源污染，开展噪声、油烟、大气污染专项治理，引导村民共建生态宜居的幸福家园。

（三）"三项行动"：增进社会友爱

以增强友爱意识为契合点，组织开展志愿服务、扶贫帮困、留守关爱"三项行动"，营造我为人人、人人为我的和谐氛围。

1. 大力开展志愿服务行动

建立政府引导、党员带头、群众主体、城乡一体的志愿服务工作机制，成立县域志愿者服务协会，在村（社区）建立了志愿服务工作站，组建了涵盖医疗卫生、文艺宣传、环境保护等 17 支志愿服务队，志愿服务人数达 4280 人，深入偏远贫困村组和农户，开展科技培训、文化辅导、卫生诊疗、法律维权、爱心助学、助残帮困等志愿服务活动 500 余场次，资助特困家庭、贫困学生、因残致贫 6000 余人次。

2. 大力开展扶贫帮困行动

制定出台产业帮扶方案，在各村建立合作社扶持小户、产业大户带小户、富裕户帮贫困户的帮扶机制；组织引导爱心企业、个体户、致富能人结对帮扶贫困村、贫困户，建立健全激励机制，调动社会力量参与扶贫帮困的积极性和主动性。全面推行"两包两联一驻一代"制度❶，选派科级后备干部专职驻村，推行代办服务，累计

---

❶ 即领导干部包村，优秀年轻干部包户，领导干部联系两代表一委员。

为包抓村和包联对象协调争取项目资金 3000 多万元，办实事好事 4200 余件。

3. 大力开展留守关爱行动

建立"县指导、镇负责、村落实"的责任制，健全留守老人、留守妇女、留守儿童管护办法，构建学校、村（社区）、家庭三级管护网络，将留守人员关爱工作经费纳入财政预算，重点围绕留守人员学习、生产、生活、情感等方面，因人制宜实施个性化服务。通过优化关爱机制和方式，使之联系更紧密、服务更直接、关爱更常态。全县 2 万余"三留守"人员享受到改革发展带来的红利和温暖。

（四）"三项创评"：树立身边典型

以正向激励为方法，全面开展文明村（社区）、星级文明户、身边好人"三项创评"活动，以先进典型引领社会风尚。

1. 全面开展争创文明村（社区）活动

制定文明村（社区）创建标准和实施细则，各镇制订具体创建计划，安排专人指导文明创建工作。县上计划用 3 年时间，创建省级文明村（社区）3 ~ 5 个，市级文明村（社区）5 ~ 10 个，县级文明村（社区）实现全覆盖。城关镇北街社区、迎丰镇梧桐寺村已成为省级文明村（社区），12 个村成功创建市级文明村，5 个村获市级文明和谐新家园称号。

2. 全面开展争创星级文明户活动

按照"五爱星、法纪星、勤劳星、计生星、科教星、和谐星、卫生星、诚信星、新风星、公德星"的评选标准，逐户评定星级等级，授予星级牌；达到"十星级"标准的文明户，逐级上报，经审核，纳入精神文明建设年度表彰范围。通过采取农户自评、群众互评、道德评议会审核的方式，目前已在试点镇村挂牌"八星级"以上文明户 5000 余户，筛选确定"百佳十星级"文明示范户 100 户。

3. 全面开展争当身边好人活动

建立"发现好人、宣传好人、褒奖好人、争当好人"的好人评选和帮扶机制，以村为单位开展"我推荐、我评议身边好人"活动，确保好人政治上有地位、精神上有激励、物质上有帮扶。2015 年以来，全县涌现全国劳模 1 名，"五一劳动奖章"获得者 3 名，中国好人 3 名，陕西好人 8 名，省、市、县道德模范 46 名，石泉十佳先进人物 120 名，达到了让身边人学身边事、用身边事教育身边人的目的。

二、"四个三"工程：农村精神文明建设的有效实现形式

（一）促进了民风好转

通过先进典型带动、志愿服务引领、村规民约规范等举措，崇德尚礼、团结包容、奉献友爱的淳朴民风得到弘扬。如十几年如一日耐心照顾渐冻症儿媳的好婆婆柯善凤，"捐髓救父"的陕西文明好少年罗曼琳，还有身患尿毒症的退休教师彭仕林创作出《社会主义核心价值观之歌》等 100 多首音乐作品。在典型感召、崇尚友爱等叠加作用下，目前全县共涌现各类身边好人 300 余人，有力带动和促进了社会风气好转。

（二）构建了社区和谐

在移民搬迁安置点、新建社区和保障房小区，全覆盖建立物业管理、便民服务、商品供应、医疗保健、日间照料、儿童校外活动、创业就业服务、矛盾调处 8 个中心，成立党团员、志愿服务、楼院长、

文化活动 4 支队伍，搭建起群众交流沟通、联络感情的桥梁，邻里关系日益融洽。

（三）繁荣了群众文化

出台《关于加快建设文化强县的意见》等政策文件，群体性文化活动空前发展。目前全县各类文化社团 43 个，"五个一"村级文化阵地覆盖 80% 以上的村（社区），金秋艺术团登上中央电视台，汉剧《石泉迎来艳阳天》获全省文艺汇演一等奖等。文化社团活动渗透百姓生产生活，发挥了传播先进文化、培育新型农民、提升地域文化软实力的重要作用。

（四）维护了社会稳定

农村精神文明建设的持续推进，使广大干部群众的整体素质持续提升，讲法纪、守规矩、重品行的意识显著增强，说文明话、做文明事、当文明人的氛围日渐浓厚。基层干部认为："四个三"工程的实施，最大的变化就是法制观念变强了，素质变高了，集体观念变浓了。据统计，2016 年全县社会治安案件发案率同比下降 9.6%，刑事发案率下降 8.1%。

（五）加快了经济发展

以"四个三"工程为抓手的农村精神文明建设常态长效开展，为县域经济社会发展注入强大精神动力。近三年全县 GDP 年均增长 15% 以上，财政一般预算收入年均增长 24% 以上，城乡居民可支配收入年均增长 14% 以上，在全市年度目标责任考核中实现优秀"三连冠"，20 余项创新经验得到国家和省市的认可并推广。

三、农村精神文明建设"石泉样本"的经验启示

（一）深入推进农村精神文明建设，要坚持领导重视、齐抓共管

农村精神文明建设离不开地方党委、政府的坚强组织和领导，摆上重要议事日程，精准施策，以上率下，真抓实考。主要领导亲自抓，分管领导重点抓，有关部门协同抓，宣传部门协调推进、各成员单位各负其责的工作落实体系，推行联镇县级领导、包村部门、包村干部三级包联工作责任制。

（二）深入推进农村精神文明建设，要坚持群众主体、广泛参与

精神文明建设的落脚点在基层，主体在群众，必须眼睛向下，让群众唱主角，做到谋划思路向群众问计，改进措施向群众请教，落实任务靠群众参与，衡量成效由群众评判。制定村规民约全体村民讨论商议，评选先进典型群众说了算，使其更具影响力、感召力和约束力，为农村精神文明建设奠定坚实的群众基础。

（三）深入推进农村精神文明建设，要坚持突出重点、狠抓关键

顺应群众诉求、满足群众期盼，自始至终把惩恶扬善作为突破点，铁腕手段打击农村歪风邪气，严厉查处典型案件，公开曝光失信人员；培树先进典型，多渠道宣传，大张旗鼓表彰，引导群众见贤思齐。惩恶扬善双向用力，以积聚强大的正能量。

（四）深入推进农村精神文明建设，要坚持两手共抓、协同推进

牢固树立抓精神文明建设就是抓发展的理念，避免"两张皮"、克服单打一，巧用组合拳，凸显大效应，切实做到精神文明建设与美丽乡村建设、基层党组织建设、脱贫攻坚战相结合，以精神文明建设激发经济社会发展活力，以经济社会发展成效彰显精神文明建设成果，达到了二者互促互进、融合共赢的目的。

（五）深入推进农村精神文明建设，要坚持常抓不懈、久久为功

农村精神文明建设不是一朝一夕就能见效的，必须小事抓起、点滴渗透，常抓不懈、久久为功。地方政府统筹谋划、从长计议，确定农村精神文明建设时间表和路线图，抓点带面、分步实施，创新载体、灵活形式，持之以恒把农村精神文明建设推向前进，为加快发展、促进和谐注入了源源不断的生机与活力。

社会反响篇

石泉县"八到位"助力脱贫攻坚纵深推进 ❶

石泉县脱贫攻坚工作不等不靠，主动作为，实施"三个六"精准脱贫方略，坚决打赢攻坚战，体现在"八个到位"上。

完善思路，方向到位

2019 年年底摘掉贫困县的"帽子"，既是市委、市政府交给石泉县的政治任务，也是县委县政府对全县人民的庄严承诺。围绕实现这一目标，石泉县在充分调研论证的基础上，着力打造"三个五"精准扶贫的"升级版"，提出了"三个六"精准脱贫战略思路，做到"六个精准"，即对象精准、分类精准、措施精准、项目资金使用精准、派人包抓精准、脱贫精准；实施"六个一批"工程，即扶持"三业"（产业、创业、就业）脱贫一批、易地搬迁脱贫一批、教育扶持脱贫一批、医疗保障脱贫一批、生态补偿脱贫一批、政策兜底脱贫一批；健全"六个一"工作机制，即一村一个工作队、一村捆绑一批项目资金、一户一名干部包抓、一户一验收销号、一套信息系统监测管理、一套严格的督考奖惩办法保障落实。

健全体系，责任到位

2015 年 12 月 26 日，组织召开了全县脱贫攻坚大会，传达学

❶ 安康市石泉县扶贫局 . 2016-05-09.

习中央、省、市脱贫攻坚会议精神，并对当前及今后一个时期全县的脱贫攻坚工作进行了全面部署。制定印发了《石泉县2016—2019年精准脱贫攻坚实施方案》(石发〔2016〕1号)，明确了全县"六个一批"脱贫工程的具体任务，落实了每个工程的牵头部门和责任单位，并对各镇"十三五"期间每年度要脱贫的贫困村和贫困人口任务进行了分解落实。县委书记、县长分别与各县级领导、县级部门一把手、镇党政主要负责人、驻村脱贫工作队队长层层签订了责任书。同时，县上成立以县委书记为总指挥长、县长为副总指挥长、县委副书记为常务副指挥长、相关县级领导为副指挥长的脱贫攻坚指挥部，指挥部下设的办公室和综合协调、项目资金整合、信息宣传、督查考核、社会扶贫部五个工作部的主要领导分别由县级领导担任，并抽调精兵强将，进行集中办公。在各镇建立了由1名县级领导牵头，镇党委书记、镇长挂帅的指挥体系，确保脱贫攻坚统一指挥、政令畅通、集中发力、决战决胜。

精准对象，帮扶到位

我们在全县遴选了150名科级以上领导干部，由县级领导直接包抓特困村、重点村，部门领导牵头包抓一般贫困村，实行"不脱贫就追责，不脱贫就脱帽"，切实将压力传导到各级领导干部身上。按照"帮扶不漏户、户户见干部"的要求，成立了150支由部门或镇科级领导任队长，村第一书记、村支部书记、村主任、驻村干部任副队长，部门、镇、村组党员干部为成员的驻村脱贫工作队，采取"一人帮一户"或"一人帮多户"的办法，把主要力量下沉到贫困村这个主战场。坚持做到贫困群众不脱贫、帮包干部不脱钩。在严格落实各项工作制度，保证驻村工作队长、第一书记和驻村干部与原单位工作脱钩，专职驻村、常年驻村。同时，要求各派出单位积极与镇、村协调配合，为派驻干部提供了必要的生活和工作条件，落实交通、伙食补助，并按月发放200元/人的驻村工作补贴，有效解决了派驻干部的"后顾有忧"。

整合项目，资金到位

县财政将中省的扶贫专项资金、本级新增财力的5%以及各级党政机关压缩的"三公"经费归集起来，设立精准扶贫专户，强力推进扶贫工作。为确保各项脱贫措施得到落实，石泉县制定了专门的脱贫攻坚资金整合办法。县发改局、财政局、扶贫局根据此办法的内容及各村基础设施需求和贫困户人数，下达了《2016年度精准脱贫项目和资金计划的通知》，为全县87个重点贫困村（撤并后74个）和76个一般贫困村下达项目资金总计9273.1万元。2016年度项目资金5987.1万元，其中基础设施3711万元，产业发展2276.1万元。用于重点贫困村4081.1万元、一般贫困村1906万元。同时，根据《安康市农村金融扶贫实施方案》要求，石泉县制定了《金融扶贫试点实施方案》，并配套印发了《石泉县精准扶贫贫困户贷款管理办法》，县政府设立500万元的扶贫小额贴息贷款担保基金，严格实行"5321"贫困户贷款项目，年度安排1.5亿元小额贷款贴息资金，平均每村100万元。目前，第一批2395万元项目资金全部到村，1200余万元产业扶持贷款投放到户。

配套政策，保障到位

为有效推进脱贫攻坚进程，石泉县制定、印发了《石泉县脱贫攻坚"六个一"工作机制的通知》《石泉县贫困人口信息监测管理办法（暂行）》《石泉县贫困户精准脱贫"一户一销号"管理办法（暂行）》《石泉县脱贫攻坚工作督查暂行办法》《石泉县脱贫攻坚工作考核奖惩暂行办法》和《石泉县脱贫攻坚工作责任追究暂行办法》等配套文件，出台了驻村工作队职责和工作制度、脱贫攻坚工作进展情况报告制度、加强财政脱贫资金使用管理等管理性文件，确保各项工作顺利推进。特别是加强了督查考核奖惩力度，严格执行"六个一律"问责规定：对未按时限要求完成脱贫任务的，镇党委书记、镇长一律免职，相关工作队长、驻村干部一律给予党政纪律处分；对被中省市明察暗访通报批评的镇党委书记、镇长、工作队长、村支部书记、村主任以及驻村干部一律给予党政纪律处分；对截留、挪用、虚报、冒领脱贫资金的，一律给予党政纪律处分，涉嫌犯罪的一律移送司法机关处理；对被群众大量投诉举报，工作不严不实，对全县脱贫工作造成恶劣影响的，一律给予党政纪律处分。对工作成效显著的工作队每年奖励 2 万元，对表现突出的包联干部经济上重奖、职务上重用、树模上优先，引导各级党员干部把脱贫攻坚各项工作落到实处。

试点示范，引领到位

脱贫攻坚，"三业"富民是关键。县委、县政府采取"典型引路、以点带面"的办法，从发展产业、扶持创业、带动就业三方面入手，按照企业带动、合作社带动、旅游扶贫、电商扶贫、开发就业岗位、党支部引路、交钥匙配产业和培训强能扶智等方面，深入探索产业、创业、就业扶贫的 10 种模式，建设示范点 16 个，形成全县"三业"发展促脱贫的示范体系，并将根据示范效果给予 10 万～20 万元的奖补资金。石泉县建立了"县级领导包抓、项目所在镇一把手负责、业务部门对口帮扶"的示范点建设机制，将盯紧建设任务，高起点规划，高标准建设，整合项目资金，集成各类政策强力推动，各示范点建设将在 2016 年年底前陆续建成。各示范点建成后，将促助 3000 余户 11000 多人实现脱贫，还将形成"建成一个、带动一片、致富一方"的良好脱贫攻坚效应。目前各个示范点推进有序、成效明显。

营造氛围，宣传到位

各镇利用固定标语、展板宣传，县开设"脱贫攻坚在路上"电视专栏、制作手机报和微信平台宣传，在党报党刊、工作简报上撰文宣传，印发《石泉县脱贫攻坚工作指南》，开办专题培训班宣传，各工作队召开村组会、院落会，制做各具特色的政策性资料宣传，还利用义工联等社会扶贫平台宣传，通过多形式、多渠道的广泛宣传，营造了宣传政策赢得支持，宣传典型助推工作的良好氛围。据统计，在县级以上媒体刊发新闻稿件 261 件，印发政策性读本 6000 份，制作展板 288 块，标语 416 条，开展培训近千场次。

建强支部，服务到位

县委出台《关于切实加强基层服务型党组织建设的实施意见》《关于支持和保护党员干部大胆干事创业的暂行办法》以及《关于保障领导干部权责一致抓落实的暂行规定》等规范性文件；党（工）委书记抓基层党建工作责任制、党（总）支书记抓基层党建工作责任制、党（工）委书记抓基层党建工作述职评议制度、基层党组织党建工作考核奖惩机制、基层党风廉政建设专项巡察制度和明察暗访机制的落实；"两学一做"活动的开展，有效强化了党员干部的服务意识、大局意识，有力促进了脱贫攻坚纵深推进。

中省媒体再次聚焦石泉脱贫攻坚工作 ❶

　　2016 年 8 月 16 日、17 日，《人民日报》《经济日报》《农民日报》《农业科技报》《陕西日报》《陕西农村报》《香港商报》，中央电视台、陕西农林卫视，凤凰网、西部网等一行 20 人组成的中省媒体采访团，来到石泉县实地采访脱贫攻坚工作。

　　在简短的媒体见面会上，县委常委、常务副县长张世波介绍了石泉县基本县情和社会经济发展情况，围绕全县脱贫攻坚工作，向媒体重点介绍了石泉"三个六"战略思路清、贫困户底子明、超常规措施成效明显、"六个一"机制保障到位的鲜明特点及相关情况。县委常委、宣传部长刘海峰对采访活动的行程安排做了部署。会上，中省媒体还就本次采访情况与县扶贫、农林科技、发改、民政、卫生、教体、水利、交通等部门负责人做了交流探讨。

　　在随后两天的采访中，采访组一行先后来到饶峰镇光明村、胜利村，实地采访了光明村以发展白及等濒危中药材繁育、种植基地有效带动当地群众增收致富的脱贫模式以及胜利村"两集""三交""一分"的"恋爱式"扶贫模式。

　　在城关镇太平村，采访组一行，先后来到贫困户董乐兵、胡录友家中，看产业，问脱贫，实地感受脱贫工作成效。并对该村通过

　　❶ 石泉县委宣传部 . 2016-08-17.

发展天麻种植带动贫困户脱贫致富的有效做法进行了重点采访。随后，采访组一行，还对池河镇、后柳镇相关村组进行了实地采访。

两天的采访，给中省媒体留下深刻印象，大家对石泉县脱贫攻坚工作给予高度评价，纷纷表示将利用手中的笔头、镜头，全方位、多角度反映石泉脱贫攻坚工作取得的突出成效。

石泉县采取"三个三"措施推动脱贫攻坚工作开展 ❶

2017年2月13日下午，石泉县召开脱贫攻坚工作会议，回顾总结2016年脱贫成效，安排部署2017年脱贫攻坚任务，动员全县上下进一步坚定信心，鼓足干劲，以更加坚决的态度、更加精准的举措、更加务实的作风，坚决打赢2017年脱贫攻坚战。

全体县级领导出席会议，各镇领导班子成员，县委和县级国家机关各部门、各人民团体、驻石各单位主要负责人，县脱贫攻坚指挥部全体工作人员、县扶贫局全体干部，各村及农村社区驻村工作队长、第一书记、驻村干部、党支部书记、村主任，各帮扶企业和部分社团组织负责人近千人参加会议。

会议指出，2016年石泉县全面完成年度脱贫攻坚任务，顺利通过省市第三方评估，获得了全市脱贫攻坚工作考核第一名的好成绩，这与县委的科学决策和全县上下的高度重视、共同努力密不可分。近年来，石泉县科学、系统地提出了"三个六"精准脱贫战略，建立了以村户为单位的"六个一"工作机制，实施了系列惠民政策，全县农村的基础条件明显改善，产业支撑显著强化，基层组织战斗堡垒作用进一步增强，全县干部能力得到锤炼，凝聚了党心民

❶ 凤凰陕西（石泉县委宣传部供稿）. 2017-02-15.

心，积累了工作经验，也赢得了上级党委政府的充分肯定。会议同时指出，当前脱贫攻坚还存在基础工作仍有差距、个别基层组织仍显薄弱、扶贫的感情投入仍不到位、群众最关心的事仍未完全破解、工作创造性仍然不够、工作宣传仍不理想等问题。会议要求，各级各部门要高度重视，正确对待，科学分析形势，着力破解瓶颈问题。

会议要求，要进一步吃透县情、民情和政策，采取"三个三"有力措施创造性地推动今年脱贫攻坚工作。一是要求"三个必须到位"，即人力投放，资金投入、督考奖惩三个必须到位，确保脱贫攻坚深入推进有保障。二是要求"三个持续加强"，持续加强"造血"功能培育，着力抓好基础设施。产业支撑和贫困人口能力素质；持续加强农村精神文明建设，着力解决农村儿女不孝、嫌穷爱富、狭隘自私、彩礼分子不堪重负、等靠要懒赖、黄赌毒邪等问题；持续加强基层组织建设，探索建立村干部待遇逐年增长机制、养老机制及支持村干部大胆管理的保护制度。三是要求"三个更加注重"，更加注重真情扶贫，更加注重民意导向，更加注重工作创新，让石泉的脱贫攻坚更具特色，更有创造性，确保全县 2017 年脱贫攻坚工作争创全市排头兵和全省优秀。

会上，对石泉县 2016 年脱贫攻坚工作进行了系统总结，就 2017 年脱贫攻坚工作作了全面安排部署。全议还宣布了 2016 年脱贫攻坚工作考核结果、表彰奖励和通报批评的决定。

精准脱贫的"石泉实践" **❶**

"整村脱贫 17 个，3499 户 10101 人实现脱贫，贫困户识别精准率、贫困户退出精准率分别为 98.81% 和 98.76%，帮扶群众满意度达到 97.95%，脱贫攻坚考核居全市第一，被表彰为全省扶贫绩效优秀县。"这是 2016 年石泉县在脱贫攻坚战役中交出的一份满意答卷。

取得这样好的战绩，市委常委、石泉县委书记李启全一语道破："我们在认真总结'三个五'扶贫经验的基础上，突出中央和省市精准脱贫的核心要义，科学谋划了'三个六'脱贫攻坚战略，因地制宜，精准施策，有效解决了贫困户增收致富和持续脱贫的难题。"

精准识别找穷根

"由群众自己投票评议贫困户，让应该扶持的对象被及时纳入，让达到脱贫标准的户及时退出，不仅体现了公开公平原则，也实现了扶贫对象的动态调整。"2016 年在石泉县城关镇太平村担任了一年"第一书记"的姚程杰，2017 年被提拔为驻村工作队长。谈起对贫困户的精准识别，他深有感触。

精准识别，是精准脱贫的基础。石泉县本着不落一户一人、不错一户一人的目标，坚持对象精准、分类精准、措施精准、项目资金使用精准、派人包抓精准、脱贫精准的"六个精准"要求，对帮扶对象进行了多轮次、多层面的评议、筛选、识别与公示，并实行动态管理，确保扶贫对象精准识别、各种数据翔实准确。

2016年，石泉县严格按照"九条红线""八不准"的要求，严格执行"四看"规定和"两公示、一公告"程序，通过逐村逐户开展拉网式摸底排查，精准识别贫困对象，逐户逐人建档立卡，全县建档立卡贫困人口10223户24307人。同时，对"扶贫信息管理系统"进行动态管理，实时监测贫困发展情况和脱贫返贫情况，做到了底子清、情况明。

最后，全县按照"六个一批"的标准，对帮扶对象进行分类，其中"三业"脱贫7805户22871人、易地搬迁5407户17365人、教育脱贫1184户3673人、生态保护8069户22540人、医疗救助4865户5743人、兜底保障4064户6537人。通过"户申请、村评议公示、镇审核公示、县审批公告"程序要求，认真做好扶贫对象动态调整工作，得到了群众的充分认可，这为深入推进脱贫攻坚战役奠定了坚实的基础。

六项机制夯责任

精准识别扶贫对象后，谁来扶贫、怎样扶贫就成了脱贫攻坚的核心问题。石泉县实行县委书记、县长亲自挂帅，通过健全"六个一"工作机制，层层传导压力，逐级立下"军令状"，切实把责任夯实，把担子压到位。

一村派驻一个工作队。实行"一镇一名县级领导包联、一村一名科级领导包抓、一村一个工作队组织实施、一户一名干部帮扶"的包抓帮扶机制，向全县150个村（社区）派驻工作队，工作队员与原单位工作脱钩，常年驻村，专职扶贫。

　　一村捆绑一批扶持资金。制定了精准脱贫资金整合方案，县财政安排下达资金 1.04 亿元，全年捆绑投入脱贫超过 5 亿元。投入 500 万元贷款风险金，撬动扶贫贴息贷款 1.26 亿元，筹集 1000 万元成立扶贫开发公司，争取 4.6 亿元转贷资金。2016 年脱贫的 17 个村安排资金均在 1100 万元以上。

扶贫日记：把根牢牢扎在"第二故乡" ❶

　　窑洞、白羊肚手巾、黄土地……带着对陕西的这些印象和"打硬仗"的心理准备，2015年10月8日，我从河海大学来到陕西省安康市石泉县池河镇，担任镇党委副书记、五爱村第一书记。

　　看到与想象中截然不同的青山绿水，看到宽阔的汉江岸边的柳随风摆，俨然一幅水乡风貌，让我这个出生于江南的人有了一丝归属感。然而，刚来到五爱村，迎面而来的就是三大始料未及的考验：起居、语言、饮食。

　　刚来时，临时宿舍没有厕所，入住第一晚就发现了3只老鼠，难受得整夜不能入睡。第二天入户，原本想同村民深入交流，结果当地村民的方言让我听得云里雾里，不知所云。作为江苏人，我通常饮食清淡，而石泉的饮食则是无辣不欢。

　　如果连当地的生活都不能适应，还怎么带领村民去发展？于是，我努力听，学着说，不懂就问，慢慢地，可以不要"翻译"直接与村民交流了。经过半年的调整，肠胃也终于适应了有辣椒的饭菜。

　　"书记，你给我们村带了啥项目？带了多少钱来？"记得刚到村上，开村民议事大会时，有人这样问我，我有些尴尬。可是反过来想，如何让村民认识到教育扶贫是功在千秋的强基固本之计？

陕南贫穷落后，禁锢其发展的，除了各种硬件条件，最重要的还是人的思想。扶贫先扶智，一定要转变思想，打主动仗！乘着"两学一做"学习教育的东风，我一方面给村民讲党课，另一方面，积极与镇、村干部协调，摸村情，定规划，再依靠学校的资源为村民牵线搭桥，争取项目。

2016年，我协调河海大学对石泉县16名水利及相关技术人员进行业务培训，并进一步建立对口帮扶机制。常州校区组织人事部对贫困学生进行定点帮扶，并向五爱村小学贫困学生捐赠学习用品。河海大学计划定向招收石泉县农村大学生，还设立了专项助学金，用以奖励、资助石泉优秀学生完成学业。2019年帮扶贫困大、中、小学生家庭33户，发放助学金6.6万元，计划至2020年，每年投入10万元支持石泉县教育。

在学校的支持下，我们帮助村民开设网店，通过网络销售农副产品。通过招商引资，2016年6月4日，县公产局与北京乡关科技有限公司成功签订了大秦岭全域旅游、全时旅游生态系统金字塔尖产品"乡关会客厅＋田园综合体"项目开发建设协议；陕西省富凯集团投资建设池河镇五爱村田园综合体，为周边城市的中高端家庭与适龄人群提供田园度假与乡村旅游服务，开发"1+1"旅游居家养老模式，使五爱美丽乡村建设上了一个新台阶；引进江苏鑫缘茧丝绸集团股份有限公司在池河投资建厂……

如今，我来到五爱村1年多了。看着五爱村一点一滴的变化，除了欣慰还有感动。在这千里之外的第二故乡，我已将自己的根牢牢扎下，带领这里的村民走上脱贫致富的康庄大道。

陕西省安康市石泉县池河镇五爱村驻村第一书记　胡克

石泉健康扶贫让贫困群众看病无忧 ❶

　　石泉县共有因病致贫家庭 2951 户，这些困难群众常年疾病缠身，发展产业有心无力。疾病是导致他们贫困的根源，也是阻碍他们脱贫致富的"拦路虎"。为切实减轻贫困人口医疗费用负担，解决贫困人口看病就医难题，石泉县委县政府在保障贫困群众看得上病、看得起病、看得好病方面做出了有益探索。

"合规"费用全报销，贫困户看病不再难

　　"现在国家政策确实好，我这次住院自己基本没花钱。"家住喜河镇树林村 4 组的尘肺病患者陈明泽说，他在铁矿打工患上了尘肺病，患病 5 年来，逐渐丧失劳动能力，常年服药、住院治疗，耗尽了家里本就不多的积蓄。2017 年 3 月，呼吸困难的他被送到石泉县中医医院，没想到，这次看病，他没预交一分钱就住进了内科病房。之后医生告诉他，他的住院费用也可以全报销。

　　2016 年以来，石泉县积极探索健康扶贫机制，出台并实施了《石泉县贫困人口医疗费用报销办法》，通过整合新农合、大病救助、民政救助等资金，对贫困人口看病就医实行全报销。并规定，凡参加新型农村合作医疗的贫困人口，其住院只要是合乎规定的费用，实行全报销政策。在县内一级医疗机构住院治疗，执行新农合直通

车报销制度，不设起付费，合规费用全额报销；在县内二级医疗机构住院治疗，起付费减半，其他合规费用全额报销；每人住院报销费用最高可达 22.5 万元，大病保险最高可达 30 万元。

为方便贫困人口看病就医，该县各级医疗机构还建立了贫困人口就医"绿色通道"，按床位比例确定了扶贫病床，免去挂号费、床位费、诊查费；设立"一站式"综合服务窗口，实现医保政策、救助制度"一站式"信息交换和即时结算服务。同时，各镇卫生院都设立了贫困人口免费药柜，对贫困人口中确诊患有支气管哮喘、高血压、脑血管病、冠心病、慢性肾炎（肾病综合征）、糖尿病等14 类慢性病的，可免费使用规定提供的药品。

据统计，截至 2017 年 3 月底，该县贫困人口住院 8293 人次，住院补助费用近 2000 万元；贫困人口大病保险报销 47 人，报销费用 14 万余元；各医疗机构为贫困人口住院减免费用、开展义诊、发放免费药品共涉及费用 70 万余元；为贫困人口减免体检费用共计 30 万余元。

瞄准慢性病群体，"靶向治疗"效果更佳

"我们村瞎了 5 年的王武汉能看见了，听说是上海来的专家治好的，还是免费的……"这是 2016 年在城关镇红岩村村民中引起不小轰动的新闻。年过七旬的王武汉，一只眼睛眼结膜坏死，一只眼睛患白内障，生活极其不便。2016 年，该县争取到上海、北京眼科医疗专家团队在县上开展"慈善光明行"免费义诊的机会，王武汉接受了免费白内障手术，术后很快重见光明。在这场义诊活动中，全县共有 251 名白内障患者进行了免费手术，2770 名眼疾患者接受了免费检查送药。

据悉，这只是石泉县医疗扶贫中"靶向治疗"的一个缩影，他

们还在医疗扶贫方面启动实施了大病集中救治、慢性病签约服务管理、重病兜底保障政策，对患儿童急性淋巴细胞白血病、食管癌、胃癌等 11 种重大疾病的贫困人口建立台账，有计划地组织到省、市、县定点医院集中救治，实行销号管理。

2016 年，由该县卫计局牵头，石泉县红十字会、石泉县医保办、合疗办共同组织实施的"救助石泉县贫困家庭先天性心脏病患儿"活动，邀请了陕西省人民医院心血管病专家对全县 11 个镇筛查出的 14 名先天性心脏病疑似病例进行复诊筛查，11 名被确诊为先天性心脏病的患儿，登记择期在陕西省人民医院接受手术治疗。红十字会还将为符合救助条件的患儿，申报中国红十字基金会天使阳光基金资助，救助金额 0.5 万～ 3 万元不等，同时县合疗、医保办报销医疗费用 55%，以此缓解先天性心脏病患儿家庭的经济压力。

"一对一"帮扶，每个贫困户都有"家庭医生"

让医疗工作者参与到健康扶贫工作中来，发挥自身专业优势，对需帮扶对象进行指导，不仅使贫困群众掌握疾病预防知识，更有助于他们早日摆脱因病致贫状态，跟上全县脱贫致富步伐。

今年以来，该县发挥卫计系统行业优势，开展了"天使健康扶贫"行动，共选派 870 名医务人员对 2017 年计划脱贫的 32 个村的因病致贫人口进行"一对一"包抓帮扶，做好因病致贫家庭的医疗救助。

石泉县还组织医护人员对全县患病贫困户开展入户调查，对患病居民进行初诊，及时摸清第一手资料，为每位患病贫困人口建立了健康档案。医护人员为自己结对帮扶的贫困人口提供个性化的健康教育、诊疗咨询、就诊帮扶等服务，成为贫困患病人口的"家庭医生"。

38 岁的郑孔华是两河镇迎河村人，患有癫痫，2015 年因无人看管，癫痫发作，整个人滚进了火中，右腿外侧严重烧伤，在医院住院治疗数日无生命危险后回家。由于家庭贫困，年迈的父母只得为他找些草药敷住伤口，几年过去，伤口感染反反复复，苦不堪言。和郑孔华建立"天使扶贫"一对一帮扶关系的医生苏涵，通过外科清创换药技术每天为他清洗换药，促使他的伤口尽快痊愈。苏涵还利用自己掌握的中医针灸技术，为郑孔华做针灸治疗，希望能控制他的癫痫病。

2016 年以来，石泉县通过提高农合报销比例，落实贫困人口医疗费用报销办法等措施，大大减轻了贫困人口的看病负担。2017 年又进行大胆探索，组建了两大医疗集团，创新设置农村卫生服务中心，实行县、镇、村医疗服务一体化，使贫困人口在家门口就能享受到县级优质的医疗卫生服务。

民情"三本账"汇民意解难题 ^❶

"没想到给县委书记公开信箱里投的求助信，这么快就有了回音，装饰公司已经把工钱给我结清了！"最近，陕西省石泉县后柳镇金齐村村民付国山心情特别好，前几年他曾在池河镇政务中心装修施工中粉刷墙壁，工程结束后，公司一直未付工钱，付国山多次讨要，公司经理一推再推，最后避而不见无法联系。前不久，他向县委书记公开信箱里投了一封求助信。求助信被转发到石泉县联系和服务群众工作领导小组办公室，直接纳入县委书记"群众投诉举报"台账。最终在人社、司法等部门的多方协调下，这笔拖欠了近两年的农民工工资，7天内就彻底结清。

近年来，石泉县探索建立"群众意见建议、群众利益诉求、群众投诉举报"县镇两级党委书记民情"三本账"制度，把以人民为中心的发展思想落到实处。石泉县不断拓宽社情民意收集渠道，使群众的诉求和发声更加便捷高效。县里除了统一公布县镇党委书记信箱、微信、手机号码之外，还开通了民情"110"电话和信访直通车等多种渠道，直接收集民情民意，听取群众呼声和建议。2017年8月，全县161名民情联络员正式上岗，成为遍布每个村和社区的民情收集专员。

"随着互联网的广泛应用，通过网络平台与群众交流沟通，成为书记民情'三本账'制度收集民情民意的重要方式。"县联系办主任徐兴平介绍，石泉县网络信息办公室工作人员每天都会对百度贴吧、微信网站等网络平台上的舆情进行监测，从中搜集到的民情民意也都被纳入书记民情"三本账"，经县委书记批示后交由相关部门或乡镇办理。

记者在县联系办翻看民情"三本账"时，发现每一件事项的办理情况都有详细记录。截至目前，石泉县镇两级党委书记民情"三本账"交上了这样一份成绩单：受理群众利益诉求、投诉举报、意见建议 1420 件，办结 1406 件，办结率达到 99%，其中 3 个工作日内办结的占 25.3%，4～7 个工作日办结的占 51.6%，回访率达到 100%，群众整体满意率达到 99% 以上。

同时，石泉县还建立了规范的办理流程和严厉的回访督办、考核奖惩等制度。对相关部门或乡镇反馈已经办结的事项，县联系办会回访群众，了解对办理情况和结果的满意度。对群众不满意的事项，则会联合县委督查室进行专项督办。此外，还对全县各乡镇和县直部门民情"三本账"的办理情况进行考核。考核结果直接纳入年度目标综合考核，在评优评先中实行"一票否决"，努力把民情"三本账"打造成暖民心、顺民意、惠民众的民心工程。

针对平日里收集的意见建议、利益诉求和投诉举报中带有共性的问题，如小区物业管理、脱贫攻坚、医疗卫生、产业扶持奖补等，相关部门积极开展调查研究，完善出台了相关解决方案，加快改进自身工作中的不足，补齐社会民生事业发展短板。仅 2017 年，该县在民生领域累计投入资金达 15.31 亿元，占全县总支出的 82.9%，着力办好人民群众关心的脱贫攻坚、就业保障、教育、医疗、文化惠民等实事，有效提升了群众的生活质量和幸福指数。

　　"民情'三本账'反映的是民情，汇集的是民意，解决的是群众最关心的难题。我们用问题倒逼创新、问责倒逼落实、目标倒逼责任，目的是让经济发展和社会治理更加符合群众的愿望和需要。"石泉县委主要负责人说。

社会反响篇

石泉县"五个一"助推扶贫领域 执纪监督出成效 ❶

2018 年以来，石泉县纪委监委坚持按照"五个一"工作思路，持续强化扶贫领域腐败和作风问题专项治理，为确保脱贫工作务实、脱贫过程扎实、脱贫结果真实提供了坚强有力的纪律保障。

先查快办一批问题线索。对群众信访举报、监督检查发现、职能部门移交、上级检查反馈的扶贫领域腐败和作风问题线索实行单独建账、优先交办、跟踪督办；对影响较大、群众关注的突出问题，坚持县纪委提级办理、直查直办，进一步强化高压震慑。2018 年以来累计发现扶贫领域腐败和作风问题线索 127 件，初核了结 63 件，立案 64 件，结案 53 件，党纪政务处分 50 人，组织处理 69 人。

问责问效一批失职失责干部。结合实际出台了《"为政不为"精准问责办法》，对推进脱贫攻坚工作不实不细、对中省市县反馈问题整改不力、扶贫领域腐败和作风问题频发、职能部门监管失职失责、纪检监察机关监督责任履行不到位等问题，一律从严问责。先后集体约谈镇和部门主要领导和分管领导 66 人次，运用"第一种形态"问责处理 84 人，3 名科级干部被免职，16 名干部受到党纪政务处分（其中科级干部 9 人）。

通报曝光一批违纪违法案件。在县电视台、县政府网站、"廉洁石泉"微信公众号设立了"曝光台"，开办了"以案说纪"专栏，采取文件通报、会议通报、网络通报等多种方式，对扶贫领域腐败和作风典型问题做到点名道姓通报曝光，用身边事教育身边人。2018年已先后通报曝光扶贫领域腐败和作风问题典型案例3期19件49人，对特设就业扶贫公益性岗位补贴发放不及时不到位、扶贫产业发展中作风不严不实问题查处问责情况进行了全县通报，进一步强化了警示震慑，达到了"惩治一人、教育一片"的目的。

成立一个专项巡察暗访工作组。成立一个扶贫领城腐败和作风问题专项巡察暗访工作组，组长由县纪委科级领导担任，副组长由各镇纪委书记担任，采取蹲点式、"点穴"式、压茬滚动式和"明察＋暗访""巡察＋查办"等多种方式，对全县11个镇实行全年常态化、专职化巡察暗访，对发现的问题线索即报即核、快查快结，做到以查促改，全力护航"精准扶贫"，共发现扶贫领域腐败和作风问题45个，移送并立案查处9件，给予党纪政务处分14人。

探索建立一套务实管用的长效治本机制。针对扶贫领域资金和项目管理不到位、干部作风不严不实以及优亲厚友、虚报冒领、以权谋私等腐败和作风问题易发多发的实际情况，按照"强化公示公开、精准有效监督、激励惩戒并重"的思路，不断深化落实村干部及其直系亲属享受惠农惠民政策带头公开制度，细化完善了扶贫资金和项目公示公开制度，探索建立了扶贫领域零星小微工程项目整合发包制度，健全完善了扶贫领域三级监管联动机制以及干部监督管理"三色卡"制度等一系列行之有效的长效机制，进一步织密扎牢了"不敢腐、不能腐、不想腐"的制度"笼子"。

陕西石泉：建立"六个融合"模式提升精准就业扶贫水平 ❶

　　陕西省安康市石泉县从政策完善、方法创新、特色培育上积极探索、主动作为，探索建立"六个融合"模式，着力提升精准就业扶贫水平。

　　一、就业扶贫与公益性岗位政策相融合。该县在每个贫困村特设 2～3 名就业扶贫公益性岗位，专门安置无法离乡、无业可扶、无力脱贫的"三无"贫困劳动力，主要从事孤寡老人、留守儿童管护、治安联防协管、乡村道路维护、林木绿化保洁、农村互助幸福院管理及村级就业社保协管等工作。全年安置 102 名"三无"人员就业。

　　二、就业扶贫与创业孵化相融合。在创业孵化基地、创业园区实行"基地 + 创业户 + 就业"模式，扩大基地和园区吸纳就业能力。目前，全县建设大学生创业孵化园、农民工返乡创业孵化基地 10 个，吸纳入驻创业实体 350 余家，带动贫困劳动力等人员就业 2000 余人。

　　三、就业扶贫与文化旅游发展相融合。用足用活创业政策与资金，大力扶持鬼谷庄文化众创、中坝作坊小镇、根艺奇石、喜河雁山、饶峰子午驿站、池河万亩桑海等文化旅游创业实体，挖掘地方特色文化内涵，大打"鬼谷子故里""鎏金铜蚕""秦巴水乡、石泉十美"等文化旅游品牌，拓展"体验式"旅游项目，提升旅游附加值，着力打造"文化旅游＋就业"模式，提供就业岗位 2000 个。

四、就业扶贫与现代农业发展相融合。积极扶持饶峰子午驿站、六台山实业、珍佰农农业、嘉盛实业等现代农业企业、农业合作社的发展，大力培养职业农民，着力打造"公司（合作社）＋农户"就业模式，带动就地转移就业，解决劳动年龄以外的贫困人口就业难题。

五、就业扶贫与电子商务发展相融合。积极打造"互联网＋农产品"创业模式，增强富硒农产品附加值，切实解决贫困家庭农产品销售难的问题。入驻大学生孵化基地的天众源生态科技公司把熨斗白菜、云雾山高山萝卜等农产品搭载互联网直通车，成功入驻天猫、京东等知名电商平台。

六、就业扶贫与服务质量提升相融合。该县在政府、部门网站、公众微信平台、电台电视台和户外电子显示屏及时发布就业信息，每半月制作"招工信息"下发镇村和企业，着力打造"用工需求＋求职意愿＋信息发布"的公共就业服务模式，提升就业服务针对性和实效性。

石泉县召开脱贫攻坚大会 ❶

2019 年 2 月 13 日，石泉县召开全县脱贫攻坚大会，总结 2018 年脱贫攻坚工作，全面部署 2019 年整县脱贫摘帽各项工作，进一步动员全县上下凝心聚力，克难攻坚，奋力冲刺脱贫摘帽目标任务，坚决打赢脱贫攻坚战。

市委常委、县委书记、县脱贫攻坚指挥部总指挥李启全出席会议并讲话。县委副书记、县长、县脱贫攻坚指挥部总指挥周耀宜主持会议。县委副书记陈华、县脱贫攻坚指挥部常务副总指挥陈华对 2019 年脱贫攻坚、乡村振兴工作进行了具体安排。全体在家县级领导出席会议。

李启全代表县上四位领导和全县人民，向奋战在脱贫攻坚一线的所有参战人员致以崇高的敬意！向受到表彰的先进单位和个人表示真诚的祝贺！

李启全指出，2018 年全县各级各部门和广大干部群众围绕"严、实、精、高"工作要求，聚焦精准，砥砺奋进，顺利完成了年度减贫任务，工作质量为历年最好，干部干得给力，成绩实属不易，成效令人满意。但也仍然存在着少数干部能力不够适应、一些工作不够到位、个别干部不够自律等问题，必须引起高度重视。他

❶ 陕西网 . 2019-02-15. 记者：罗季涓；通讯员：孟少猛、吴亚君。

强调，扎实推进 2019 年脱贫攻坚工作，关键要做到组织领导必须到位、力量配置必须到位、精准督导必须到位、纪律监督必须到位、激励关爱必须到位五个"必须到位"，确保高质量、顺利实现整县脱贫摘帽。

李启全强调，在抓好脱贫攻坚工作的同时，要同步推进乡村振兴战略的实施。2019 年，全县上下要围绕"完善战略规划、完成短期目标、突出重点任务、实施示范带动、着力整体提升、促进全面振兴"六个方面，采取更加有力有效的措施，扎实推进乡村振兴战略，为实现高质量脱贫和决胜全面小康奠定坚实基础。

大会通报了 2018 年度脱贫攻坚成效考核结果，表彰奖励了脱贫攻坚成效考核、社会扶贫、脱贫致富自强标兵等先进单位和先进个人；县长周耀宜与镇和部门主要负责人代表签订了目标责任书；熨斗镇、两河镇、农业农村局、脱指办（扶贫局）主要负责人做了表态发言。

石泉县实施"三带三扶三长效"产业扶贫纪实❶

近年来，石泉县通过实施"能人兴业"、乡村旅游、产业园区带动，扶能人、扶企业、扶贫困户，着力培育长效产业，促进贫困群众长期就业、长远增收，积极探索"三带三扶三长效"产业脱贫新路径，推动了脱贫攻坚由"输血"向"造血"转变。

2018 年，石泉县农林牧渔业总产值和农民人均可支配收入增速都位居安康市循环经济县区第一，5389 户❷贫困户落实了中长期产业，户均产业增收 2650 元。截至 2018 年年底，全县贫困发生率降至 7.3%，连续两年荣获全省脱贫攻坚绩效考核"优秀县"。

"三带动"强引领

石泉县是国家级贫困县，贫困程度深、脱贫任务重。广大村民特别是贫困户想要发展，却没有带头人，这成为制约乡村振兴和脱贫攻坚的严重短板。为破解产业扶贫发展难题，石泉县在广泛调研的基础上，积极鼓励能人返乡创业，做实做大新型经营主体，带动贫困户发展，破解农民持续增收难题，着力打造一支"不走的扶贫工作队"。

石泉县深入挖掘能人在知识、技术、资金等方面的优势，大力

---

❶ 陕西日报 . 2019-05-07.

❷ 此数据原文如此。

实施"能人兴业"、乡村旅游、产业园区带动工程，通过土地流转、入园务工、产业托管、订单回购、利益分红等方式，把龙头企业、旅游景区、产业园区等新型经营主体与贫困户联结在一起，形成"强带弱，大带小，一带多"的产业发展模式，使贫困群众真正融入产业富民中。

截至 2018 年年底，全县 151 个新型经营主体带动贫困户 9899 户 2.1 万人，其中 31 个龙头企业带动 5097 户 1.1 万人；全县 62 个产业园区、110 个合作社带动 8691 户 19122 人，贫困户"造血"功能显著增强。❶

"三扶持"促提升

"我们的豆腐坊、榨油坊、手工糖坊等，还有烧烤部落、篝火晚会、民俗演出，每天都会吸引很多游客来体验和游玩！"清明小长假期间，创业能人陈国盛和他的团队每天都在中坝作坊小镇忙碌着。"看到游客玩得高兴，村民还能赚钱致富，我们的努力也算是值了！"陈国盛欣慰地说。

为加快产业脱贫步伐，石泉县对能人带动贫困户脱贫成效好的，达到农业产业化龙头企业标准的，通过整合项目资金给予 100 万元的一次性扶持；达到示范专业合作社、家庭农场、产业大户标准的，分别给予 3 万元、2 万元、0.5 万元的一次性奖补。

2018 年以来，石泉县积极发挥能人在脱贫攻坚一线中"头雁"作用，累计兑付"能人兴业"奖补资金 180 万元，引导能人创办 56 家农业产业化龙头企业，兴办 162 个家庭农场。

为激发各类新型经营主体带动贫困户发展产业的动力，石泉县对龙头企业采取"企业＋合作社＋贫困户"模式发展订单收购，按

---

❶ 本段中的数据系原文如此。

产品回收总金额的 8% 给予奖补；对农业园区、农民专业合作社、家庭农场等新型农业经营主体与贫困户签订订单种植养殖合同并组织生产的，按实际产品回收总金额的 10% 给予奖补，2018 年共为 40 家龙头企业和合作社兑付奖补资金 300 余万元。

同时，石泉县坚持"大搞大补，小搞小补，不搞不补，奖增量不奖存量"的原则，通过资金扶持、技术帮扶、产业奖补等措施扶持贫困户发展产业，对自主发展产业的贫困户每年户均不超过 2 万元的奖励，2018 年共兑现产业到户资金 1533 万元，累计带动 6700 余户贫困户发展产业，有效扭转了贫困户"靠在墙边晒太阳，伸着双手要小康"的"等、靠、要"思想，大大激发了贫困户发展产业的积极性，增强了脱贫致富的内生动力。

"三长效"防返贫

石泉县坚持用系统性、创造性思维持续抓好产业发展，通过精准实施产业扶贫到村到户到人，努力实现产业扶贫项目对有劳动力的贫困户全覆盖，切实把构建长效产业、长期就业、长效增收作为长效脱贫和防止返贫的有力保障。

石泉县结合实际，相继制定出台了石泉县产业精准脱贫三年行动方案、产业就业精准脱贫"三有"实施方案和"三有"奖补办法，分年度落实好产业精准脱贫任务；注重产业发展长短结合、优势互补，基本形成了"全域旅游抓龙头，北桑南茶川道菜，特色种植养殖保增收"的产业总体布局；努力实现村村有集体经济、户户有长效产业、人人有稳定就业的发展格局。

对有产业发展能力的贫困户，石泉县逐户规划建立长短结合的特色种植养殖项目台账，统一组织种苗（源）调运，统一技术指导，统一生产管理，统一签订 2 年以上的订单种植养殖合同，着力构建中长线产业、技术服务、主体带动、订单回收"四个全覆盖",确保每户贫困户有 1 ～ 2 项稳定增收产业,掌握 1 ～ 2 项实用技术,有 1 ～ 2 人稳定就业增收,做到贫困村特色产业全覆盖,贫困户中长线产业全覆盖。

大力整合扶贫资金支持产业发展。2018 年,石泉县整合各类涉农资金 2.87 亿元,其中用于产业 2.15 亿元,占整合资金的 74.9%;累计投放小额信贷资金 2.32 亿元、建立村级互助资金产业协会 84 个;建成县、镇、村三级电子商务平台,借助京东、天猫、淘宝等平台销售农副产品金额达 8480 万元,直接带动贫困户 3746 户,实现本地优质农产品线上线下同步销售,有效带动了贫困户增收。

针对整县脱贫摘帽目标,石泉县还精准实施了脱贫攻坚"1135"稳定增收工程,即通过开发 1000 个左右村内"居家就业"公益性岗位、1000 个左右县内"稳定用工"岗位、组织实现 3000 个左右县外"稳定务工"岗位、组织 5000 户左右贫困户发展特色订单种植养殖产业;建立了创业孵化基地、返乡创业示范园、就业扶贫基地、新社区工厂 4 个创业就业平台,着力推进大众创业和城乡劳动力稳定就业;全县累计注册企业 2129 家,个体工商户 10711 个,农民专业合作社 296 户,稳定带动就业近万人。

主要参考文献

［1］蔡文成.基层党组织与乡村治理现代化：基于乡村振兴战略的分析［J］.
理论与改革，2018（03）.

［2］党国英.脱贫攻坚进程中易地扶贫搬迁研究的拓展与深化——评何得桂
著《山区避灾移民搬迁政策执行研究：陕南的表述》［J］.生态经济，
2017（01）.

［3］党国英.关于乡村振兴的若干重大导向性问题［J］.社会科学战线，2019
（02）.

［4］邓大才.占据易地搬迁扶贫研究制高点的学术力作——评《山区避灾移
民搬迁政策执行研究：陕南的表述》一书［J］.西北农林科技大学学报
（社会科学版），2016（05）.

［5］邓大才.通向权利的阶梯：产权过程与国家治理——中西方比较视角下的
中国经验［J］.中国社会科学，2018（04）.

［6］邓卓明，王刚.牢牢把握脱贫攻坚的三个关键［J］.红旗文稿，2019
（09）.

［7］何得桂.山区避灾移民搬迁政策执行研究：陕南的表述［M］.北京：人
民出版社，2016.

［8］何得桂.治理贫困：易地搬迁与精准扶贫［M］.北京：知识产权出版社，
2017.

［9］何得桂，党国英.移民搬迁：集中连片特困地区精准扶贫的有效实现路

径——以陕南避灾移民搬迁工程为例［J］.党政研究，2015（05）.

［10］何得桂，张硕.全面脱贫视域下乡村治理的实践检视与国家整合［J］.
河南师范大学学报（哲学社会科学版），2019（04）.

［11］何得桂等.告别贫困：陕南移民搬迁与精准扶贫纪实［M］.西安：西安
地图出版社，2019.

［12］何得桂，徐榕.贫困治理中激发贫困群众内生动力的有效路径研究——
以陕西省扶贫扶志实践为例［J］.地方治理研究，2019（04）.

［13］韩俊.关于打赢脱贫攻坚战的若干问题的分析思考［J］.行政管理改
革，2016（08）.

［14］黄承伟.习近平扶贫思想体系及其丰富内涵［J］.中南民族大学学报
（人文社会科学版），2016（06）.

［15］李小云.冲破"贫困陷阱"：深度贫困地区的脱贫攻坚［J］.人民论
坛·学术前沿，2018（14）.

［16］陆汉文.城乡统筹扶贫应成为未来战略选择［N］.社会科学报，2019-
3-7（01）.

［17］陆益龙.乡村振兴中精准扶贫的长效机制［J］.甘肃社会科学，2018
（04）.

［18］刘义强，姜胜辉.利益与认同：村民政治参与的边界及转换——基于佛
山市4个村庄村级治理的实证调查［J］.华中师范大学学报（人文社会
科学版），2019（06）.

［19］刘永富.全力补齐全面建成小康社会的突出短板［J］.求是，2016（06）.

［20］慕良泽.中国农村精准扶贫的三重维度检视及内在逻辑调适［J］.农业
经济问题，2018（10）.

［21］庞庆明，周方.产业扶贫时代意义、内在矛盾及其保障体系构建［J］.
贵州社会科学，2019（01）.

［22］中共中央党史和文献研究院编.习近平扶贫论述摘编［M］.北京：中央

文献出版社，2018.

［23］中共中央党史和文献研究院编. 习近平关于"三农"工作论述摘编［M］. 北京：中央文献出版社，2019.

［24］习近平. 在解决"两不愁三保障"突出问题座谈会上的讲话［J］. 求是，2019（16）.

［25］徐勇. 激发脱贫攻坚的内生动力［N］. 人民日报，2016-01-11（07）.

［26］徐勇. 国家化、农民性与乡村整合［M］. 南京：江苏人民出版社，2019.

［27］徐勇. 关系中的国家（第一卷）［M］. 北京：社会科学文献出版社，2019.

［28］汪玉凯. 推进基层治理方式创新［N］. 人民日报，2016-09-06（14）.

［29］于法稳. 乡村振兴战略下农村人居环境整治［J］. 中国特色社会主义研究，2019（02）.

［30］左停. 乡土资源、知识体系与精准脱贫的内源扶贫机制［J］. 改革，2017（10）.

［31］翟绍果，张星，周清旭. 易地扶贫搬迁的政策演进与创新路径［J］. 西北农林科技大学学报（社会科学版），2019（01）.

［32］张琦. 习近平绿色减贫思想具有长远的战略性指导价值［J］. 人民论坛，2018（03）.

［33］张琦，黄承伟. 完善扶贫脱贫机制研究［M］. 北京：经济科学出版社，2015.

后　记

　　习近平同志 2019 年 7 月 24 日在中央全面深化改革委员会第九次会议上发表重要讲话时指出：“要坚持眼睛向下、脚步向下，鼓励引导支持基层探索更多原创性、差异化改革，及时总结和推广基层探索创新的好经验好做法。”极具战略眼光的顶层设计和极具探索精神的地方基层实践以及两者之间的良性互动，是中国政府推进现代化建设持续发展的秘诀。中国推进改革开放、国家治理现代化的有效路径就在于：先有地方创造的好经验，中央加以总结提高上升为好政策，然后经过若干年推广再确定为好制度。正如 2019 年 9 月 24 日习近平同志在主持中共中央政治局第十七次集体学习时发表讲话所指出的：“要及时总结实践中的好经验好做法，成熟的经验和做法可以上升为制度、转化为法律。”与此同时，脱贫攻坚是全党全社会共同关注的重大课题。2019 年中央一号文件明确指出“总结脱贫攻坚的实践创造和伟大精神”。本书正是在上述背景下推出的。

　　历史性地解决绝对贫困具有重大的历史意义。在脱贫攻坚与乡村振兴交汇期着重探讨山区贫困有效治理的石泉样本，是一项富有意义的学术工作。本书是在何得桂主持下由课题组成员共同完成的一项对于重大实践经验研究的成果。何得桂主要负责书稿思路的明确、框架的设计、组织实施以及全书统稿。课题组其他成员则按照分工开展相应的调查研究、写作。本书由理论研究篇、专题调查篇和社会反响篇组成。

理论研究篇写作分工如下：第一章由何得桂、徐榕撰写，第二章由李莹撰写，第三章由马超撰写，第四章由张硕撰写，第五章由陶钰撰写，第六章由廉耀辉撰写，第七章由徐榕、吴亚君撰写。

专题调查篇写作分工如下：徐榕、武雪雁撰写《"三个六"：以脱贫攻坚统揽经济社会发展的"石泉模式"——基于对石泉县脱贫攻坚的调查与思考》；何得桂、张旭亮、徐榕撰写《"筑巢引凤"：全力打造一支"带不走的扶贫工作队"——对石泉县"能人兴村"战略的调查与思考》；徐榕撰写《残有所养＋残能自养：勇立残疾人脱贫攻坚事业"潮头"——石泉县残疾人脱贫攻坚工作的调查与思考》；何得桂、徐榕撰写《敦风厉俗：谋深干实坚持群众主体系统，推进激发内生动力——基于对石泉县扶贫扶志与新民风建设的调查与思考》；何得桂、侯江华撰写《移民（脱贫）搬迁"三精"管理模式值得推广——"石泉经验"调查研究》和《易地搬迁社区治理创新的"石泉探索"——池河镇西苑社区治理调查研究》；张硕、廉耀辉撰写《民声通达：拉近干群关系，实现民众诉求落地的石泉路径——基于对石泉县民情"三本账"工作的调查与思考》；陶钰撰写《机制重塑：实现健康治理体系与治理能力现代化的基层探索——基于对石泉县健康扶贫与医药卫生体制改革的调查分析》；何得桂、公晓昱撰写《及锋而试：将脱贫攻坚作为县域经济的"发展良机"——基于对石泉县产业扶贫的调查与思考》；高建梅撰写《"四个三"工程：农村精神文明建设的有效实现形式——石泉县的实践与启示》。

社会反响篇由刘翀、李玉整理完成。

此外，张硕、徐榕协助何得桂做了部分编辑工作。

在本书的调研和写作过程中，我们得到了陕西省委政研室、陕西省扶贫办、陕西省社科联、石泉县委县政府的大力支持和配合，尤其是中共石泉县委宣传部、石泉县扶贫开发局等单位予以鼎力支持。对此我们表示衷心感谢！

特别感谢中国社会科学院农村发展研究所二级研究员党国英老师在百忙之中为本书作序，使得本书增色不少。

最后，感谢知识产权出版社及责任编辑兰涛老师对本书出版的大力支持！

何得桂

2020 年 1 月 2 日